幼儿园建构课程资源库

幼儿园
建构项目活动

小班

主编

王　瑞

编写者

（按姓氏笔画排序）

王　慧　吕　霞　朱　莉　江新明　孙　婧　孙　聪
芮晓君　杨　娟　杨春桂　张　萍　张　蔚　罗　敏
胡　璟　侯建勤　钱　莉　徐春敏　高婷婷　盛　凌
梁　莉　嵇梦卉　程　超　蔡玉峰　霍　文　戴宁宁

南京师范大学出版社

图书在版编目（CIP）数据

幼儿园建构项目活动．小班 / 王瑞主编．— 南京：南京师范大学出版社，2022.12(2025.2重印)
（幼儿园建构课程资源库）
ISBN 978-7-5651-4975-7

Ⅰ．①幼… Ⅱ．①王… Ⅲ．①学前教育—教学参考资料 Ⅳ．① G613

中国版本图书馆 CIP 数据核字（2021）第 170540 号

书　　名	幼儿园建构项目活动（小班）
丛 书 名	幼儿园建构课程资源库
主　　编	王　瑞
责任编辑	王　瑾
出版发行	南京师范大学出版社
地　　址	江苏省南京市玄武区后宰门西村 9 号（邮编：210016）
电　　话	（025）83598919（总编办）　83598412（营销部）　83598312（邮购部）
网　　址	http://press.njnu.edu.cn
电子邮箱	nspzbb@njnu.edu.cn
照　　排	南京凯建文化发展有限公司
印　　刷	南京玉河印刷厂
开　　本	787 毫米 ×1092 毫米　1/16
印　　张	19.25
字　　数	429 千
版　　次	2022 年 12 月第 1 版　2025 年 2 月第 3 次印刷
书　　号	ISBN 978-7-5651-4975-7
定　　价	72.00 元

出 版 人　张　鹏

序　言

积木与儿童的梦想世界

江苏省教育科学研究院　毛曙阳

南京市六一幼儿园在建构游戏研究方面积累了丰富的经验，这是一所关心幼儿、善于学习并且得到家长与同行高度肯定和赞誉的幼儿园。让每一个幼儿都能够“有活力地成长”，这是南京市六一幼儿园研究团队在幼儿发展目标上的一种高度认同，这也是幼儿园中孩子们茁壮成长的一种生动样态。在这里，孩子们可以得到老师的温暖支持，可以尽情地展开自己的梦想，可以用多种方式展现自己的才干，可以不断地向着美好的目标前行，可以在丰富的探索和游戏活动之中感受成长的喜悦。

在新书出版之际，结合这些年来和南京市六一幼儿园教师团队一起开展合作研究的心路历程，下面我和大家一起讨论与交流以下三个话题。

一、儿童是有能力的，儿童总生活在自己的梦想世界之中

1. 每一个儿童都是独特的和有才干的，是活力满满的。

儿童是具有潜能的，是好奇和好探索的，是有能力的主动学习者。儿童会在与他人的交往过程中，在与环境的互动过程之中，显现出自身的能动性、独创性和差异性。儿童是一群充满活力的好学者，会以整体的、身体的和体验式的方式来进行学习，他们的学习方式是独特的，他们的学习效率是很高的。我们要充分信任儿童，相信他们自己能够解决好自己面临的问题。在幼儿园和家庭中，孩子能做的事情，都要让孩子自己去做。这样一来，孩子们就可以在探索和做事的过程中积累信心，不断增强自己的能力，就能表现出更好的学习状态和姿态。

2. 每一个儿童都是积极向上的，儿童对自己的生活充满了梦想和期待。

儿童是积极的，是向上的，是充满梦想的，他们对未来充满了美好的期待。儿童希望能够在一个熟悉和可信赖的环境中生活与活动，渴望与他人建立起密切而温暖的关系，盼望着能够得

到来自他人的认可与肯定，他们愿意和周围的人友好相处。当儿童与他人建立起良好的关系之后，当他们获得肯定和鼓励之后，儿童就会感受到安定和受尊重，就会乐意参加各类新的探索和发现，就会在活动中不断增强信心和发展能力。

二、来自教师的欣赏陪伴和恰到好处的支持能够让儿童的梦想世界变得更加美好

1. 教师需要成为儿童成长的欣赏者和陪伴者。

在儿童的健康成长和迎接各类挑战的过程中，他们期盼能够得到来自教师的欣赏和陪伴。教师是有爱心的一群人，是具有专业素养的一群人，同时也是有着社会责任感的一群人。在幼儿园中，教师的角色是多元的。教师不仅是组织者、引导者和监督者，而且也是儿童成长的欣赏者、陪伴者和支持者。在幼儿园中，儿童们不仅喜欢参与各种探索和游戏活动，而且他们也极希望陪伴自己的老师能够真诚地欣赏和关注自己的探索和游戏活动。有良好专业素养的教师不仅可以用自己的爱心和耐心让孩子们的心灵感受到温暖，而且也会以多种方式来鼓励和支持孩子们用自己的方式去迎接新的挑战。

2. 教师的支持和指导应当是恰到好处的。

所谓恰到好处的支持就是一种不多不少的和适宜有效的支持。恰到好处的支持意味着教师不要过多地拘泥或纠结于多一些指导语或少一些指导语，而是要根据实际情况，借助于自己的专业理解和已有经验，果断地做出最佳的判断。在这个过程中，教师既可以就一些安全问题反复进行提醒和开展讨论，也可以用简洁的语言和温和的态度来鼓励和回应儿童；教师既可以为孩子们创设出一个有准备的环境，也可以静静地观察孩子们的游戏；教师既可以用一对一详细写下来的方式来记录儿童对自己绘画内容的介绍和描述，也可以鼓励儿童自己想办法去解决游戏和探索中所遇到的问题。教师支持儿童学习的方式是多样的，既可以推动着儿童学本领，也可以看着儿童学本领并把整个学习的过程记录下来。总之，教师要形成基本的共识，要相信每一个儿童都是积极主动和有能力的学习者，要灵活地把握好自身的角色和作用。

三、多样化的积木能够支持儿童不断发现和展现自己的潜能，能让儿童的梦想世界变得更加丰富和生动

1. 多样化的和低结构的积木是儿童认识世界与创造世界的有力工具。

儿童在迈入正规的教育机构之前，就已经拥有了大量的学习基础和特别的本领。著名的哲学家和教育家杜威指出，儿童的生长发展需要一定的内在条件，这种内在条件就是儿童的兴趣、本能、依赖性和已经形成的习惯。杜威认为，儿童的本能包括四个方面，即交流的本能、探究的本能、建造的本能和表现的本能。他说：“当我将这四类兴趣——交谈或交流方面的兴趣、探究或发现的兴趣、制作或建造的兴趣和艺术表现的兴趣——牢记在心时，我们就可以说，它们是

自然的资源，是未投入的资本，儿童的积极生长仰赖于对它们的运用。”在此，我们可以清楚地看到，在人类发展的早期阶段，人们就对各类搭建和建造活动充满了浓厚的兴趣，同时也会不断地积累各种搭建的经验。对于孩子们来说，积木有着神奇的力量，有着无穷的魅力。这些看似简单的积木之中蕴含着丰富的发展可能，能给孩子们带来大量深刻的挑战，也能让孩子们感受到物品搭建的独特乐趣。我们看到，单元积木是最具有代表性的一类积木，深受儿童的喜爱。西蒙·尼科尔森提出了松散材料理论，他说：“在任何环境中，发明和创造的程度以及发现的可能性，都与该环境中变量的数量和种类成正比。”实践证明，大量的、多样化的低结构材料有助于儿童产生出更多的创造和发现。而积木就是低结构材料的典型代表。因此，在幼儿园中，孩子们应当拥有多样化的和大量的积木等低结构材料，应当有充足的时间和机会去操作与摆弄各种积木，这样一来，孩子们就可以借助积木这一强有力的工具来主动地进行探索和发现，就能够以自己的方式来认识和理解眼前的世界，就能够大胆地创造出自己梦想中的新世界。

2. 在积木搭建的过程中，儿童会不断地发现和展示自己的才能，会以多种方式来创造和丰富自己的梦想世界。

当儿童拥有了积木、宽敞的游戏场地和充足的游戏时间之后，就变得神通广大起来。儿童充分地发挥自己的想象力，会用灵巧的手搭建起各种各样的物品和建筑物，会搭建出桥梁、道路、亭子、城墙、幼儿园和美丽的花园等。可以说，只要是人们能够想到的，孩子们就可以搭建出来。那么，孩子们为什么喜欢搭积木呢？因为积木好玩，因为积木能够让他们把想法变成现实，能够让他们充分地表达自己的情绪和观点，能够让他们看到自己不断增长的能力，能够让他们感受到交往与合作的愉快，也能够让他们获得自尊和自信。就像孩子们都喜欢画画一样，他们也都喜欢搭积木，他们会用自己的方式来创建出全新的梦想世界。儿童搭建积木的过程就是他们展现自己本领的过程，就是他们开发自己潜能的过程。对于儿童来说，在幼儿园中他们需要有充足的时间、机会来展现自己的各种本领和才能。此外，积木游戏也能够给孩子们提供大量的探究、试错和重复的机会。通过大量的搭积木游戏，孩子们的动作会更加熟练，他们相互之间的交流会更加顺畅，他们会不断增强整体规划能力，他们会持续养成收拾整理的好习惯，他们会在游戏中获得多方面的整体发展，他们也将会通过多种方式来创造和丰富自己生动的梦想世界。

通过这套书，读者们会真切地感受到儿童成长的巨大力量，会看到教师们孜孜不倦的努力和追求，同时也会对自己的实践工作产生新的启发。知行需要合一，我们既需要有理念也需要有行动，需要通过不断学习才能深入地认识和把握事物发展的内在规律，才能持续保持头脑的清醒。只要我们怀有“赤诚之心”，以“不计失败”的无功利之心来做好自己的日常工作，始终真诚地向儿童学习，向有见识的同行学习，那么，我们就可以更加贴近儿童的世界，就能够更加有力地支持儿童实现自己的梦想，就能够让儿童在展现自己本领的过程中有活力地成长，就能够支持儿童拥有健康快乐和充实有趣的童年时光。

目录

项目二　我爱幼儿园

项目三 儿童乐园

项目四 一起过生日

项目五　汽车城

下学期

项目六 我爱我家

项目七　快乐餐厅

项目八　春天的公园

项目九 运动器械本领大

项目十　滑滑乐

前　言

一、幼儿园建构项目活动介绍

南京市六一幼儿园致力于幼儿园建构游戏的研究20余年，2016年出版的《创意拼搭——幼儿园建构游戏方案》系列丛书受到了广大读者的欢迎，这让我们备受鼓舞，也成为我们在建构游戏研究道路上不断前行的动力。建构是一种儿童喜欢的游戏，是儿童表达自我的一种语言，也是儿童解决实际问题的一个支架。

随着研究的深入，我们发现建构游戏的价值不仅仅是建构本身，如何站在课程的角度让建构真正地"活"起来成为我们需要进一步研究的核心。建构游戏只能是搭建吗？搭建前儿童的需要和经验是什么？建构的动机又是什么？建构过程又会生发哪些活动？可能内隐哪些学习与发展？所以，我们从建构游戏本身的研究转向建构游戏课程化的研究。

在"活教育"思想体系中，陈鹤琴先生提出：幼儿园的教学不再碎片化，而是从儿童的生活出发，以社会或自然为中心，选择相关联的学习素材。美国教育家杜威认为：有意义的课程应基于儿童的兴趣和需要，支持儿童在真实的任务情境中进行探索学习。因此，《幼儿园建构项目活动》的探索与实践，以项目活动形式展开，以真实问题为导向，以建构为主要载体，调动儿童各领域经验，运用一日活动的各个环节促进儿童综合、整体地发展。在不断追随儿童的过程中，我们惊喜地发现建构游戏是儿童表达自己想法、经验和情感的重要方式，建构活动常常与角色游戏、表演游戏、体育游戏、音乐游戏等活动发生关联，进一步拓展了建构游戏本身的价值，实现了多维度经验联系生长的可能性。

二、幼儿园建构项目活动特点

1. 目标内隐性

《幼儿园建构项目活动》系列丛书由30个项目组合而成。这些项目来源于儿童的生活和儿童的兴趣。每一个项目和项目中的每一个活动没有预设的目标，而是在儿童探索和实践完之后，以《3—6岁儿童学习与发展指南》为依据，对五大领域关键经验进行分析，实现从儿童需要学习建构技能到支持儿童整体发展的转变。在实践操作前，教师需要树立儿童发展意识，对阶段性发展目标有全面的了解，在实际生成项目的过程中，目标内隐在教师心中，教师带着这些隐藏目标和儿童一起探究，通过开放性的问题和启发性的策略潜移默化地引导儿童深入学习。

2. 问题导向性

本丛书中的每一个项目都来源于儿童的真实问题，问题与问题之间具有一定的联系，前一个问题为下一个问题的解决奠定相关经验基础，在问题解决的过程中不断生成新的问题，教师不断支持儿童解决问题的过程，就是项目自然生成的过程。例如：在“戏剧乐园”项目中，儿童对戏曲产生了兴趣，想要搭建一个戏台，于是就产生了“戏台是什么样子的，怎么搭建戏台，回廊式戏台怎么表现，怎么搭建一个可以让我们表演的戏台，怎样让戏台更好看”等问题。在这个过程中，“建构”不仅是儿童的一种语言，也成为支持儿童解决问题的一种手段，成为儿童经验不断生长的一个支架。

3. 经验生长性

经验来自主体的活动，儿童经验的生长离不开与周围环境的互动。杜威认为经验将有机体与环境形成了一个不可分割的统一体，将经验视为不断构造过程的结构，认为经验是不断发展和重组的，操作是获得经验最直接的途径。本丛书以建构为特色，以儿童真实问题为导向，建构活动的开展是以大量低结构材料为基础的，低结构的材料具有可变性强、结构多样等特点，能够帮助儿童获取更多的经验，促进他们深度学习。在实践的过程中，我们发现建构游戏能够推动儿童在健康、语言、社会、科学、艺术等五大领域多种经验的生长，在每一个活动后都有针对性的分析，每一个项目最后有整体经验获得的总结。虽然活动与活动之间、项目与项目之间有相关经验的重合，但儿童整体经验呈不断进阶、螺旋上升的趋势。

4. 路径多元性

建构项目活动来源多元。有的项目源自儿童生活感知的建筑物，如“摩天大楼”项目起源于南京的紫峰大厦，“走进南博”项目来源于南京博物院，“印象南京”项目以夫子庙建筑群为代表；有的项目源自原有课程方案中儿童感兴趣的话题，如在“我爱幼儿园”项目中，教师和孩子们一起观察幼儿园，了解幼儿园的小路、花坛和鱼池，并用建构的方式进行表现；有的项目以儿童游戏为生发点，如“戏剧乐园”项目，孩子们想要尝试搭建一个可以游戏的戏台，并以此为目标在一次次建构的过程中不断尝试、反思和改进。此外，项目的实践路径也是多元的，除了有一个个基于儿童真实问题的集体活动，还可以通过晨间谈话、户外游戏、体育锻炼、角色游戏、区域游戏、餐前讨论等一日活动的各个环节支持儿童在项目活动中的探索，运用集体、小组和个别的组织形式贯穿于一日活动之中。在晨间谈话或集体活动中聚焦问题、分析问题、讨论问题，儿童通过集体活动或游戏活动动手动脑探索解决问题的方法，在户外游戏、角色游戏、区域游戏等环节巩固和提升经验，通过餐前讨论和谈话活动等形式反思回顾探究的过程，将经验内化，在多元路径中实现经验的持续递进。

三、幼儿园建构项目活动的一般过程

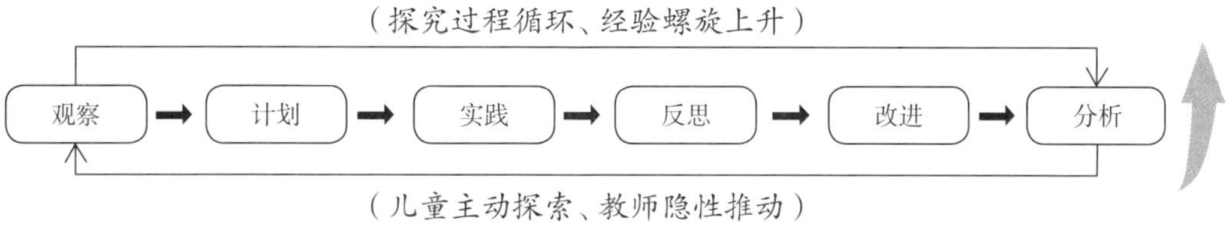

每个项目活动开展的过程是儿童和教师共同确定项目内容、探究学习、产生互动和发展总结的过程。它围绕观察、计划、实践、反思、改进、分析几个大环节不断循环，根据每个项目的复杂程度进行调整，在解决一个问题的基础上生发新的问题。

对于儿童来说，根据他们感兴趣的项目内容进行精密观察、制订计划、运用多种表征方式来呈现、反思并不断调整。这种循环的主动的探究过程渗透在一日活动的各环节中，调动儿童运用各领域经验解决问题，促进经验的螺旋上升。

对于教师来说，他们一直在儿童的背后观察、支持，提供适宜的材料、场地，和儿童一起布置环境、讨论交流，提出问题引发儿童思考，推动他们用多种方式方法解决问题、主动学习，推动整个项目的深度发展和儿童各方面能力的同步发展。

1. 观察

观察儿童的生活、观察儿童的兴趣，每一个项目需要来源于儿童，这样才能发现真实的儿童视角下的问题。在精密观察儿童的基础上，教师需要帮助他们更精确、更充分地了解自身的经验及环境，让儿童学会观察，了解事物的特征和结构。然而，并非儿童经验中的所有现象、环境都值得投入精力和注意力，每一个项目应能提供给儿童大量应用多元互动技巧的机会，让他们了解各种不同媒介、材料的功用及限制，关注他们所产生的问题。

2. 计划

我们主张儿童体验在前、教师支持在后的生成策略。教师运用晨间谈话、集体活动、餐前讨论等环节和幼儿一起交流，了解儿童在项目活动中遇到的真实问题，引导儿童思考可能的解决方法。小组预先讨论，提出可能性的措施，制订相应的计划，再进行实践。计划可以是口头讨论的行动方案，也可以根据不同年龄段儿童的经验水平，鼓励他们运用绘画、符号和数字等多种方式进行表征。

3. 实践

依照前期讨论的内容，儿童将自己的计划付诸实践。一方面，儿童去参观、体验，并互相讨论交流自己的想法和感受，对事物的了解也越来越深入。另一方面，教师提供大量的低结构材料，让儿童用各种表征方式自由表达，教师运用开放性问题和启发性策略予以支持，鼓励儿童迁移经验，用建构的方法解决问题，发展其运用各种媒介的技巧和经验。

4. 反思

反思包括个人反思、小组反思和集体反思。教师引导儿童针对实践中出现的关键性问题进行讨论，讲述他们的解决方式，并分析实践的可行性，对自己预先的计划是否做调整进行思考。同时，鼓励儿童提出在实践过程中遇到的新问题，以及自己是否解决和运用的方法，最后可以用语言、绘画、符号等各种形式将自己的反思记录下来，探寻改进的方法。

5. 改进

改进包括解决问题过程中的改进，也包括对整个项目活动的改进。针对问题可以从材料、方法、环境、场地、合作等多个角度提出改进的策略，儿童再次实践调整。教师需关注幼儿学习探索的兴趣和积极性、项目架构的完整性及社会资源的利用等方面，儿童能通过项目的学习对核心内容有更加深入的理解和表达，且解决问题的方式更加多元，问题之间也具有一定的连续性，便于儿童在不断循环往复的过程中巩固已有经验，提升新的经验。

6. 分析

教师可以引导儿童分析问题解决成败的原因，也可以自己回顾整个项目活动，以《3—6岁儿童学习与发展指南》以及其他专业理论为依据，对儿童在项目活动中五大领域的发展做全面、综合的分析，了解儿童在探究过程中自然渗透与整合了哪些学习与发展，并通过丰富多样的延伸活动促进儿童经验的多元发展。

在项目活动进行的过程中，我们主张儿童主动探索，教师隐性推动，这种隐性的支持是建立在教师对儿童有全面了解的基础之上的，教师需要做到心中有数、因势利导、适度支持。在整理这些方案时，我们梳理出儿童视角下的问题，真实记录儿童的学习过程，将聚焦于一个核心问题的零散问题形成一个线索，重点关注儿童解决问题的方式以及关键经验的获得，形成了一个个鲜活的项目活动。

四、使用建议

本书是“十三五”省级规划课题“以建构为特色的幼儿园课程研究”的成果，也是南京市六一幼儿园20多年研究幼儿园建构活动的阶段性成果。我们始终秉持幼儿园课程是一种动态的教育的存在理念，书中为读者提供了课程生成过程中教师的支持方式和儿童解决问题的方法，但这些方式并不是唯一的。每个园所的情况和儿童的经验不同，我们需要注意让整个教育过程浸润在“活”的理念中。教师需要在掌握教材的基础上，不受制于教材，关注班级儿童的经验和需要，精密观察儿童在一日活动中的行为和表现，不断抓住新的具有教育价值的契机。在使用本丛书时，要因地制宜，根据自身园所的课程文化、课程资源、儿童经验、地域特点等影响因素，重新审视每一节活动，在已有基础上生发不同的活动、游戏和项目。若遇到材料不够或缺失某一种材料时，可以适当进行调整，寻找身边的资源进行替代，充分发挥幼儿的想象力和创造力，利用建构游戏培养其解决问题的能力。

我们很高兴能与您在书中相遇，如果书中的一些观点能够得到您的认可和共鸣，我们深感荣幸。书中的文字倾尽了每一位六一幼儿园教师的心血，字里行间透露的是儿童无与伦比的创造，还有老师们放手儿童的豁达。相信您在阅读时，或多或少能感受到老师们的教育情怀。书中难免有疏漏和不当之处，也欢迎您和我们共同完善。

上学期

项目一
玩具真好玩

一、项目缘起

开学了，小班的宝宝们第一次离开爸爸妈妈来上幼儿园，他们哭闹着喊着爸爸妈妈、爷爷奶奶，指着班级的电话说：打电话、打电话。老师拿起娃娃家的电话说：喂，是丁丁爸爸吗？丁丁在小一班，他很想你哦。丁丁逐渐停止了哭声。小小的玩具电话起到了大大的作用。第二天丁丁主动带来了自己的玩具电话，其他宝宝们也效仿着从家里带来了各式各样的玩具，开始了全新的幼儿园生活。

幼儿园里，班级里，都有哪些玩具呢？宝宝们在操场上找到了滑滑梯、小推车、皮球、轮胎、竹梯，在教室里看到了各种形状的清水积木、颜色鲜艳的塑料玩具，还有吸管、纽扣、木棒……原来幼儿园是玩具世界啊！他们在拼拼搭搭、说说印印、跳跳唱唱的过程中感受着玩具的丰富多样、有趣可变，这个过程也蕴含教师与宝宝之间情感的建立和一日生活中基本常规的培养，宝宝们渐渐地爱上了幼儿园，爱上了和玩具做游戏。

二、发展线索

- 玩具真好玩
  - 家里的玩具花样多
    - 家里有什么玩具？
    - 玩具能陪我上幼儿园吗？
    - 我最喜欢什么玩具？
    - 我不舍得和玩具分开，怎么办？
    - 玩过的玩具放哪里？
    - 玩具可以一起玩吗？
  - 幼儿园里的玩具趣味多
    - 幼儿园里有哪些玩具？
    - 最喜欢幼儿园的哪些玩具？
    - 幼儿园玩具的家在哪里？
    - 幼儿园里的玩具和家里的玩具一样吗？
    - 玩具怎么玩？
    - 玩具少了怎么办？
    - 幼儿园的玩具能带回家吗？

三、具体活动

线索描述

线索一　家里的玩具花样多

在本线索中，教师提前开展入园前的准备工作，用线上连线的方式建立与幼儿之间的初步信任。开学当天幼儿带着自己熟悉的玩具入园，让玩具陪伴他们一起认识新环境、新同伴、新老师，在玩玩具的过程中，体验玩具带给他们的安全感，让家里熟悉的玩具成为他们进入陌生环境的精神依靠。本线索中，幼儿讨论在幼儿园玩玩具的时间和收拾摆放问题，建立初步的规则意识，尝试和同伴交换玩具，逐步减少对自己玩具的过度依赖，缓解入园焦虑。

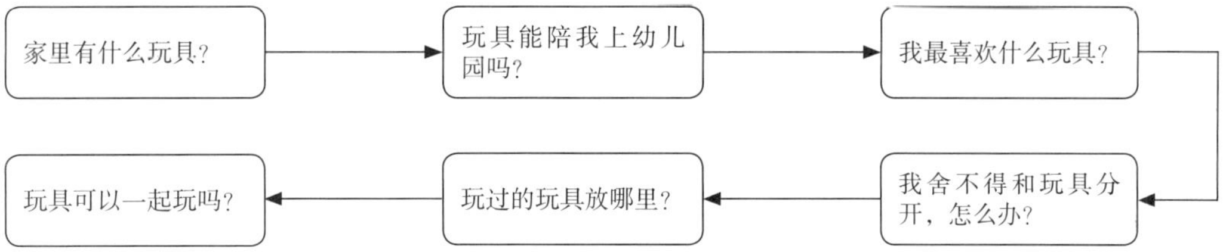

活动一　家里的玩具

活动背景

新学期开学前，班级教师对入园新生进行一对一的家访，初步了解每个孩子身体、个性等方面的情况，建立良好的家园沟通。本活动以小组为单位，采用线上连线的方式进行互动游戏，从分享最有趣的玩具开始，帮助幼儿熟悉老师、认识同伴和幼儿园，从心理上做好充分的入园准备。

材料准备

幼儿准备家中一个喜欢的玩具，能介绍自己的名字和玩具。教师准备好班级、玩具小熊猫等幼儿园里吸引幼儿的玩具，对幼儿进行分组，和家长确定好视频连线时间。

活动描述

1. 小组视频连线，教师与幼儿互相认识。

教师手持玩具小熊猫热情地和连线小组中的每个孩子打招呼：大家好，我是 × 老师，这是我的好朋友小熊猫，它有一个好听的名字叫花花，请每个小朋友和花花打个招呼吧。

幼儿轮流和花花打招呼，并在爸爸妈妈的帮助下说出自己的名字。

2. 幼儿介绍自己在家中最喜欢的一个玩具。

自我介绍后，幼儿逐一拿出自己准备好的玩具向大家展示，有可爱的毛绒玩具、电动的遥控车、机器人，还有会旋转的陀螺、音乐盒等。在爸爸妈妈的帮助下，幼儿不仅能说出玩具的名字，还能展示玩具的玩法，视频分享非常有趣。

3. 教师介绍班级中的玩具。

幼儿跟随教师的摄像机镜头认识幼儿园的基本环境及各种玩具，产生对幼儿园的好奇以及向往之情。

4. 期待入园。

教师（花花）：小朋友们，你们刚才看见幼儿园、班级里有很多玩具，幼儿园是一个玩具王国，你们想来和我一起玩吗?

教师进一步激发幼儿入园的愿望，做好相见的约定，共同期待开学的那一天。

活动延伸

家园共育：亲子共读《幼儿园里不用妈妈陪》《我上幼儿园》等绘本，家长带幼儿到幼儿园附近走走看看，了解入园线路，从多个方面缓解幼儿的入园焦虑。

关键经验

1. 熟悉教师、同伴，愿意参与分享玩具的活动。

2. 初步了解一种班级里的玩具，对其产生兴趣。

3. 通过阅读绘本、了解入园线路、交谈等方式缓解入园焦虑，知道自己长大了。

活动二　玩具陪伴我

活动背景

玩具对于刚入园的幼儿来说是最直接、最可靠的依恋物，他们常常抱着玩具不松手，在学本领的时候、玩游戏的时候，甚至是吃饭睡觉的时候，也一直抱着自己的玩具。玩具不仅好玩，更是帮助他们调节心理、建立安全感的载体。本活动中，幼儿在教师的引导下继续寻找、体验幼儿园里的玩具和场景，了解、熟悉幼儿园的环境，进一步缓解入园焦虑，建立师幼良好的互动关系。

材料准备

幼儿自带的玩具，小熊猫“花花”，一体机。

活动描述

1. 出示“花花”，师幼互动。

教师和“花花”热情地跟每个幼儿及他们手上的玩具打招呼。

2. 规划寻找玩具的路线。

幼儿回忆线上视频介绍过的幼儿园的各种玩具。教师根据幼儿所说，规划寻找玩具的路线，并用简笔画的方式记录下来。

3. 跟随“花花”在教室、幼儿园里寻找有趣的玩具。

幼儿和“花花”一起在班级里找到了桌面的积塑玩具、益智玩具，还有户外的大型玩具，找到了可爱的小兔子、乌龟、小鱼等。他们在看一看、摸一摸、玩一玩的过程中，初步了解了幼儿园里的各种玩具和生活环境。

4. “花花”在幼儿园里等我。

离园时，教师（花花）和每个幼儿抱一抱，鼓励他们第二天向大家介绍自己带来的玩具，一起玩玩具。

活动延伸

1. 日常活动：教师关注每个幼儿的入园情绪，每天与每个幼儿说说话、抱一抱，利用多种方法帮助幼儿缓解入园焦虑，如看哥哥姐姐做早操，用各种有趣的活动吸引他们的注意力。

2. 晨间谈话：展示幼儿带来的玩具，特别是电动玩具，一起和机器人玩具学跳舞，和拿小鼓的爷爷学唱歌，感受玩具的有趣好玩。

3. 晨间锻炼：提供自制汽车方向盘，学小汽车拿着方向盘开一开、跑一跑。

关键经验

1. 了解幼儿园的各种玩具和生活环境，感受玩具的作用，知道玩具是我们的好朋友。

2. 在抱一抱的肢体动作中，感受老师的关爱。

活动三　我喜欢的玩具

活动背景

自从幼儿体验了“花花”所介绍的幼儿园里的各种玩具后，他们对“花花”有了更多的信任和依恋，自然和“花花”成了好朋友，并期待着向大家介绍自己的玩具，一起感受玩具的有趣。本活动中，幼儿通过介绍玩具、玩玩具，在和“花花”、同伴的互动过程中，进一步熟悉教师、同伴。

材料准备

幼儿从家里带来的各种玩具，小熊猫“花花”。

活动描述

1. 展示各种玩具，引起游戏兴趣。

请3—4个入园情绪稳定的幼儿，向“花花”和大家展示自己带来的玩具，并在教师的帮助下介绍这个玩具的玩法。

幼儿、“花花”跟随玩具的动态来学一学，如跟随会跳舞的机器人学跳舞，跟随会唱歌的老爷爷唱一唱生日快乐歌等。

2. 玩玩具，体验玩具的有趣。

教师：你们的玩具太好玩了，“花花”还想和你们一起玩呢。

教师和幼儿一起玩起了会游泳的小鸭子、会转的风车……学着鸭子嘎嘎叫，学着风车转转转。幼儿不光拿自己带来的玩具玩，有时还会看看别的小朋友带来的玩具。

3. 玩具一起玩。

教师鼓励幼儿和身边的小朋友交换玩玩具，遇到不愿意的幼儿，教师可以用班级的玩具和幼儿交换。

活动延伸

1. 区域游戏：幼儿在角色区的玩具店游戏中，继续玩各种玩具。

2. 晨间谈话：展示各种玩具的游戏玩法，了解它们的多样性。

关键经验

1. 在玩玩具的过程中感受大家一起玩的快乐。

2. 进一步熟悉教师、同伴，感受玩具的多样、有趣、好玩，喜欢上幼儿园。

活动四　你好，我的小玩具

活动背景

幼儿每天都带着玩具上幼儿园，渐渐熟悉了教师、同伴和幼儿园。有的幼儿一整天都拿着玩具，有时自己忘记了玩具放在哪里。本活动中，幼儿通过讨论什么时候可以玩自己带来的玩具，初步了解玩玩具的游戏时间。

材料准备

幼儿在园一直拿着玩具的视频。

活动描述

1. 观看视频，引发问题。

师幼共同观看幼儿在园一直拿着玩具进行游戏的视频：玩大型玩具的时候拿着，吃饭的时候拿着，做早操的时候也拿着，最后自己也忘记玩具放在什么地方，找不到了。

2. 讨论玩玩具的时间。

教师：视频中的小朋友把自己最喜欢的玩具放到哪里啦？为什么会弄丢？玩具虽然是我们的好朋友，但要一直拿着吗？一直拿着玩具，它会开心吗？

幼儿发现其实一直拿着玩具有很多不方便：吃饭的时候带着它，它没有地方坐只好躺在地上；玩大型玩具的时候带着它，它个子太小了不安全，小朋友滑滑梯也不安全；做早操和游戏的时候带着它，又不太方便，没有手来拿着，大家都回教室了，可玩具还留在操场。

教师：你们觉得应该什么时候带着它们一起游戏呢？

教师将幼儿的语言用图画方式进行记录并总结：原来我们在玩游戏的时候，在吃饭、画画的时候或小手觉得不方便的时候，可以请玩具去休息。

活动延伸

环境创设：将玩玩具的时间规则用图画的方式记录在班级公约中，形成共识，初步帮助幼儿建立一日生活常规。提供篓子，让幼儿知道不玩的时候将玩具放进去。

关键经验

1. 能发现一直带着玩具活动的不便。
2. 知道可以在合适的时间玩玩具，建立初步的生活常规。
3. 倾听教师和同伴讲话，并做出回应。

活动五　玩具送回家

活动背景

幼儿初步了解关于玩玩具时间的约定，不玩的时候会把玩具放到篓子里，但篓子里的玩具摆放得乱七八糟，常常掉到地上也没有被幼儿捡起来。本活动中，幼儿学习将玩具整齐地放到玩具柜里并摆放整齐，养成良好的收拾习惯。

材料准备

玩具哭闹的动画小视频，幼儿带来的玩具，玩具柜。

活动描述

1. 情境表演，引起幼儿兴趣。

教师播放一段玩具哭闹的动画小视频后提问：你们知道是谁在哭吗？

幼儿发现原来哭声是地上的玩具发出的，是玩具在哭。

2. 讨论玩具哭的原因。

教师：玩具为什么要哭？

通过观察，幼儿发现篓子里的玩具太乱，有的玩具挤在一起，有的玩具就快要掉下来，还有的玩具四脚朝天地躺着，很不舒服。

3. 提供玩具柜，讨论将玩具摆放整齐的方法。

教师：我们怎么来帮助它们呢？

幼儿说出要把它们摆放整齐，篓子太小，玩具太多装不下。

教师出示大的玩具柜，说：这是玩具的新家，它们一定会很喜欢哦！怎么放整齐呢？谁来试一试？

教师请幼儿将自己的玩具一一整齐地放在玩具柜里，一个跟着一个，并注意玩具与玩具之间空些距离，将它们放正。

4. 欣赏分类后的玩具柜。

教师：玩具们非常开心，现在它们的家整齐又漂亮，玩具宝宝们要谢谢小朋友哦。当玩具需要休息的时候，我们就要把它们摆放整齐，照顾好它们。

活动延伸

1. 区域游戏：在语言区阅读绘本《玩具不玩送回家》，再次感受玩具不玩后要及时收拾，养成良好的生活习惯；在数学区玩各种玩具的图形卡片，感知1和许多，知道一个一个玩具合起来是许多玩具，许多玩具可以分成1个1个……玩具。

2. 环境创设：将幼儿摆放玩具的照片进行分享和展示，用环境影响幼儿的行为，起到提醒的作用。

关键经验

1. 知道将玩具放整齐的方法，要一个跟着一个并放正。

2. 集体将玩具摆放好，感受劳动的成果，建立一定的秩序感。

3. 感知1和许多。

活动六　换一换，更好玩

活动背景

随着入园情绪的平稳，对教师、同伴的熟悉，幼儿对自己玩具的依恋也渐渐淡化，他们被同伴的玩具吸引着，甚至有时会出现抢同伴玩具的现象。本活动中，幼儿在讨论玩具可以分享的话题过程中，尝试与同伴交换玩玩具，学说一句甜甜的话，感受大家一起玩玩具的乐趣。

材料准备

幼儿带来的各种玩具。

活动描述

1. 交流玩玩具的感受。

教师：玩具柜里的玩具可真多啊，除了你自己的玩具，你还想玩谁的玩具？

幼儿已经多次玩过自己的玩具，对同伴带来的玩具产生了兴趣，都想玩一玩别人的玩具。

2. 学说一句话，理解玩具可以交换着玩。

教师：你们都想玩别人的玩具，那么玩具可以交换着玩吗？

幼儿结合自己的生活经验，说出自己在小区里与小朋友交换玩具的经验，他们发现玩具和好吃的东西一样是可以分享或交换的。

教师：该怎么和别人交换呢？怎样让别人知道我们想玩他带来的玩具呢？

教师：原来我们需要说一句好听的话，可以交换着一起玩。

个别幼儿尝试说一说，交换玩具：我们可以交换玩吗？

3. 尝试交换玩玩具。

幼儿互相交换玩具，教师观察幼儿的行为，对于不愿意交换的幼儿不强求，表示支持和理解。

4. 交流交换玩具的感受。

教师：你刚才是和谁交换玩具的，和大家一起玩有什么感受？

活动延伸

1. 区域游戏：在语言区阅读绘本《一起玩真开心》，感受画面人物的分享过程和方式，理解画面的大致意思；在角色区开展玩具屋游戏，进一步体验分享、交换玩具的有趣。

2. 晨间谈话：讨论交换玩具的规则，如爱惜玩具、提前和朋友说得到允许才可以等，建立一定的行为规范。

关键经验

1. 初步理解交换的意义，感受大家一起玩玩具的快乐。

2. 学会说一句好听的话，理解需要得到别人的允许才能交换的基本规则。

线索描述

线索二　幼儿园里的玩具趣味多

来到幼儿园后，幼儿发现这里的玩具种类丰富、数量充足，对于刚进入幼儿园的他们来说既新鲜又陌生。他们被各种各样的玩具吸引着，在摆弄玩具和尝试游戏的过程中，幼儿逐渐熟悉了幼儿园的各个游戏场所并建立了一日生活的基本常规。本线索从寻找幼儿园里的玩具出发，感受在教室里、操场上到处都有不同类型的玩具。这些玩具有名字吗？怎么玩？什么时候玩？幼儿在建构区和玩具变魔术、拼拼搭搭，在美工区用玩具压贴画印，在操场上和玩具一起做运动，感受着低结构类建构玩具的可变、多样、灵活，并且他们讨论着玩具不够、能否带回家的问题，从中理解规则的意义，渐渐喜欢上幼儿园的玩具和集体生活。

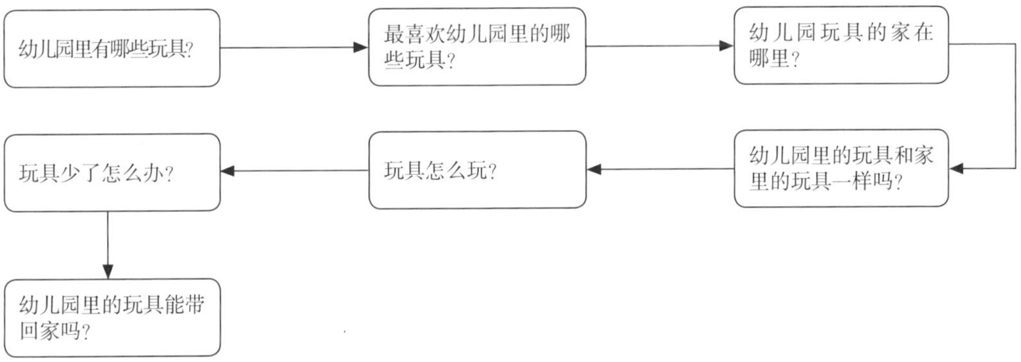

活动一　幼儿园里的玩具

活动背景

进入幼儿园生活了一周之后，幼儿发现幼儿园里的玩具可真多，在日常的游戏中，磁力块玩具、大型滑滑梯都是他们的最爱。幼儿园里还有哪些有趣的玩具呢？本活动中，幼儿带着教师、同伴找到自己在幼儿园、班级里最喜欢的玩具，进一步熟悉幼儿园、喜欢幼儿园。

材料准备

照相机。

活动描述

1. 谈话导入，引发幼儿寻找自己喜欢玩具的兴趣。

教师：班级、幼儿园里有趣的玩具可真多啊，你喜欢什么玩具呢？你能找到它吗？

2. 找到班级教室里、幼儿园里自己喜欢的玩具。

幼儿带着教师和同伴在班级里找到自己喜欢的新玩具，有现成的娃娃家、小舞台、医院等角色区的玩具，还有区角里各种各样的纽扣、木棒、小铃鼓、木琴、套盒、拼图等玩具。教师关注幼儿对各类玩具的兴趣点并拍下他们找到的玩具的照片。

幼儿继续寻找，在幼儿园的户外操场上，他们说自己喜欢的户外玩具材料有沙水区的铲子、小桶、各类模具，有建构区的碳化积木、砖块等，还有荡桥、平衡桥、秋千、滑滑梯等大型玩具。

3. 回顾寻找玩具的过程，再次感知幼儿园里玩具的多样性。

教师：刚才我们在班级、幼儿园里都找到了自己喜欢的玩具，我们一起来看一下。

教师出示刚才幼儿找玩具的照片，共同回顾。教师：这是谁喜欢的玩具？这个玩具是什么样子的呢？（可以结合一日生活作息时间将玩各种玩具的时间有顺序地进行回顾）

4. 体验喜欢的玩具。

教师：既然你们这么喜欢这些玩具，那我们去玩一玩吧！

教师根据幼儿的需求，带领他们去相关场地拿取玩具进行游戏，体验玩玩具的乐趣。

活动延伸

1. 区域游戏：在区域中继续玩自己喜欢的各类玩具。

2. 家园共育：请家长与幼儿聊聊幼儿园的生活和玩具，帮助幼儿建立良好的入园情绪。

关键经验

1. 积极参与体验、寻找玩具的活动。

2. 能用简单的话表达自己的需求，感受玩具的有趣、多样。

3. 初步了解一日活动的各个游戏时间，进一步熟悉幼儿园的生活。

活动二　我喜欢的玩具

活动背景

幼儿对幼儿园里的玩具非常感兴趣，他们认识了各种各样的建构类玩具、扮演区玩具、玩沙玩水的玩具……每个孩子的兴趣不同，喜欢的玩具当然也不同。本活动中，幼儿对幼儿园里的玩具名称和种类进行回忆与总结，理解儿歌的内容。

材料准备

玩具图片，儿歌相对应的图片。

活动描述

1. 出示图片，帮助幼儿回忆幼儿园里的玩具。

玩猜一猜的游戏：教师简单描述玩具的外形特征，幼儿来猜一猜是什么玩具，之后教师出示图片验证。

2. 根据图片朗诵儿歌，激发幼儿念儿歌的兴趣。

教师边念儿歌边出示与儿歌相对应的图片，幼儿边看图片边欣赏儿歌并说出所听到的玩具名称，如小熊、娃娃。

3. 根据图片共同朗诵儿歌，幼儿熟悉儿歌内容后，教师逐步撤掉图片，帮助幼儿记忆。

教师：想一想，在幼儿园里你还玩过什么玩具？班级里还有哪些玩具？我们把它们也放在我们的儿歌里，好不好？

教师根据幼儿的讲述以简笔画做简单记录。

4. 鼓励幼儿边念儿歌边做动作，感受语言活动的乐趣。

活动延伸

1. 区域游戏：将幼儿仿编的图片布置在语言区，鼓励幼儿根据图片朗诵儿歌，巩固对幼儿园玩具的认识。

2. 日常活动：在餐前利用班级中的玩具拼插一些简单的作品，激发幼儿对拼插玩具的兴趣。

关键经验

1. 认真倾听儿歌，巩固对玩具名称的认识。

2. 根据图片说出儿歌内容，感受图片和文字是对应的，是用来表达画面意思的。

3. 愿意参与朗诵儿歌的活动，感受语言活动的乐趣。

附：儿歌

玩具真有趣

小熊，你好呀！

娃娃，你好呀！

……

我们都是好朋友，

一起游戏乐悠悠！

活动三　玩具的家

活动背景

幼儿园里的玩具品种丰富，有户外的运动类玩具、大型建构类玩具、玩沙类玩具，还有室内的角色扮演类玩具、积木积塑玩具、拼图等，幼儿发现这些玩具都是用篓子或筐子装着的，那怎么知道每种玩具是装在哪个篓子呢？本活动中，幼儿对玩具的标记进行了解，用一一对应的方法把玩具放到正确的位置，养成收拾整理的习惯。

材料准备

各种玩具已经装到有标记的篓子里，玩具柜上也有同样的标记。

活动描述

1. 实践游戏：送玩具回家。

幼儿自由选取自己感兴趣的玩具进行游戏，然后教师播放幼儿熟悉的游戏结束音乐。教师在幼儿收拾玩具的过程中，注意观察幼儿能否将玩具按标记送回正确的地方。

2. 集体共同检查，发现问题。

教师：玩具都回家了吗？我们一起来看一看。

师幼共同检查，发现有些玩具没有找到家。

3. 观察篓子和柜子上标记的秘密。

教师：玩具的家在哪里？你在装玩具的篓子上看到了什么？幼儿发现篓子上有一些图案和数字。教师：再仔细看看，篓子上的图案是什么？幼儿通过仔细观察，发现原来篓子上的图案就是玩具的样子。

教师：这些图案和数字就是玩具家的标记。教师请幼儿继续观察，提出疑问：怎么知道每个玩具放柜子的哪里呢？幼儿发现原来柜子上也有标记，这些标记和玩具的标记一致（相同区域中的柜子上的标记底色一样，便于区分）。教师引导幼儿再次观察一组柜子，发现标记的底色一样，且上面的数字也是按顺序排列的。

4. 讨论玩具家的标记。

教师：你们觉得什么标记能很快帮助玩具找到家？幼儿提出自己的想法，教师将幼儿的想法进行记录，如将玩具实物直接贴在篓子上、用颜色区分等。教师：哪种方法好呢？以后我们可以来比一比、试一试。

5. 游戏：玩具找家。

教师：请你们帮忙把找错家的玩具送回家哦！

教师：玩具都回家了吗？我们一起来看一看。师幼共同看柜子和篓子上的标记是否都能摆放在正确的位置及摆放的整齐度，教师给予幼儿鼓励和肯定。

活动延伸

日常活动：幼儿在幼儿园户外找找是否也有这样的玩具标记，发现每个玩具都有自己的家。

关键经验

1. 初步了解玩具标记的意义并尝试设计，知道看标记找到玩具家的位置。
2. 在教师的引导下仔细观察，发现标记的图案和玩具一致。
3. 积极参与玩具找家的游戏。

活动四　玩具大比拼

活动背景

幼儿在找一找、玩一玩的过程中，感受到幼儿园玩具的有趣好玩，也越来越喜欢幼儿园的生活。本活动中，幼儿发现幼儿园玩具和家里玩具的不同，尤其感受到丰富的建构类玩具有很强的可变性。

材料准备

幼儿带来的小汽车，班级和幼儿园里各种类型的建构玩具，大班幼儿建构的小汽车等建构作品。

活动描述

1. 谈话交流自己最喜欢的玩具。

教师：玩具是我们的好朋友，你们最喜欢什么玩具呢？

幼儿说到幼儿园里和自己家里的各种玩具，其中有一些相同的物品名称，如汽车。

2. 玩具大比拼。

教师：刚才有很多小朋友都提到小汽车，我们一起拿出来比一比。

教师分别拿出幼儿带来的成品玩具小汽车和建构类玩具，问：这是你们带来的玩具，幼儿园里的玩具中有小汽车吗？它可以变出来吗？

教师展示大班幼儿拼插出的各种小汽车，并现场将磁力片玩具变成小汽车，将南瓜玩具变成小汽车，将户外万能工匠玩具也变成小汽车，还请幼儿在上面坐一坐，体现低结构类玩具的可变性强、还能用于游戏的特点。

教师：除了变成小汽车，它还能拼插出什么？

教师根据幼儿讲述进行现场拼插，幼儿感受幼儿园玩具的可变性及创造性。

3. 体验建构类玩具。

教师分别出示专用积木、积塑、废旧、自然四大类建构材料各 4 种以上，幼儿自由选择进行体验。教师鼓励幼儿交换或尝试一种材料，体验建构类玩具丰富的种类和再创造的玩法。

4. 展示幼儿作品。

幼儿介绍自己建构的作品，教师鼓励积极动手尝试的幼儿。

活动延伸

环境创设：将幼儿第一次建构的作品进行展示，允许他们自由表达，教师记录下他们的语言，将其展示在儿童海报中。

关键经验

1. 乐于参与建构活动，积极运用各种建构材料进行尝试。

2. 进一步感受建构材料的丰富和可变性。

活动五　会变的积木（一）

活动背景

在玩具大比拼后，幼儿对建构区里的清水积木也很感兴趣，他们在建构区中自由摆弄各种形状的积木，就像搬运工一样把积木平铺成一排，或是一块一块垒高。本活动中，幼儿在积木宝宝变魔术的过程中感受积木的有趣，愿意尝试自己用积木进行建构游戏。

材料准备

四倍块、双倍块、基本块、三角块、大圆柱等清水积木及其标记，魔术盒。

活动描述

1. 玩魔术游戏，认识清水积木。

教师扮演魔术师，给幼儿变魔术，从魔术盒中一一变出不同形状的清水积木，如双倍块、四倍块、三角块和大圆柱，说出原来它们都是积木宝宝啊。

2. 你说我搭，积木宝宝变魔术。

教师：你们知道吗，积木宝宝也会变魔术哦，你们想变出什么来呢？

笑笑说她想要一条长长的马路，妞妞说她想要一个小房子，有米说他想要一个跷跷板，虾米说他想要一辆车。教师根据幼儿的想法用积木搭建出相应的物体。

3. 尝试玩积木，感受积木的特征。

教师：你们也想让积木宝宝变魔术吗？

幼儿用积木自由拼摆，感受积木作品的多变性。

小北把一个基本块放在一个大圆柱上搭了一辆小汽车。小诺把一个小三角放在一个双倍块上搭了一个小房子。悠悠把双倍块、三角块放在一起搭了一条马路。

4. 欣赏幼儿搭建的作品。

教师：你们让积木宝宝变出了什么呀？

幼儿在教师的帮助下介绍自己搭建的作品，感受积木的有趣、多变。

活动延伸

1. 区域游戏：在建构区中投放幼儿已经认识的几种形状的积木，让幼儿进一步感受这几种形状积木的特性。

2. 环境创设：在建构区中张贴积木标记的大标志，帮助幼儿巩固对积木形状的认识。

关键经验

1. 知道积木的形状是多种多样的。

2. 通过看一看、搭一搭的方式感受积木的可变性，对搭积木感兴趣。

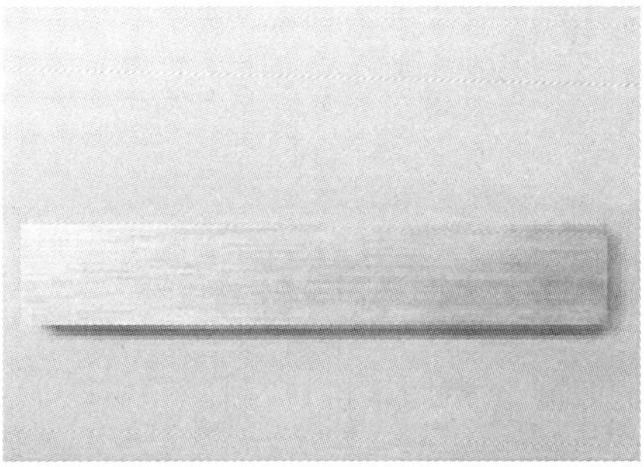

图 1-1　四倍块

图 1-2　基本块

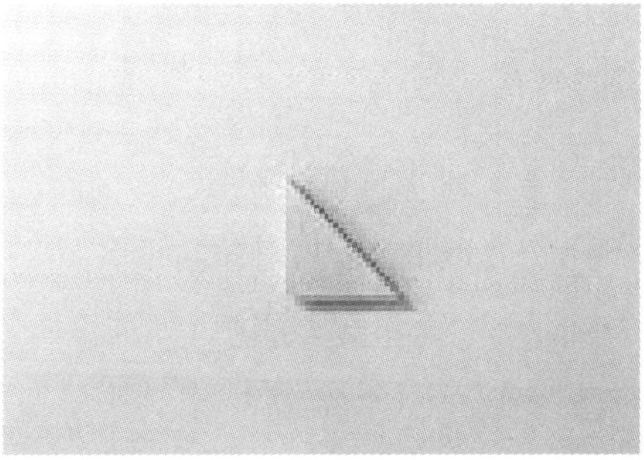

图 1-3　小三角

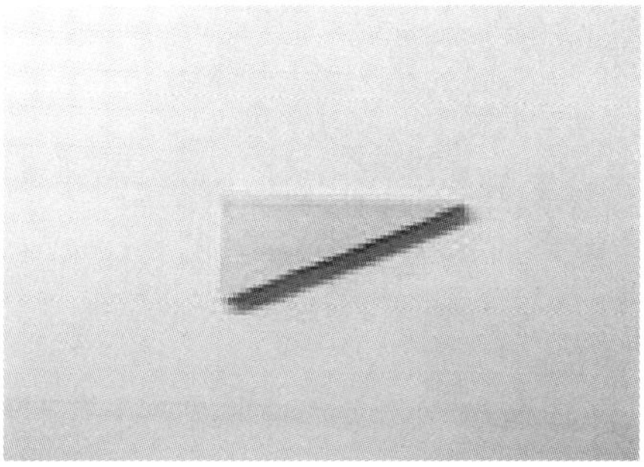

图 1-4　三角块

图 1-5　小长方

图 1-6　小方块

图 1-7　大圆柱

图 1-8　小圆柱

活动六　会变的积木(二)

活动背景

在上次活动中，幼儿通过看一看、搭一搭感受积木的可变性，知道积木能搭建出多种物体，对搭积木感兴趣。本节活动为上次活动的延伸，幼儿通过自由拼搭认识常见积木，并尝试看标记分类收拾。

材料准备

贴有积木标记的盒子，积木标记图。

活动描述

1. 给积木宝宝起名字。

教师：上次你们用积木宝宝变出了小汽车、小鱼池、长长的路，变出许多有趣的东西，你们喜欢积木宝宝吗？我们一起来看一看。

教师出示上次活动中幼儿的作品，表述他们分别建构的内容，引起幼儿兴趣。

教师：这些积木宝宝还没有名字，我们来给它们起名字吧！叫什么好呢？

幼儿说出有的积木是长方形的，但有的长有的短，还有正方形的积木等。教师根据幼儿的描述展示相应的积木，并鼓励幼儿用自己能理解的语言给积木起名字。

2. 幼儿尝试再次进行建构游戏。

幼儿根据自己的经验摆放积木进行建构游戏。

3. 认识积木宝宝的名称，尝试根据标记送积木宝宝。

教师：积木宝宝要回家了，它们的家在哪里呢？

教师出示积木标记和一盒子装好的三角形积木，让幼儿知道为什么这个盒子是三角形积木的家，原来盒子上面贴有三角形的标记。

教师：还有一些积木宝宝没找到自己的家，你们能帮帮它们吗？

幼儿将积木根据各自的标记送到相对应的盒子里。

师幼共同检查总结：盒子里的积木都一样吗？积木宝宝都回到了自己的家，谢谢你们。

活动延伸

1. 区域游戏：在建构区中给幼儿充分的活动时间和空间，让幼儿自由地摆弄积木，收拾时重点强调按标记摆放。

2. 日常活动：在餐前给幼儿欣赏哥哥姐姐用积木搭建的一些作品，激发幼儿玩积木的兴趣。

3. 环境创设：将幼儿搭建的作品照片张贴在建构区，让幼儿感受积木的可变性。

关键经验

1. 通过再次尝试自由搭建，感受积木的可变性。

2. 初步认识常见积木的形状、名称，尝试根据标记进行分类。

3. 养成良好的建构习惯，如轻拿轻放、分类收拾等。

图 1-9　搭积木（一）

图 1-10　搭积木（二）

图 1-11　积木的家

图 1-12　送积木回家

活动七　彩色的 EVA 玩具

活动背景

幼儿已渐渐熟悉各种形状的清水积木，他们发现建构室里有一种中型专用建构材料 EVA 玩具，EVA 玩具色彩鲜艳、形状丰富、轻巧方便，让幼儿非常想试着来玩一玩。本活动中，幼儿在摸、看、玩的过程中，了解 EVA 玩具的特性，喜欢玩各种各样的建构玩具。

材料准备

EVA 长方块、弯曲块、正方形、罗马拱形块、中孔三角形，标记图。

活动描述

1. 初步感受 EVA 玩具的特性。

教师：你们在哪里见过这些软软的、彩色的玩具？这种玩具叫什么名字呢？

幼儿通过看、摸初步感受 EVA 玩具的特性。

2. 了解常见形状积木的名称，出示相应 EVA 玩具的标记。

教师：你能看懂这个标记的意思吗？这代表什么形状的 EVA 玩具？你能找到它在哪里吗？

幼儿根据标记找到相应形状的玩具，并给这个玩具起名字。

3. 尝试搭建，进一步激发建构兴趣。

幼儿自由选择自己需要的 EVA 玩具自由建构，进一步感受 EVA 玩具的特性。

4. 分享搭建作品，感受搭建的乐趣。

教师以开车的形式带幼儿一起欣赏大家的搭建作品，肯定幼儿能大胆地选择自己需要的材料进行搭建。

教师：EVA 宝宝们想回家了，它们家的门上有一个跟它们长得一样的标记，请你们根据标记把 EVA 宝宝送回家。鼓励幼儿按照标记进行收拾整理。

活动延伸

1. 区域游戏：在建构区中幼儿继续使用多种材料自由搭建，并按照标记收拾积木。

2. 日常活动：在餐前欣赏哥哥姐姐用 EVA 玩具与清水积木组合搭建的作品。

关键经验

1. 能够根据物体的一种特征进行分类，对群体游戏有兴趣，对幼儿园的生活感到好奇。

2. 在选择搭建材料时能根据自己的兴趣来选择，愿意自己的事情自己做。

3. 愿意与小朋友一起体验新材料，感受 EVA 玩具的特性。

活动八　有趣的拼插玩具

活动背景

在玩具店游戏中，幼儿对各种各样的拼插玩具非常感兴趣，他们不再满足于雪花片，还尝试用各种积塑玩具表现自己喜欢的物体。本活动中，幼儿体验多种积塑玩具的特性和使用方法，实现拼插作品的愿望。

材料准备

玩具店场景，磁力玩具、南瓜玩具、宝高玩具。

活动描述

1. 分享自己喜欢的玩具。

幼儿分享自己喜欢的玩具：紫嫣说她喜欢大大的雪花片；诺诺说他喜欢像南瓜一样的玩具；翔翔说他喜欢乐高玩具。

2. 自由玩各种拼插玩具。

幼儿自由选用积塑玩具（南瓜玩具、磁力玩具、宝高玩具）拼插各种各样的作品，感受各种拼插玩具的特性和玩法。紫嫣用雪花片一个接一个拼插出一个长条。汉堡用南瓜玩具一个接一个插出了火车。月月用乐高玩具拼插出了高高的房子，在拼插到第三块材料时，房子出现了倒塌，她又重复了之前的动作，可是房子还是倒塌了，这时老师让月月看看玩具上四个突出的地方，她发现没有将它们全部插入另一个玩具的圆圈里，随后将其插紧。在月月第三次尝试后，房子没有出现倒塌的现象。

3. 欣赏、游戏。

将幼儿拼插的作品摆放在玩具的货架上展示，进一步激发他们拼插的兴趣和成功体验。

活动延伸

1. 区域游戏：在建构区提供各种积塑玩具，让幼儿充分自由游戏，继续体验玩具的玩法和特性。

2. 环境创设：将幼儿在建构区中发生的故事用图文形式进行记录，表现出的作品也分类呈现。

关键经验

1. 在细致观察和游戏中，感知常见积塑玩具的特性和玩法。

2. 体验玩积塑玩具的乐趣。

活动九　小舞台里的魔仙棒

活动背景

幼儿经常在建构区进行自由拼插，他们拼插出自己喜欢的魔仙棒，并把它带到小舞台的游戏中唱唱跳跳，但因魔仙棒数量不够会出现幼儿争抢和作品散开的情况。本活动中，幼儿对雪花片的玩法进行了解，感受雪花片玩具色彩的多样性及造型的可变性，并尝试表现魔仙棒的主要特征。

材料准备

雪花片玩具，魔仙棒图片，《小魔仙》音乐。

活动描述

1. 播放音乐，进入小魔仙的情境。

幼儿自由拿取魔仙棒与教师共同随着音乐跳舞，感受变魔法的乐趣。

教师：每个人都拿到魔仙棒了吗？魔仙棒不够怎么办？幼儿提出可以再去拼插一些。

2. 观察图片，了解魔仙棒的特征。

幼儿观察魔仙棒图片，发现魔仙棒主要由两部分组成，元帅发现魔仙棒的最上面有一朵花，泡泡发现魔仙棒的下面是一根长长的棒子，可是，花怎么插出来呢？棒子怎么插出来呢？花和棒子怎样合在一起呢？

3. 讨论、尝试用雪花片拼插魔仙棒。

教师：魔仙棒总是会散开，怎样才能插紧呢？

沐沐发现雪花片上有许多的小口子，提出疑问：这些小口子是干什么用的呢？幼儿在动手尝试时发现雪花片上的小口子上可以插另一个雪花片，孜孜发现两个雪花片一个横着、一个竖着，口子对口子就可以把两个雪花片插在一起，但是在插的过程中发现雪花片会掉下来。教师扶着幼儿的手让他感受到插进去时会有一点点震动的感觉，这才能说明雪花片插紧了。

4. 陈列作品，互相欣赏。

播放音乐，幼儿与教师拿着自己拼插的魔仙棒跟着音乐跳舞。

活动延伸

1. 区域游戏：将幼儿拼插的魔仙棒投放到小舞台游戏中，让幼儿体验建构作品的价值，并且还可以将魔仙棒运用到其他游戏中。

2. 家园共育：请家长与幼儿一起收集造型各异的魔仙棒玩具和图片，为幼儿的拼插提供参考。

关键经验

1. 在探索拼插的过程中，能将雪花片咬合紧密，尝试表现出魔仙棒的典型特征，感受雪花片材料的多样性。

2. 喜欢参与桌面建构活动，感受拼插的乐趣。

图 1-13　魔仙棒（一）

图 1-14　魔仙棒（二）

图 1-15　魔仙棒（三）

图 1-16　魔仙棒（四）

活动十　玩具拓印画

活动背景

幼儿在了解各种玩具的特征后，对玩具的兴趣越来越浓厚，那么建构类玩具只能拼插吗？还有什么样的玩法呢？本活动中，幼儿在了解玩具基本玩法的基础上，通过欣赏高级榜样的作用发现玩具的创新玩法，尝试用玩具进行拓印画。

材料准备

颜料，纸，各种玩具，玩具拓印画图片。

活动描述

1. 欣赏玩具拓印画。

教师：这幅画上有什么？你们知道是用什么画出来的吗？

有米发现画上有一朵小花。圆圆发现有一个太阳。元帅发现有许多的小草。幼儿能很清楚地说出画面上的图案，但不知道是怎么画出来的。

2. 出示拓印的玩具，感知玩具与拓印画之间的关系。

教师：你们能猜到这上面是用什么玩具印的吗？幼儿猜想并用玩具验证。北北在筐里找了一个玩具放在太阳图案上说：不是这个玩具。砳砳拿了一个南瓜玩具也放在太阳图案上说：是这个玩具，它圆圆的。

3. 幼儿验证自己的猜想，初次尝试拓印画的方法。

幼儿选择自己喜欢的玩具尝试拓印画。小爱选择螺丝玩具的桩子，颜料蘸得太多，画面有点乱。点点选择的是宝高玩具，他把玩具反过来，有颗粒的一面朝下，印出来很多小圆点。教师提醒幼儿不要蘸取太多颜料，印上去的时候停一会再拿起来。

4. 幼儿再次尝试拓印画，进一步感受拓印画的乐趣。

北北用每个玩具都蘸上颜料在纸上印了很多。小爱用一种玩具换不同的颜色拓印，浩浩选择颗粒玩具进行拓印。

5. 欣赏作品，感受玩具的多变性。

将幼儿的作品张贴起来互相欣赏，师幼一起感受玩具的创新玩法。

活动延伸

1. 区域游戏：将玩具投放到美工区，幼儿通过拓印画来感受色彩的美和玩具的形状。

2. 环境创设：将幼儿的拓印作品和游戏过程展示在美工区，在参与拓印活动时可以将其作为简单的参考。

关键经验

1. 在美术活动中感受印印画画的乐趣，感受色彩的美。

2. 在拓印过程中进一步发展手眼协调能力，体验玩具的新玩法。

活动十一　有趣的大雪花片

活动背景

幼儿园有各种丰富的建构材料，从大小来分，有大型、中型、小型的建构材料，其中大型的大雪花片不仅可以用来拼插，还可以用在体育游戏中。本活动中，幼儿利用大雪花片，进行跳、跑、平衡等多种有趣的活动。

材料准备

大雪花片人手一片，蘑菇玩具若干。

活动描述

1. 准备活动。

在操场上将大雪花片围成一个回字形，教师带领幼儿围在四周进行走、跑的热身准备，每人手持一个大雪花片做律动操。

2. 师幼共同探索大雪花片的玩法。

教师：这个大雪片可以怎么玩呢?

教师带领幼儿尝试各种玩法，体验玩大雪花片的乐趣。

玩法 1：跳雪花片，将雪花片放置在地上，幼儿跳来跳去。

玩法 2：顶雪花片，将雪花片放在头上走，保持平衡。

玩法 3：滚雪花片，将雪花片立起来，向前滚动。

玩法 4：转雪花片，将雪花片立起来旋转。

3. 游戏：采蘑菇。

幼儿绕 S 形走过（雪花片做成的）森林，再跳过（雪花片铺成一排的）小河去采蘑菇。在教师讲解游戏玩法后，幼儿进行游戏两次，教师观察幼儿的基本动作。

4. 放松结束。

教师：大雪花片玩累了，我们一起和它做放松动作吧，然后请你拿着采好的蘑菇回家。

活动延伸

区域游戏：在建构区利用大雪花片进行搭建活动；在科学区用雪花片进行旋转的游戏，观察旋转后雪花片的变化。

关键经验

1. 乐于尝试探索大雪花片的多样玩法。

2. 进一步感受大雪花片玩具的趣味性、多样性。

3. 在采蘑菇游戏中，进行跑、跳等身体活动，发展平衡能力。

活动十二　玩具少了怎么办

活动背景

幼儿喜欢玩幼儿园里各种各样的玩具，他们发现在幼儿园里的玩具变化性很多。虽然教师提供了很多同种类的玩具，但在玩的过程中也常会出现幼儿争抢玩具的现象。本活动的重点是引导幼儿愿意和大家一起玩玩具，能听从成人的劝解，采用适宜的方法来解决人多玩具少的问题。

材料准备

班级中的各种玩具、圈、球（玩具的数量要比幼儿人数少）。

活动描述

1. 幼儿自由玩玩具，教师观察玩玩具的过程中存在的问题和幼儿的解决办法。

在玩玩具的时候，球球没有拿到玩具，他站在一边掉眼泪没有讲话。小爱一开始也没有拿到玩具，却将汉堡手里的玩具抢了过来。虾米想玩有轮子的宝高玩具，可是没有了，他来告诉老师。炎炎想玩南瓜玩具，他想向上不断垒高，可还没有垒到他想要的高度时，玩具就没有了，他就伸手去拿旁边小朋友的。

2. 师幼共同交流讨论游戏中的问题。

教师：你们都玩到想玩的玩具了吗？球球为什么哭了？我们可以怎样说呢？

幼儿发现并不是每个小朋友都能玩到自己喜欢的玩具。

教师：怎样才能让大家都玩到喜欢的玩具呢？我们来看看小弈和有米是怎样玩玩具的。

小弈和有米拿了一个有轮子的宝高玩具坐在地上，你滚给我，我滚给你。

教师：你们还能想出什么好办法一起玩玩具吗？

方法一：找类似玩具进行替代，如提供数量较多的带轮子的底板玩具。

方法二：玩具种类很多，可以去不同的区域进行游戏。

方法三：迁移之前的经验，可以和同伴交换玩。

方法四：大家一起玩、轮流玩同一种玩具。

幼儿一起学说：我们可以一起玩吗？可以给我玩一会吗？

3. 幼儿再次玩玩具，进行实践。

教师继续提供比幼儿人数少的圈、球等游戏材料，让幼儿再次感受怎样一起玩，了解一些一起玩的方法，如：轮流玩、一起玩。

教师用相机记录幼儿一起玩的瞬间，幼儿通过实践感受一起玩的快乐。

活动延伸

1. 环境创设：将一起玩的方法以图文的形式张贴在班级公约里，起到提醒共同遵守的作用。

2. 家园共育：平时外出游玩时，家长可以提醒幼儿将玩具或其他东西与小朋友一起分享。

关键经验

1. 愿意和同伴一起玩玩具，使用一些简单的礼貌用语与同伴交流。

2. 玩玩具与同伴出现矛盾时，在成人的劝说下能很快平复情绪，不争抢、独霸玩具。

3. 有需求时会用简单的语言表达自己的意愿。

活动十三　玩具带回家

活动背景

幼儿对幼儿园里的玩具越来越喜欢，在日常聊天中，教师发现个别孩子有将幼儿园玩具带回家的情况，认为幼儿园里的玩具和家里的玩具一样都是自己的。本活动中，教师和幼儿一起讨论幼儿园里的玩具是否可以带回家的话题，引导幼儿了解基本的社会规则。

材料准备

情境表演的场景设置，纸、笔。

活动描述

1. 观看情境表演，引出话题。

教师进行情境表演，具体内容是幼儿在幼儿园里玩玩具，丁丁觉得幼儿园里的玩具很好玩，非常喜欢，就在游戏结束前偷偷地把玩具放到自己的口袋里带回了家。

2. 讨论：幼儿园里的玩具可以带回家吗？

幼儿纷纷表示幼儿园里的玩具不能带回家，因为商场里的玩具就不能带回家。

教师：如果有人很喜欢这个玩具怎么办呢？有什么好的方法既能遵守规则又能让我们大家都开心？

教师将幼儿的回答用图画形式进行记录。经共同讨论，开展“玩具和我回家做客”的班级活动。（比如可以借回家，但明确借回家的时间，按时间原样归还等）

3. 情境表演，学会表达自己的需求。

幼儿参与到情境表演中，学说玩具可以带回家的想法。

活动延伸

环境创设：设置班级公约，继续讨论班级中需要师幼共同遵守的规则，用图片形式记录。

关键经验

1. 参与讨论，愿意表达出自己关于玩具能否带回家的想法。

2. 通过情境表演，能在成人的提醒下遵守一定的社会规则。

四、关键经验

- 关键经验
  - 健康
    - 能双脚交替、比较灵活地上下大型玩具。
    - 乐于参与体育活动，发展走、跑、跳、平衡等身体动作发展，情绪愉悦。
    - 在拼插活动中促进手眼协调及小肌肉群的发展。
    - 在帮助下能较快适应集体生活，情绪逐渐稳定。
  - 语言
    - 愿意参加语言活动，能口齿比较清楚地念儿歌。
    - 认真倾听教师和同伴讲话并能有所回应，知道要轮流发言。
    - 愿意与同伴交流自己喜欢的玩具，表达自己的想法。
  - 社会
    - 愿意与大家一起玩，能在成人指导下不争抢、独霸玩具。
    - 愿意做一些力所能及的事，自己玩的材料能自己收拾并放回原处。
    - 在提醒下能遵守各项游戏的规则，爱护玩具。
  - 科学
    - 能仔细观察，发现各种玩具、积木的特征，知道其名称。
    - 能根据物体的一种特征，按标记进行分类。
    - 通过搭建、拼插，感受建构材料的多样、可变性，感受里外的空间位置，对建构游戏产生兴趣。
  - 艺术
    - 在拓印活动中感受印印画画的乐趣。
    - 感受各类玩具色彩的美感，并选择颜色进行涂色游戏。

项目二
我爱幼儿园

一、项目缘起

幼儿园是孩子们的乐园，他们喜欢这里丰富多样、创意无限的玩具；喜欢在园子里走一走、看一看，探寻着幼儿园里有趣的地方。一天散步的时候，孩子们一边走着一边七嘴八舌地说了起来：我最喜欢到这里来看小鱼；我觉得走在弯弯曲曲的小路上很有趣；还是去小农场吧，说不定那里有小蝴蝶来做客呢！

幼儿园就是一个大宝藏，孩子们对幼儿园的一景一物也越来越熟悉，他们知道走过凹凸不平的石头路就是小鱼池，也喜欢穿过花花绿绿的花砖路去玩滑滑梯，在松松软软的泥土路上跳来跳去。并且他们开始了对路的认识和探究，一起试着画画小路、铺铺小路，表达自己对路的理解。他们一起为小鱼搭建鱼池、给菜地围栅栏——就在这样的参观、体验、探索和游戏中爱上了幼儿园！

二、发展线索

- 幼儿园
  - 幼儿园里的路
    - 幼儿园里有哪些路?
    - 可以用哪些材料铺路?
    - 长长直直的路怎么表现?
    - 马路有宽窄吗?
    - 宽宽的路怎么铺?
    - 怎么搭建拐弯的路?
    - 我们搭建的路可以走吗?
  - 幼儿园里的鱼池
    - 鱼是什么样子的?
    - 怎么拼插鱼?
    - 鱼池是什么样的?
    - 你在生活中还见过哪些鱼池?
    - 怎么钓到鱼?
  - 幼儿园里的农场
    - 农场里有什么?
    - 如何搭建菜园?
    - 怎么给菜地搭建栅栏?
    - 可以用哪些材料给农场中的菜地搭建栅栏?

三、具体活动

线索描述

线索一　幼儿园里的路

在本线索中，幼儿主要围绕幼儿园里各种各样的路展开探索。他们运用清水积木、万能工匠、城砖、轮胎等多种材料铺设了长长直直的路、宽宽的路、拐弯的路，并在与路的互动游戏中不断尝试探索、改进作品，突出“路”的游戏性、实用性。

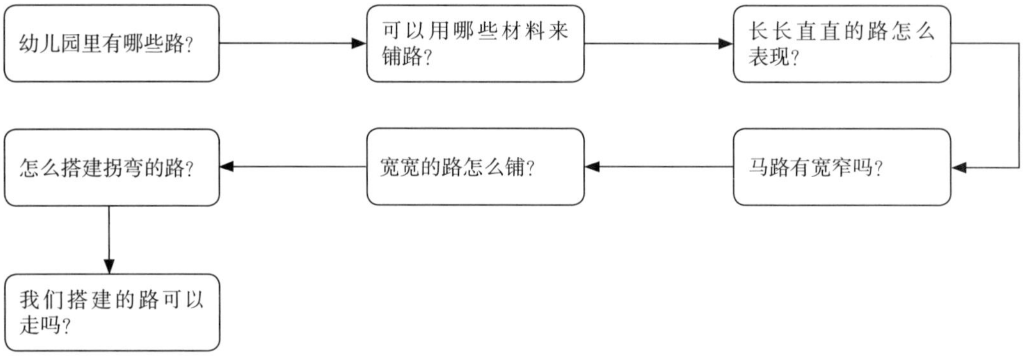

活动一　幼儿园里的路

活动背景

在逛幼儿园的过程中，幼儿进一步了解、熟悉幼儿园的生活环境，幼儿园里各种各样的路引起了他们的关注。原来不同的路可以通往不同或相同的地方，它们宽窄、材质不同，人们走上去的感觉也不同。本活动中，幼儿积极寻找和体验各种不同的路，了解路的基本外形特点，为用建构材料铺路积累经验。

材料准备

安排好参观的路线，选好所要观察的路，注意路面的安全。

活动描述

1. 回忆幼儿园的景物，引起幼儿的兴趣。

师幼共同回忆幼儿园里的景物，幼儿萌发在幼儿园里走走逛逛的愿望。

2. 师幼共同规划参观幼儿园的路线。

教师：你们想先去哪里？再去哪里？

教师根据幼儿的回答绘制出参观的路线。

3. 参观幼儿园，感受幼儿园的美丽。

根据路线图，教师带领幼儿按顺序参观，感受幼儿园的美丽。在参观过程中，幼儿发现幼儿园里有各种特征的路，并体验踩在上面的感觉，如花砖地滑滑的、塑胶地比较粗糙、草坪地软软的等。

4. 回顾各种各样的路。

教师：刚才我们都去了幼儿园的哪些地方？

师幼回顾参观过程中的照片。

教师：这条路可以通到哪里？它是什么样子的？走在上面什么感觉？

教师展示幼儿找路、体验的相关照片，请尝试用自己的语言介绍这是什么样的小路，在哪里找到的路。

活动延伸

1. 体育游戏：利用细细窄窄的平衡凳、垫子铺路，进行走的平衡游戏。

2. 晨间谈话：欣赏生活中更多路的图片，并说出自己的感受和体验。

关键经验

1. 通过观察，认识、了解各种各样的路。

2. 尝试用语言描述走在不同路上的感觉。

3. 走各种路，提升手脚协调和身体平衡能力。

活动二　铺小路

活动背景

幼儿在找找、走走幼儿园里的各种路之后，对铺路有了探究的兴趣，他们想自己铺设一条路。本活动中，幼儿尝试用各种材料来铺路，享受自主寻找、探索用不同材料来铺路的乐趣。

材料准备

幼儿园的路的照片，小兔玩偶、清水积木、万能工匠、轮胎、牙膏盒、城砖、奶粉罐等材料。

活动描述

1. 回顾幼儿园里的路。

教师：瞧，今天小兔来做客了，它听说我们幼儿园里有各种各样的路，也想要体验一下，你们愿意帮助它来铺路吗？路是什么样子的呢？

师幼共同欣赏体验过的路，幼儿描述了石头路、长长的路、拐弯的路的样子。

2. 认识、讨论铺路的材料。

教师：你们也想要给小兔铺路吗？你们觉得可以用什么材料？

幼儿讲述用清水积木、牙膏盒、城砖、奶粉罐等材料来铺路，并根据想要铺设的小路特征来选择材料，如石头路选择奶粉罐，长长直直的路选择清水积木、牙膏盒等。

3. 为小兔铺路。

果果选择清水积木，他将清水积木一块接一块地连接在一起，铺了一条长长直直的路；如意将牙膏盒一个一个地连接在一起，铺了一条窄窄的路，材料之间的连接处没有缝隙；明明将奶粉罐一个接一个地紧靠在一起，铺了一条石头路。

4. 分享建构作品。

教师：你刚才选择了什么材料来给小兔铺路？铺的是什么样子的路？

果果：我用积木给小兔铺了一条长长的路。

明明：我用奶粉罐给小兔铺了一条跳跳路，奶粉罐是一个一个空开的。

师幼小结：不同的材料铺成的路也是不一样的。清水积木、牙膏盒、城砖可以铺长长的路，万能工匠、奶粉罐可以铺一格一格的路。

活动延伸

1. 区域游戏：在美工区中尝试用简单的线条绘画出给小兔铺设的路。

2. 家园共育：幼儿和家长在生活中收集可以用来铺路的各种材料，如牙膏盒、肥皂盒、奶粉罐等。

关键经验

1. 认识材料，能根据路的特征选择相应材料玩铺路游戏。

2. 尝试用相应的量词或者形容词描述自己所铺的路。

3. 用简单的线条表现出路的轮廓特征。

活动三　长长的路

活动背景

通过对不同材料特性的探究认识，幼儿感受到所要铺设的路和材料之间的联系，为铺路做了充分的经验准备。本节活动主要解决怎么表现长长直直的路。活动中，幼儿运用清水积木、废旧材料，尝试用一块接一块的连接方法来铺路。

材料准备

长长直直的路的照片，幼儿园内的一些场景模型，基本块、双倍块、四倍块等长条形清水积木，牙膏盒、城砖等材料。

活动描述

1. 出示幼儿园内的场景，激发幼儿产生铺路的兴趣。

教师：这是哪里呢？原来是我们幼儿园里的小鱼池、大型玩具，还有小农场，可是这些地方都没有路，我们去不了，怎么办呢？

幼儿提出可以给这些地方来铺长长直直的路。

2. 观察长长直直的路，迁移对材料探索的经验，选择合适的材料铺路。

教师：你见过长长直直的路吗？在哪里见过的？

教师：要铺一条长长直直的路，可以用哪些材料呢？为什么？

毛毛：可以用最长的板（四倍块）铺长长的路，因为它很长。

小小：牙膏盒可以铺直直的路，因为它是直直的。

3. 探索铺长长直直的路的方法。

教师：那怎么用这些材料来铺一条长长直直的路呢？

幼儿自主选择材料，探索铺长长直直的路的方法。

红红先拿了一块基本块，然后又拿了一块基本块，短边对短边连接并往后延长，一共用了四块。明明拿取了一块四倍块和一块双倍块，将短边连接并往后延长，之后又拿了一块四倍块和双倍块，重复了三次这样的延长方法。婵婵同样是用四倍块短边连接延长，但是她将第三块四倍块短边和第二块四倍块的长边连接，横过来搭建了一段拐弯的路，之后又重复最开始的延长方法铺路。

4. 集体讨论总结铺路的方法。

教师：你用了什么材料来铺路？你是怎么铺长长直直的路的？

请个别幼儿示范，总结方法。

教师根据幼儿的示范，帮助其提升经验，铺路的时候要用一块拿一块，一块接一块，铺铺平没缝隙。

5. 师生共同参与建构游戏。

教师：你想选择哪种材料来铺一条长长直直的路？赶快去玩一玩吧！

幼儿选择不同的材料开始铺设，教师观察积木与积木的连接处是否有缝隙。

6. 铺路完成，师生共同交流。

幼儿分别用牙膏盒、城砖以及清水积木铺了长长直直的路。

教师：你们真了不起，幼儿园里的这些路不仅又长又直，而且路面上都没有缝隙，走在路上非常安全哦，谢谢你们。

活动延伸

1. 区域游戏：在建构区中继续用不同的材料来铺长长直直的路，巩固经验。

2. 家园共育：寻找生活中长长直直的路，观察这些长长直直的路和自己铺设的路有哪些不同。

关键经验

1. 能用语言比较清楚地描述长长直直的路的特征。

2. 探索用一块接一块的建构方法来铺路，连接处没有缝隙。

3. 在铺长长直直的路时尝试使用不同的材料，进一步巩固对材料的认识。

图 2-1　长长直直的路（一）

图 2-2　长长直直的路（二）

图 2-3　长长直直的路（三）

图 2-4　长长直直的路（四）

活动四　宽与窄

活动背景

通过铺设长长直直的路，幼儿对路的基本特征有了具体的认识，并初步掌握了连接的方法。在观察中他们发现有的路只能一个人走，有的路却很宽。本活动中，幼儿通过观察和体验认识宽与窄。

材料准备

两条宽窄明显的马路，胖瘦不同的两个小动物（小熊、小老鼠），通往车站宽窄不同的两条路的图片，画有车站的底板，泡沫垫、城砖、正方块积木等材料。

活动描述

1. 实地观察幼儿园附近的宽宽的马路和窄窄的马路。

教师带领幼儿围绕马路的宽和窄进行讨论。

教师：这条马路是什么样子的？你怎么知道是宽宽的呢？

幼儿发现宽宽的马路上同时有好几辆汽车并排通行，窄窄的马路上只能有一两辆汽车通行。

2. 观察小熊和小老鼠的车站图，再次认识宽窄。

教师：小熊和小老鼠要坐车去旅行，现在有两条路通往车站，你们觉得它们分别该走哪一条路呢？为什么？

哈哈：小熊又胖又大，它要走大路。（宽宽的路）

乐乐：小老鼠可以走小路，因为它又瘦又小。（窄窄的路）

教师：小熊为什么要走这条路呢？这条路怎么样啊？（宽宽的）

幼儿用一句完整的话进行描述：这是一条宽宽的路。

教师：那小老鼠走的路和小熊的路有什么不同？为什么小熊不能走小路？

师幼小结：小熊长得很强壮，要走宽宽的路；小老鼠比较小，可以走窄窄的路。

3. 游戏："铺路"。

教师出示画有车站的底板，泡沫垫、城砖、正方块积木等建构材料，请幼儿铺设宽窄不同的路。

教师：请你选择不同的材料，为小熊铺宽宽的路，为小老鼠铺窄窄的路去车站吧！

4. 自由分享自己铺宽路和窄路的材料。

牛牛将方形泡沫垫一个接一个地连接拼成了一条宽宽的路。

欣欣将四块双倍块积木平铺，再用四块双倍块积木延长连接，铺了一条宽宽的路。

红红用城砖一块接一块地平铺了一条窄窄的路。

活动延伸

1. 晨间谈话：幼儿说一说自己走在宽窄不同路上的感受。

2. 家园共育：家长带幼儿去寻找生活中还有哪些东西是宽宽的，哪些东西是窄窄的。

关键经验

1. 认识宽与窄，尝试用一句完整的话描述路的特征。

2. 观察周围的生活环境，寻找生活中宽、窄不同的物体。

3. 迁移前期建构经验，尝试选用不同的材料铺设宽宽的路和窄窄的路。

活动五　宽宽窄窄的路

活动背景

在数学活动中，幼儿对宽窄概念有了初步认识。通过铺设长长直直的路，他们掌握了连接铺路的建构方法。宽宽的路怎么铺呢？本活动中，幼儿对宽窄不同马路的建构方法进行探索，注意材料连接处没有缝隙。

材料准备

幼儿铺设的长长直直的路的作品图片，参观马路的图片，长方形清水积木、碳化积木、牙膏盒、城砖、大汽车玩具若干。

活动描述

1. 回顾上一个活动所观察马路的照片，认识宽宽的路。

幼儿再次通过数车辆或数人数的方法，感知上次所参观马路的宽与窄。

教师：宽宽的路是什么样子的呢？

沐沐：宽宽的路就是可以有好几辆车同时在上面并排行驶。

柠檬：宽宽的路就是大卡车也能走。

壮壮：大象能够走的路就是宽宽的路。

教师：怎样把这条长长直直的路变宽？

教师出示幼儿前期铺设的长长直直的马路图片。

好好：可以在旁边再铺一条路，路就变宽了。

希希：把很多路都铺在一起，就成了宽宽的路。

2. 幼儿尝试铺宽宽的路。

教师：如果小路太窄，大汽车就没法在上面开。瞧，这里还有很多大汽车呢！你们赶快去试着铺一条宽宽的路吧！

教师观察幼儿的铺路方法。

3. 讨论总结铺宽宽的路的方法。

教师：你是怎么把长长直直的路变成宽宽的路的？

方法一：果果先将四块四倍块连接起来铺了一条长长直直的路，然后在旁边紧挨着这条路用同样的方法铺了另一条长长直直的路，这样就变成了宽宽的路。

方法二：涛涛先将四个牙膏盒并排对齐铺平，接着往下又拿了四个牙膏盒分别与前面的四个牙膏盒连接平铺，最后一共延长了五节这样的路。

师幼小结：把多个相同的材料并排铺就是宽宽的路，铺的时候要注意，一块接一块，对齐铺平，每一块的连接处都没有缝隙。

4. 幼儿继续铺设宽宽的路，完善细节。

教师观察幼儿使用的材料和连接问题。

5. 展示与欣赏。

幼儿互相欣赏作品：你最喜欢哪一条宽宽的路？为什么？

开开：我喜欢这条用城砖铺的路，因为它很整齐，没有缝隙。

妞妞：我喜欢用积木铺的路，因为它铺得很平，大象走在上面不会摔跤。

教师：你们试试看，把大汽车放到你们搭的宽宽的路上去吧。

活动延伸

1. 户外游戏：尝试和同伴运用碳化积木等大型材料铺设宽宽的路。

2. 家园共育：寻找生活中宽宽窄窄的路，并拍下照片和同伴分享。

关键经验

1. 尝试用平铺、连接延长的建构方法铺设宽宽长长的路。

2. 愿意探索用不同材料来铺设宽宽的路，感受材料的多样性。

3. 户外铺路时，能主动和同伴一起铺路，感受大家一起玩游戏的乐趣。

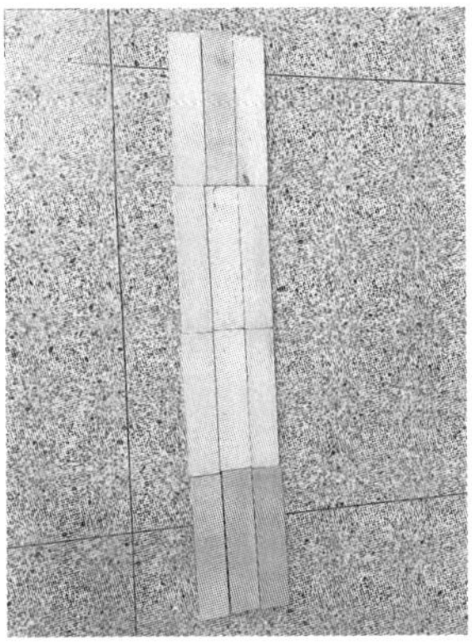

图 2-5　宽宽的路（一）

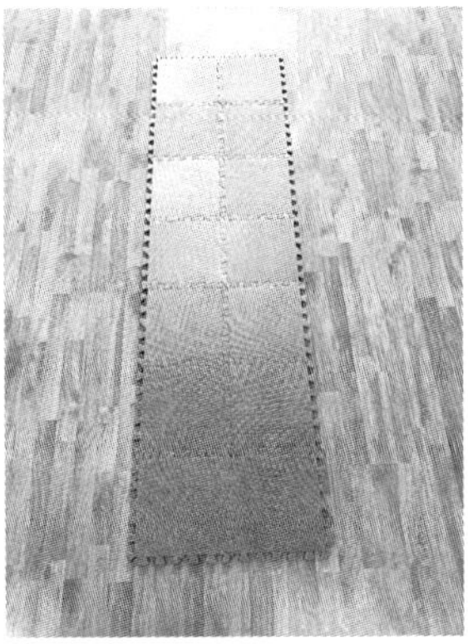

图 2-6　宽宽的路（二）

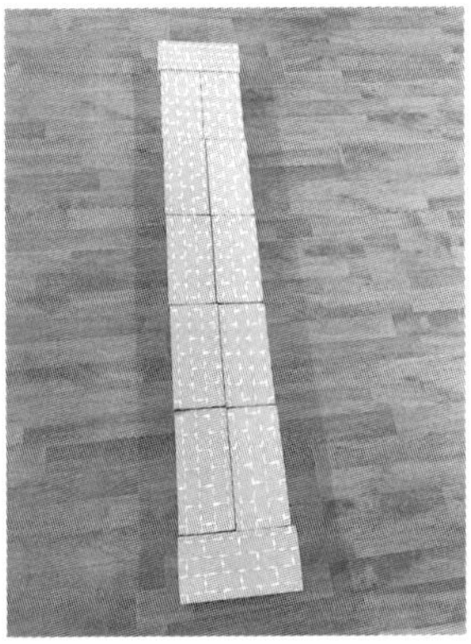

图 2-7　宽宽的路（三）

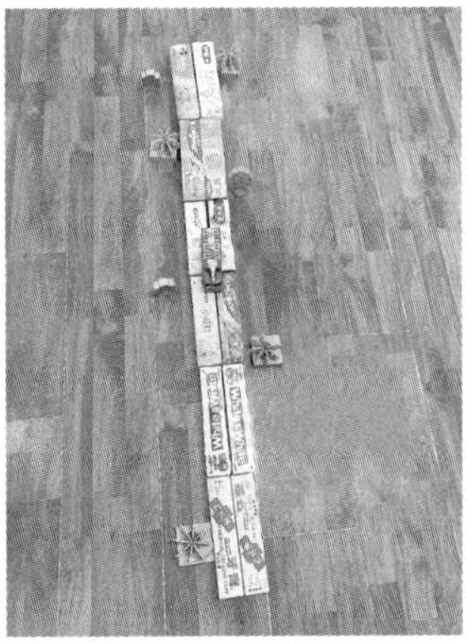

图 2-8　窄窄的路

活动六　会拐弯的路

活动背景

幼儿通过前期对马路的观察，发现马路还可以拐弯。本节活动主要解决怎么搭建拐弯的路。活动中，幼儿在了解材料特点的基础上，铺设不同式样的会拐弯的路，体验铺路的乐趣。

材料准备

四倍块、双倍块、基本块、半圆形等清水积木，牙膏盒、城砖，小汽车若干，幼儿收集的多种式样的拐弯路的图片，幼儿园里拐弯路的图片，幼儿园内、公园、广场等幼儿熟悉的各场景模型。

活动描述

1. 回顾幼儿园里拐弯的路。

教师出示幼儿园里拐弯路的图片，问：这条路通到哪里？这是一条怎样的路？

幼儿发现原来不仅有直直的路，还有拐弯的路。

2. 认识不同类型拐弯的路。

教师：除了幼儿园里拐弯的路，你还在哪里见过拐弯的路？

年年：我在公园里见过弯弯曲曲的路。

棒棒：我见过可以往这边（左边）拐，也可以往那边（右边）拐的路。

教师出示幼儿收集到的不同拐弯路的图片，了解其特征。

元元：有的弯路是这样和这样拐弯的（用手比画，直直地拐弯和圆圆地拐弯）

婉婉：有一条路有两个弯，它可以往这边（左边）走，也可以往那边（右边）走。

教师根据幼儿经验进行小结：原来有的路拐的弯是直直的，有的路拐的弯是圆圆的；还有的路既可以往左边拐弯，又可以往右边拐弯。

3. 幼儿自主尝试铺设拐弯的路。

教师：你们想来铺一条怎样拐弯的路呢？拐弯的路要怎么铺呢？可以用哪些材料铺？快去试一试吧！

哈哈先将四块四倍块连接，铺设了一条长长直直的路。然后他继续选用四倍块，将长边与短边连接，形成直角转弯，最终表现出一条直直的带拐弯的路。一一铺了一条有弧度的拐弯路，他先用两块双倍块连接延长铺了一条直直的路，然后用大半圆与外端的双倍块连接，向右拐弯，接着又用一块双倍块连接延长。瑶瑶铺了一条有两个弯的拐弯路，她先拿了一块四倍块，然后拿了一块大岔路和四倍块连接延长，最后在左右两边各用了一块四倍块连接延长。

4. 分享铺设拐弯路的方法。

教师：你铺的拐弯的路是什么样子的？是怎么铺的？用了哪些材料？

方法一：用没有弧度、直直的类似四倍块、双倍块、基本块、牙膏盒、城砖等材料组合铺设垂直拐弯的路。

方法二：用有弧度的类似半圆形、大岔路等积木和材料铺设弯弯曲曲的、有弧度的弯路。

幼儿发现原来可以用各种不同拐弯的积木，如半圆形、大岔路作为材料来连接，也可以改变长条积木的方向来连接。

5. 幼儿继续完善建构作品。

教师：现在请你们继续把这条拐弯的路铺设完整吧！注意观察幼儿材料与材料间的衔接，特别是在拐弯的地方。

6. 作品完成，师生共同交流。

幼儿用四倍块、大岔路等组合搭建了圆形拐弯路，也有幼儿用双倍块、四倍块等组合搭建了直直的会拐弯的路。

欣欣：我喜欢通往小区广场门前的路，因为它可以拐好几个弯。

天天：我喜欢去金润发超市的路，因为它是一条弯弯的路。

幼儿互相欣赏各自建构的各种拐弯的路，将场景模型放置在相应的地方，说说每条路都通向了哪里。

活动延伸

1. 区域游戏：在建构区继续用各种材料铺设各种各样的路，通往各游戏区的场景模型。
2. 家园共育：找找公园中各种各样的弯路，感受寻路的乐趣。

关键经验

1. 观察、发现不同类型弯路的基本特征，尝试运用各种建构材料搭建会拐弯的路。
2. 体会帮助小动物铺弯路解决问题的乐趣。

图 2-9　会拐弯的路（一）

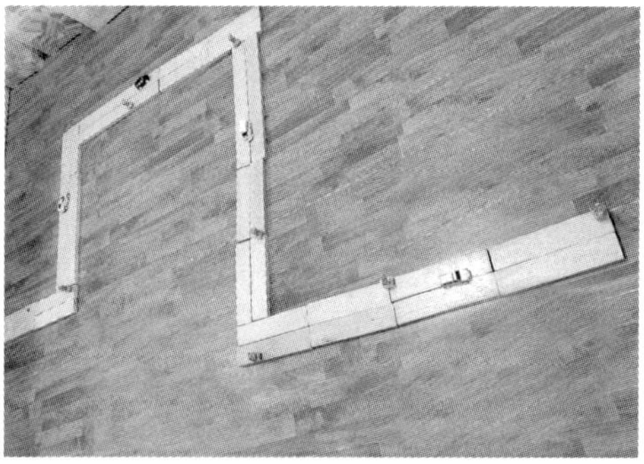

图 2-10　会拐弯的路（二）

图 2-11　会拐弯的路（三）

图 2-12　会拐弯的路（四）

活动七　走小路

活动背景

幼儿通过观察图片、亲身体验、动手操作等不同的方式认识了各种各样的路，积累了丰富的知识和建构经验。可是这些路都无法让人在上面走起来，本活动中，幼儿将搭建一条能够让人走的路，感受走小路的有趣。

材料准备

各种路（水泥路、塑胶路、石头路、花砖路、泥土路、彩虹路、轮胎路等）的图片，各种泡沫垫、弯板、绳线、大石头、木块、竹梯、大型碳化积木等。

活动描述

1. 欣赏各种路的图片，了解它的材料、特征和作用。

幼儿欣赏水泥路、塑胶路、石头路、花砖路、泥土路等图片，发现这些路是用不同材料铺成的，有长的、宽的、直的大马路，也有拐很多道弯的路；有的路是汽车走的，有的路只能人走；有的路能让人方便快捷地到达目的地，而有的路更多的是起到美化环境的作用。

2. 欣赏幼儿前期铺路的作品。

幼儿在欣赏中感受到自己的能干，但同时也发现这样的路无法让人真正地在上面走的问题。

3. 交流铺路想法和材料。

教师：如果要铺一条人能在上面走的路，它会是什么样子的？可以用什么材料？

红红：我想要铺一条弯弯的路，我从这条路可以到幼儿园的所有地方。

豆豆：我想要铺一条彩色的石头路，它有很多颜色，而且只能一只脚走在上面，这是公园里面的一条小路。

东东：我要铺一条很宽很宽的路，我们大家可以在这条宽宽的路上一起赛跑。

幼儿发现用一些比较硬的、结实的材料铺的路才能走。

4. 幼儿参与设计实践，用各种材料铺设出自己的路。

教师：用什么材料可以铺一条能走起来的小路？

幼儿根据自己的想法，尝试用各种材料组合进行表现。

白白先用碳化积木中的长板平铺、连接铺宽宽直直的路，接着用万能工匠中的蓝轴向左一个一个地连接起来，最后用碳化积木中的长板向右拐弯连接延长。

丹丹用城砖铺了一条可以拐四个弯的长长窄窄的路。

蛋蛋用平衡板铺了一条长长直直的路，然后用奶粉罐一个一个间隔摆放，铺成障碍路，接着用梯子向右拐弯连接铺了一条竹梯路。

孜孜把轮胎一个一个连接起来铺成了一条洞洞路。

5. 游戏体验：走路。

教师：你们已经铺好了各种各样好玩的路，都用了哪些材料？让我们快来试一试，走一走吧！

活动延伸

1. 晨间锻炼：将拐弯的路、宽宽窄窄的路进行组合并行走，促进动作的协调、灵活。

2. 户外游戏：利用户外大型建构材料设计路并进行建构游戏。

关键经验

1. 迁移铺路的经验，运用多种材料和方式来铺可以行走的路。

2. 运用“长长的、直直的、拐弯的”等简单的形容词描述自己的建构想法。

3. 能保持平衡，在较窄的低矮路面上行走，感受走小路的有趣。

线索描述

线索二　幼儿园里的鱼池

在本线索中，幼儿主要围绕幼儿园里的鱼池展开探索。他们运用各种积塑材料拼插鱼，用清水积木、城砖等多种材料围合搭建鱼池，还和所建构的小鱼、鱼池作品进行互动，加深了对鱼、鱼池的认识。

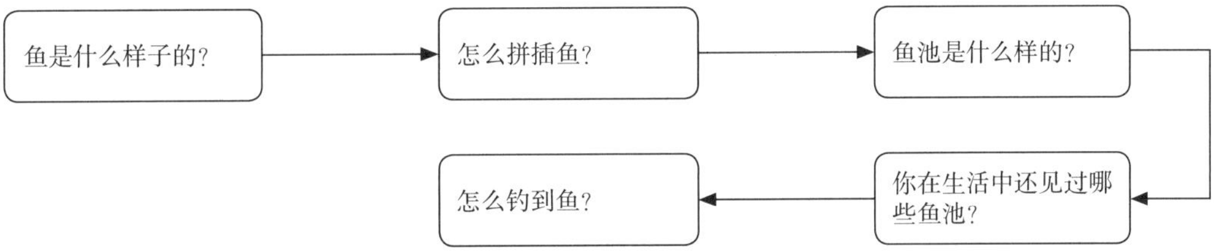

活动一　你好，小鱼

活动背景

在逛逛幼儿园、探寻幼儿园里各种各样路的过程中，幼儿发现了幼儿园里的动物朋友——小鱼，他们开心地和小鱼打招呼。本活动中，幼儿通过观察，了解小鱼的外形特征及生活环境，并学习用合适的词汇描述小鱼的活动，如“游来游去”“游上游下”等。

材料准备

每组一个鱼缸，鱼食及各种颜色的金鱼。

活动描述

1. 小鱼来做客。

教师：我们班有小客人来做客，你们猜一猜，它们是谁？（小鱼）一起来看一看，小鱼是什么样的？

教师引导幼儿观察鱼的颜色等外形特征。

彤彤：鱼身上有很多花纹，还有很多种颜色。

沐沐：小鱼有尾巴，还有鱼鳍。

石头：小鱼有两只黑眼睛。

小结：小鱼是各种各样的，身上的颜色也是各种各样的，有橙黄色，有红色，有黑色，也有花的，小鱼真好看。生活中很多小鱼是供人观赏的。

2. 观察小鱼的外形特征。

教师：刚才有小朋友说小鱼有尾巴，然后还有两个像“翅膀”一样的东西，那小鱼到底长什么样子呢？我们一起来了解一下。

幼儿从小鱼的形状、颜色、身体结构等方面来观察，并说说它的特征。

教师：小鱼头上有什么？（眼睛、嘴巴）小鱼的身上有什么？（学习词汇：鱼鳍、鱼鳞）鱼鳍有什么作用？鱼鳞有什么作用？小鱼身体后面有什么？（尾巴）尾巴像什么？（剪刀、扇子）尾巴有什么作用？

兰兰：小鱼头上有嘴巴。

吉吉：小鱼身上还有鱼鳞。

壮壮：小鱼的后面有尾巴，它能够动起来，让小鱼游泳。

教师整合幼儿经验并小结：小鱼有头，头上有嘴，有两只圆圆、鼓鼓的大眼睛。小鱼的身上有鳍，鱼鳍是使身体前进和控制方向的，或者在行进中起“刹车”的作用。鱼鳞是保护自己身体的，鱼鳞也很美丽。身体后面有尾巴，尾巴起着提供前进动力和控制游动方向的作用。

3. 针对小鱼的生活习性进行交流。

教师：小鱼爱吃什么？

幼儿结合生活经验，说出小鱼爱吃菜叶、鱼食、水草、更小的鱼。

教师：小鱼生活在哪里？小鱼在水里是怎样游的？

幼儿自由地模仿小鱼游的动作，并学说“游来游去”“游上游下”。

如如：小鱼生活在水里，会把身体扭来扭去地游。

包包：我家的鱼生活在鱼缸里，鱼摇尾巴就能游了。

笔笔：我看到公园里的鱼生活在鱼池里。

4. 游戏：游来游去的小鱼。

教师：小鱼可爱游泳了，泳姿优美，一会儿游来游去，一会儿游上游下。小鱼宝宝们快点和鱼妈妈们一起游到小河里吧！

师幼扮小鱼游上游下，再游到教室外。

活动延伸

1. 区域游戏：自主翻阅绘本《亲爱的小鱼》，体会猫和鱼之间的关系。

2. 户外游戏：玩一玩小鱼游的游戏，自由地在一定范围内游来游去、游上游下。

3. 家园共育：在生活中寻找不同品种的鱼，了解鱼的多样性。

关键经验

1. 认识、了解小鱼的外形特征及生活环境。

2. 能用合适的词汇描述小鱼活动，如“游来游去”“游上游下”。

3. 能积极寻找生活中各种各样的鱼，愿意与同伴分享自己的发现。

4. 能根据画面情节，大胆想象猜测猫和鱼之间发生的事情，并用比较连贯的语言表达想法。

活动二　彩色的小鱼

活动背景

幼儿通过亲子调查已经认识、了解了一些常见的鱼，对鱼的基本外形结构有了比较清晰的认识。除了绘画鱼，他们还想用积塑玩具拼插鱼，因为超市游戏中的“鱼”已经不够卖了。本节活动所要解决的问题是怎么拼插鱼，活动中，幼儿运用拼插、连接的方法，尝试用合适的建构材料表现各种小鱼。

材料准备

雪花片、万能工匠等积塑玩具，狮子头金鱼、罗汉鱼等有代表性的鱼的图片。

活动描述

1. 讨论如何帮助超市解决没有鱼的问题。

教师：超市水产区里的鱼都卖光了，超市的经理想请你们帮忙运一些鱼到超市去，你们这里有鱼吗？有什么好办法吗？

木木：可以帮忙买鱼送过去。

甜甜：可以用玩具拼插出很多鱼送到超市。

2. 回忆经验，认识鱼的基本组成部分。

教师：鱼是由哪几部分组成的？

依依：鱼由鱼头、躯干还有尾巴组成。

小小：鱼还有鱼鳍。

教师：鱼的头都一样吗？狮子头金鱼的头是什么样子的？罗汉鱼的头是什么样子的？

玲玲：狮子头金鱼的头圆圆的，很大。

丹丹：罗汉鱼的额头鼓鼓的，嘴巴也很大。

教师：鱼的身体都一样吗？热带鱼的身体是什么形状的？老虎鱼的身体是什么形状的？

年糕：热带鱼身上有很多颜色，还有很多花纹，很漂亮，它的身体是三角形的。

娃娃：老虎鱼的身体胖胖圆圆的。

教师：鱼的尾巴都一样吗？孔雀鱼的尾巴是什么形状的？小丑鱼的尾巴是什么样子的？

冉冉：孔雀鱼的尾巴像扇子一样，扁扁的。

嘿嘿：小丑鱼的尾巴短短的，是半圆形的。

师幼小结：这些鱼的鱼头、身体和尾巴形态各异，有的大有的小，还有很多漂亮的花纹。

3. 教师出示多种材料，幼儿探索拼插小鱼的材料和方法。

教师：这里有很多材料，请你试一试，哪些材料能拼插出小鱼？

幼儿用桌面积塑尝试拼插小鱼，教师观察幼儿的操作情况。

盒盒选择了雪花片，他先拼插了一个长方形的身体，然后分别在身体的左右两边拼插了一块雪花片作为鱼鳍，之后用黑色的雪花片在身体前面拼插鱼头，最后在身体的下面拼插了鱼尾。

布布先用红色的雪花片拼插了一个横着的长方形作为鱼头，然后连接长边往下延长拼插了一个竖着的长方形作为鱼的身体，最后用十字插的方法拼插了鱼的尾巴。

红红选择了万能工匠，她用一个蓝管将两个黄轮连接，之后在前面的黄轮两边分别拼插了一个扇形片，作为鱼鳍，最后再用一个扇形片插在下面黄轮的下面，作为鱼的尾巴。

教师：你选择了什么材料表现小鱼？用了什么方法？先拼插小鱼的哪里？后拼插小鱼的哪里？

苒苒：我先用雪花片拼插了小鱼的身体，然后拼插头、鱼鳍，最后拼插了尾巴。

九九：我先拼插了小鱼的头，然后拼插身体和鱼鳍，最后拼插了鱼的尾巴。

乐乐：我是把雪花片一个横着、一个竖着这样连接起来拼插的。

可可：我是这样转着把管子插进去黄轮里的。

4. 幼儿继续完善拼插的鱼，表现鱼的不同造型和细节特征。

幼儿选择雪花片，可以用插、连接的方法拼插出小鱼；选择万能工匠，可以用插、转的方法将黄轮、蓝轴、软管等多种材料组合拼插出小鱼。无论哪种材料，既可以先拼插鱼的身体，也可以先拼插鱼的头，将各个部分组合在一起，表现出小鱼的特征。

5. 作品欣赏，分享各种各样的鱼。

幼儿用雪花片拼插了三角形身体的鱼、正方形身体的鱼，用万能工匠拼插了圆形身体的鱼。

教师：这里有各种各样的鱼，你最喜欢哪条鱼？为什么？

教师：你在拼插时遇到了什么困难？怎么解决？

有的幼儿提出尾巴难拼，可以采用先拼出两个小的长条再组合起来的方法。

活动延伸

1. 区域游戏：在建构区中继续探索用不同的积塑材料拼插鱼。

2. 环境创设：鼓励幼儿将自己的作品放到展示区，装饰环境并互相欣赏。

关键经验

1. 结合自己的生活经验，愿意用语言描述自己所了解的鱼。

2. 知道鱼的形态各异，分为鱼头、躯干和尾巴等部分。

3. 尝试运用接插、绕转的方法用各种材料拼插小鱼，体验拼插小鱼的成功感。

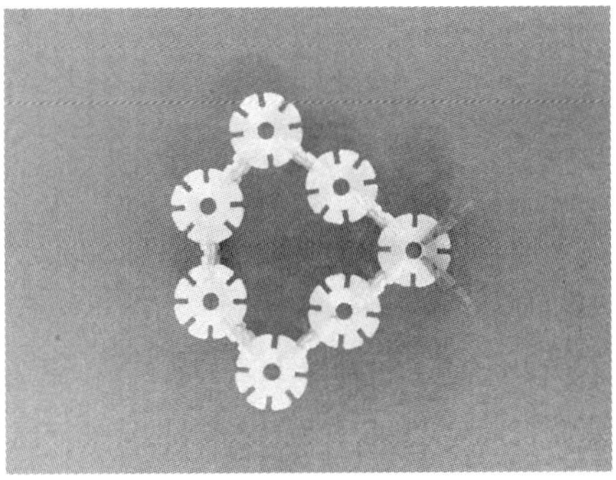

图 2-13　彩色的小鱼（一）

图 2-14　彩色的小鱼（二）

图 2-15　彩色的小鱼（三）

图 2-16　彩色的小鱼（四）

活动三　鱼池（一）

活动背景

随着游戏的开展，幼儿拼插的小鱼越来越多，幼儿作品展示区不够放了，他们提出可以给小鱼搭建一个家，把所有的小鱼都放在里面。本活动中，幼儿初步认识、了解鱼池，探索鱼池的建构方法。

材料准备

四倍块、双倍块、基本块、小正方形积木，鱼池图片，各种小鱼玩具若干。

活动描述

1. 和鱼妈妈对话，产生搭建鱼池的兴趣。

配班老师扮演鱼妈妈，说：小朋友们，你们好，我是小鱼的妈妈，最近生了很多的小鱼宝宝，可是我的家太小，都住不下了。唉！我好着急啊！你们能帮帮我吗？

教师：小朋友们，鱼宝宝们没有地方住，我们一起帮鱼妈妈搭个鱼池给小鱼住，好不好？

2. 欣赏图片，了解鱼池的样式。

教师：鱼池是什么样子的呢？

珂珂：鱼池是长方形的，还有一点高。

教师：鱼池怎样才能不漏水呢？

宇宇：不能有缝隙，不然水就会出来。

3. 自由探索围合鱼池。

教师：可以怎么用积木搭建鱼池呢？请你去试一试。

涵涵把四块四倍块围在一起，搭建了一个正方形的鱼池。

晨晨用两块四倍块连接成一边，用这样的方法围了四边，搭建了一个大鱼池。

4. 交流分享。

教师：你们围合的鱼池是什么样子的啊？我们一起来看一看。

辰辰搭的鱼池是长方形的，先用两块四倍块放在两边，然后再用双倍块把它们连在一起，上面用小三角进行了装饰。

茂茂的鱼池是正方形的，先用一块双倍块竖起来放，在转弯处又放一块竖着的双倍块，接下来继续围合，一共用四块。

教师：围好一边后，再怎么围呢？（像搭拐弯的路一样，围好四条边后要全部连在一起）

教师：鱼池漏水吗？

幼儿发现每块积木要像铺路一样连接紧密，没有缝隙，水就流不出来了。

5. 幼儿再次参与建构游戏，教师指导。

教师：小鱼在新家里真开心，还有很多小鱼没地方住呢，快来帮帮它们吧。还可以用什么形状的积木来围鱼池呢？

幼儿再次游戏，教师关注幼儿选用的积木形状和围合的紧密性。

6. 游戏：送鱼宝宝回家。

幼儿分别用四块四倍块、双倍块围成了方形的鱼池，并且在周围用半拱门、长方块等积木进行装饰。

教师：小鱼喜欢什么样的鱼池呢？一起来看看，把小鱼送到搭好的小鱼池里吧！

活动延伸

1. 区域游戏：在建构区中继续巩固围合密闭的鱼池，尝试用小积木装饰鱼池。

2. 家园共育：寻找生活中不同样式的鱼池，丰富对鱼池的认知经验。

关键经验

1. 知道鱼池的基本特征，鱼池有一定高度，四周没有缝隙。

2. 迁移搭建拐弯路的经验，用四倍块、双倍块等积木围合出方形的小鱼池。

3. 能耐心搭建鱼池，感受鱼宝宝住新家的喜悦。

图 2-17　鱼池（一）

图 2-18　鱼池（二）

图 2-19　鱼池（三）

图 2-20　鱼池（四）

活动四　鱼池（二）

活动背景

幼儿在生活中找到了各种各样的鱼池，也想要给小鱼围合搭建不一样的家。通过在建构游戏中搭建鱼池，他们初步掌握了围合的方法。本活动中，幼儿积极探索材料的组合形式，给小鱼搭建各种造型的鱼池，尝试使用小积木进行装饰。

材料准备

小半圆、小扇形、枪形等积木，多种造型的鱼池的图片，各种小鱼图片若干。

活动描述

1. 交流对话，产生帮忙搭建更漂亮鱼池的兴趣。

配班老师扮演鱼妈妈和孩子们打招呼：孩子们，谢谢你们上次帮我们搭的小鱼池，鱼宝宝们住得可开心了。它们还想住更加漂亮的鱼池，想让你们帮忙呢！

2. 欣赏图片，讨论鱼池的多种样式。

教师：你还见过哪些形状的鱼池？

珂珂：我见过圆形的鱼池。

悠悠：我见过半圆形的鱼池。

久久：我见过三角形的鱼池。

教师出示相关图片，问：这里也有很多鱼池，和你见过的鱼池一样吗？它们是什么样子的？

幼儿能说出多种形状的鱼池，如半圆形、椭圆形、月亮形等。

3. 尝试用多种形状的积木表现不同式样的鱼池。

教师：在这么多积木中，可以用哪些形状的积木来围合这些漂亮的鱼池，而且不漏水呢？请你去试一试。

幼儿根据自己的想法，自由找找自己觉得合适的积木表现鱼池。

涛涛先把两个半圆拼成一个大圆，平放在地上，然后在上面用同样的方法垒高了一层，搭建了一个圆形的鱼池。桃桃把两块四倍块竖着连接，形成一个尖角，之后再用一块四倍块连接底部，围合了一个三角形的鱼池。木木先用了一个半圆平放，然后用双倍块将半圆底部连接，之后用同样的方法垒高了一层，搭建了一个半圆形的鱼池。

4. 分享、交流。

教师：你围合的鱼池是什么样子的？用了什么形状的积木？

教师和幼儿共同讨论特殊形状积木的搭建方法，拓展幼儿的经验。

教师：空心半圆形积木可以用来围合鱼池吗？为什么？

希希：不行，因为空心半圆形是空心的，水会流出来。

追问：空心半圆积木可以怎么放，水不会流出来呢？

栗子：把它倒下来放，下面不能是空的。

5. 幼儿再次参与建构游戏，教师指导。

教师：请能干的你们再用各种形状的积木搭建一个漂亮的鱼池吧。走的时候注意要走空的地方，不要碰到别人搭的鱼池，好吗？

教师鼓励幼儿用多种形状的积木搭建不同样式的鱼池，尝试选用小三角、小半圆、半圆形等小积木装饰自己的鱼池，让鱼池变得更漂亮。积木用多少拿多少，每次可以拿3—4个，注意在接缝处的围合情况。

6. 师幼欣赏交流。

部分幼儿用清水积木围合了三角形、长方形的鱼池，个别幼儿用双倍块和四倍块组合围合了“7”字形的鱼池。

教师：请小朋友互相参观，说一说自己最喜欢哪个鱼池，并用简单的词语描述喜欢的鱼池作品。

毛毛：我喜欢半圆形的鱼池，因为它很特别。

牛牛：我喜欢三角形的鱼池，我觉得鱼池上面的三角很好看。

活动延伸

1. 区域游戏：在建构游戏中尝试用城砖、牙膏盒等废旧材料搭建各种造型的鱼池。

2. 晨间锻炼：开展“喂喂鱼宝宝”的体育游戏，练习肩上投掷的动作，锻炼定向投掷。

关键经验

1. 通过观察与研究，知道鱼池的形状是各种各样的。
2. 能用多种积木围合出不同样式的鱼池，尝试使用小积木进行装饰。
3. 知道使用积木时用多少拿多少，爱惜同伴的鱼池作品。
4. 学习单手肩上投掷的基本动作，喜欢参加体育活动。

图 2-21　鱼池（五）

图 2-22　鱼池（六）

图 2-23　鱼池（七）

图 2-24　鱼池（八）

活动五　小猫的钓鱼竿

活动背景

幼儿在建构鱼池后玩起了钓鱼游戏，对钓鱼产生了浓厚的兴趣，提出拼插鱼竿来玩钓鱼游戏的想法。本活动中，幼儿通过观察鱼竿图片和实物，了解鱼竿的基本结构和外形特点，运用连接的方法，选择合适的连接材料表现鱼竿。

材料准备

万能工匠（中一字接头、冠捷、小跳棋、蓝管、红管、黄管、红软管、紫软管、红片、小黄花），鱼池情境，小水桶、小鱼玩具。

活动描述

1. 情境对话，产生拼插鱼竿的兴趣。

教师扮猫妈妈来到鱼池边：宝宝们，池塘里的小鱼可真多呀！你们想和妈妈一起钓鱼吗？钓鱼需要准备什么呢？

糖糖：钓鱼需要鱼竿，还有水桶。

教师：这里有鱼竿吗？没有鱼竿可怎么办呢？谁有好办法？

一一：我们可以自己拼插一根鱼竿。

2. 观察鱼竿，了解其基本特征。

教师：要想拼插一根鱼竿来钓鱼，首先要知道鱼竿是什么样子的，你们知道鱼竿是什么样子的吗？

慧慧：我知道，鱼竿长长的，上面还有钩子，还有细细的线。

明明：鱼竿可以变得很长，也能变得很短。

师幼小结：鱼竿外形为细长多节竿状物，由把手、钓竿和钓线连接鱼饵料的鱼钩组成。鱼竿最初是人类用于捕鱼的工具，现在通常用于户外钓鱼休闲。

3. 出示万能工匠材料，引导幼儿探讨并尝试建构鱼竿的方法。

教师：如果用万能工匠来做钓鱼竿，可以用哪些零件呢？（蓝管、红管、黄管）还可以用什么玩具？

幼儿自主选择材料拼插鱼竿。

教师：刚才你们用了哪些玩具元件来拼插鱼竿？它们合适吗？怎样才能连接得紧？怎样连接得长？

张张：我用了绿管，然后用黑色的连接起来，再用一根绿管，然后我用弯弯的那个头，还把红软管插在上面。

土豆：我用的是最长的红管，然后用蓝色的那个东西连起来的，我再用关节来做鱼竿的头，然后把紫色的管子插在上面。

4. 欣赏不同造型的鱼竿图片，进行创意拼插。

教师：鱼竿有的长有的短，还可以用什么玩具元件表现？（红片、小黄花等）

幼儿参与建构游戏，教师观察指导，鼓励幼儿用多种玩具元件表现出多样的鱼竿。

5. 欣赏作品，分享交流。

幼儿用两根红长管、一通连接，关节做鱼竿的头拼插了鱼竿；部分幼儿用雪花片拼插了一根长棍，然后在一端垂直往下延长连接拼插出鱼竿。

教师：你最喜欢哪个鱼竿，为什么？

壮壮：我喜欢这根红色的鱼竿，因为它很长，而且上面还有花。

棒棒：我喜欢我自己的鱼竿。

6. 游戏“小猫钓鱼”。

“猫妈妈”和“猫宝宝”一起用自己拼插的鱼竿钓鱼。

活动延伸

1. 户外游戏：师幼玩一玩网小鱼的游戏，体验小鱼游来游去的快乐。
2. 家园共育：在家里找一找能够捕鱼的工具，幼儿回园后分享自己捕鱼的经历。

关键经验

1. 认识鱼竿的基本特征，知道鱼竿是捕鱼的工具。
2. 能运用连接的方法，选择合适的连接玩具元件，表现出鱼竿的结构特点。
3. 在钓鱼的游戏中，感受参与建构游戏完成作品后的自豪感。
4. 喜欢玩网小鱼的游戏，在分散跑时能躲避他人的碰撞。

图 2-25　鱼竿（一）

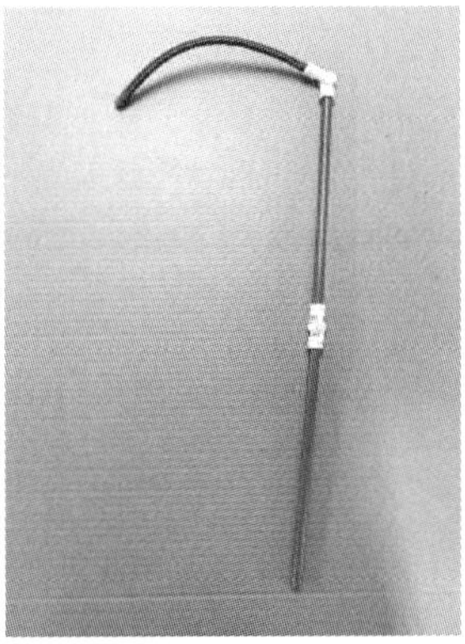

图 2-26　鱼竿（二）

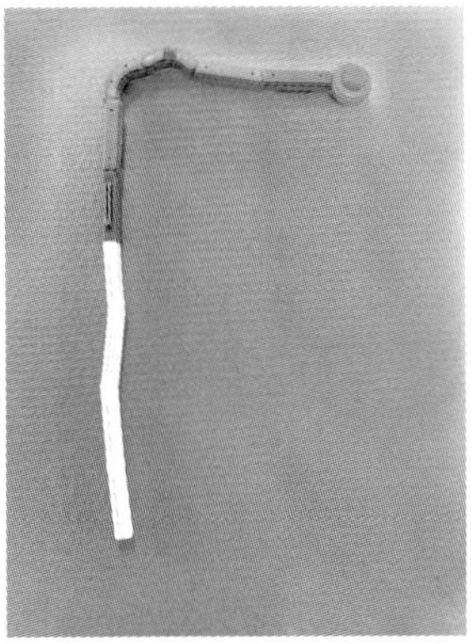

图 2-27　鱼竿（三）

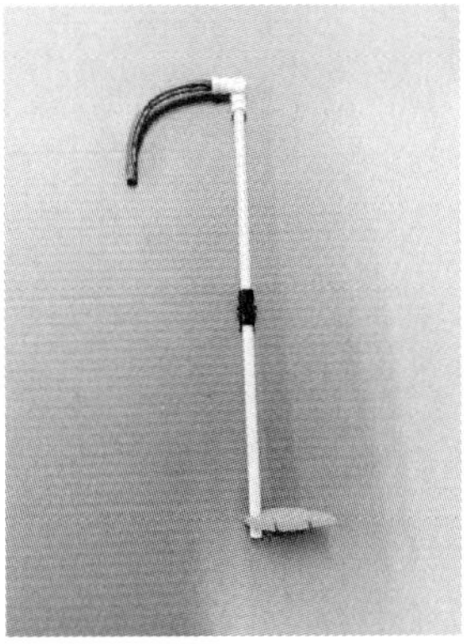

图 2-28　鱼竿（四）

线索描述

线索三　幼儿园的农场

在本线索中，幼儿主要围绕幼儿园里的农场展开探索。通过亲身体验和实地参观，他们运用多种感官细致观察，用各种建构材料表现菜地、蔬菜架，逐步养成不偏食挑食、喜欢吃瓜果蔬菜的好习惯。

农场里有什么？→ 如何搭建菜园？→ 怎么给菜地搭建栅栏？→ 可以用哪些材料给农场中的菜地搭建栅栏？

活动一　参观农场

活动背景

六一农场里生长了各种各样的蔬菜，有青菜、西红柿、黄瓜、葫芦……散步的时候，幼儿总喜欢来到农场，观察这些自己认识或不认识的蔬菜。通过参观和欣赏照片，他们对六一农场以及农场里的菜有了初步的认识。本活动中，幼儿通过实地参观，认识各种蔬菜，了解六一农场里种了什么。

材料准备

六一农场图片、蔬菜实物或图片等。

活动描述

1. 观看农场图片，说说农场里有什么。

教师：这是什么地方？（六一农场）农场里有什么？

包包：农场里有菜地，菜地里有很多蔬菜。

提问：你认识农场里的哪些蔬菜？它是什么样子的？

兰兰：我认识茄子，茄子是紫色的，头上还有一把伞。

元宝：我认识辣椒，辣椒长长的、弯弯的，像个月亮。

2. 观察、认识各种蔬菜。

引导幼儿从蔬菜的颜色、叶子的形状和大小等方面进行描述。

（1）出示黄瓜。

教师：小朋友们，你们知道这是什么？它是什么样子的？什么味道？

可可：这是黄瓜，它是绿色的，外面有刺。

（2）出示西红柿。

教师：这是什么蔬菜？你们吃过吗？什么味道？

玲玲：这是西红柿，我吃过的西红柿有的是甜甜的，有的是酸酸的。

（3）出示辣椒。

教师：辣椒又是什么样子的？

毛毛：辣椒尖尖的，有绿色的辣椒，还有红色的辣椒。

（4）出示生菜。

教师：这是什么蔬菜？你们认识吗？

哈哈：我知道，这是生菜，它的叶子很大，而且上面有很多的锯齿。

3. 倾听故事，了解吃蔬菜的重要性。

教师讲述故事：有一只小猴，他不爱吃蔬菜，他的妈妈每天都做各种好吃的菜给他，可是他就是不愿意吃。有一天，小猴生病了，总是肚子疼。医生说，小朋友要多吃蔬菜，这样才有益于消化，身体才可以棒棒的！从此以后，小猴每天都大口吃饭，并且爱吃各种蔬菜，身体越来越棒。

教师：小猴怎么了？后来是怎么解决这个问题的？

好好：小猴生病了，它肚子疼。医生让它多吃蔬菜。

教师：你们爱吃蔬菜么？你最爱吃什么蔬菜？为什么？

媛媛：我喜欢吃蔬菜，我最爱吃青菜，因为青菜有营养。

豆豆：我喜欢吃白萝卜，白萝卜香香的。

活动延伸

1. 区域游戏：在美工区用团、捏、搓等泥工方法制作各种蔬菜，表现出蔬菜的基本外形特征，并且将制作好的蔬菜投放到开设的蔬菜餐厅中进行游戏。在小舞台的角色区，幼儿自由表演歌曲《六一农场有块地》。

2. 家园共育：鼓励幼儿回家寻找自己想要种的蔬菜种子，共同种植在农场或花盆里。

关键经验

1. 通过实地参观、观察，发现不同蔬菜的颜色、形状等外形特征。

2. 知道蔬菜中有大量维生素，爱上吃蔬菜，养成良好的饮食习惯。

3. 能跟随伴奏用自然的声音学唱歌曲，表现出快乐、开心的情绪。

附：歌曲

六一农场有块地

自创歌曲

1=F $\frac{4}{4}$

1 1 1 5 6 6 5 | 3 3 2 2 1 - | 1 1 1 5 6 6 5 | 3 3 2 2 1 - |

六一农场有块地 咿呀 咿呀 哟　我在里面种番茄 咿呀 咿呀 哟

1 1 1 0 1 1 1 0 | 1 1 1 1 1 1 1 1 1 1 | 1 1 1 5 6 6 5 | 3 3 2 2 1 - ‖

红红的 圆圆的 红红圆圆大 番 茄 六一农场有块地 咿呀咿呀 哟

活动二　我的小菜园

活动背景

在参观农场的过程中，幼儿对菜园产生了兴趣，想要搭建一个菜园，把自己喜欢的蔬菜种在里面。本活动中，幼儿迁移围合鱼池经验，尝试用各种形状的清水积木表现菜园。

材料准备

多种形状的清水积木，农场菜园照片，不织布蔬菜或之前幼儿用油泥制作的蔬菜若干。

活动描述

1. 交流讨论，产生搭建兴趣。

教师：我们参观六一农场的时候，发现各种蔬菜都舒舒服服地躺在菜园里。可是这里的蔬菜宝宝还没有自己的小菜园，你们愿意帮它们搭建一个小菜园吗？

2. 欣赏图片，进一步了解菜地的形状特征。

教师：六一农场的菜园是什么样子的？看起来像什么？

快快：六一农场的菜园是一块一块的，是方形的，旁边还有围栏。

师幼小结：单个菜园是围起来、首尾相接的，而且它是四四方方的，每一面都没有缝隙。

3. 讨论搭建方法。

提问：方方的菜园可以怎么搭？用哪些形状的积木来表现？

球球：可以用双倍块、四倍块等大的积木进行围合，像搭建方方的鱼池一样。

香香：就是要把四条边都连起来。

4. 幼儿参与建构游戏。

教师：快为这些蔬菜宝宝搭建一个菜园吧！

幼儿参与游戏，教师提醒幼儿将积木围合紧密。月月将高圆柱围合相接搭建了两条长边，之后用矮圆柱连接搭建了短边，最后围合成了一个长方形的菜园。悦悦将半拱门进行首尾相接，但在进行最后一遍围合时，没有四倍块了，她替换成用两块双倍块连接围合菜园。

5. 欣赏与评价。

将幼儿作品拍成照片：部分幼儿将四倍块和双倍块组合搭建了长方形的菜园，个别幼儿用圆柱搭建了三角形的菜园，还有幼儿用大半拱形和双倍块组合搭建了椭圆形的菜园。

教师：看看大家给蔬菜宝宝搭的菜园，它们生活在里面可开心了。

活动延伸

1. 区域游戏：在建构区用多种材料围合搭建不同形状的菜园；在数学区用间隔排列的方法给菜园装饰栅栏；在角色区中开展蔬菜餐厅的游戏，将制作蔬菜、搭建菜园的游戏进行融合。

2. 日常活动：关注幼儿进餐情况，在实践中培养幼儿养成爱吃蔬菜的良好习惯。

3. 家园共育：在生活中寻找不同形状的菜园，认识菜园的多样性。

关键经验

1. 知道菜园有一定高度且没有缝隙的基本特征。

2. 迁移鱼池建构的经验，尝试运用各种形状的积木搭建菜园。

3. 能耐心地将菜园搭建完整，感受为蔬菜搭建小菜园的喜悦。

图 2-29　小菜园（一）

图 2-30　小菜园（二）

图 2-31　小菜园（三）

图 2-32　小菜园（四）

活动三　不一样的小栅栏

活动背景

在了解菜地的过程中，幼儿发现有的菜地上面有一些围栏，通过调查了解，他们知道这是菜地的栅栏，是保护菜地的。本活动中，幼儿尝试用围合、间隔排列、积木组合等方法建构各种各样的栅栏。

材料准备

前期搭建的菜园作品，为菜地添画栅栏的作品，各种形状的清水积木若干、不织布蔬菜等辅助性材料。

活动描述

1. 欣赏作品，产生建构兴趣。

出示幼儿之前为菜地添画栅栏的作品，问：瞧，这是你们给菜地设计的各种各样的漂亮的栅栏，你们想不想动手把自己设计的栅栏搭建出来？

2. 欣赏栅栏图片，了解不同式样栅栏的外形特征。

（1）了解栅栏的作用。

教师：经过之前的讨论，你们知道栅栏对菜地有什么作用吗？

然然：栅栏可以保护菜地不被人踩踏，还可以阻挡小动物进入菜地。

（2）认识栅栏的结构。

教师：你看过栅栏吗？它是什么样子的呢？（请幼儿根据自身经验说一说）

果果：我看过很高很高的栅栏。

平平：我看过的栅栏是一格一格的。

教师引导幼儿观察细直型的栅栏，了解栅栏的基本结构。

教师：请你来看一看、说一说这个栅栏是什么样子的。

哈哈：它是直直的，每一块栅栏之间还有一些缝隙。

幼儿发现这个栅栏都是一条一条的、直直的，中间的横条也是短短直直的，一个一个间隔排列开的。

（3）观察多种不同式样的栅栏，感受栅栏的多样性。

教师：这个栅栏和刚才看到的栅栏有什么不一样？

恒恒：这个栅栏有高有矮。

皮皮：这个栅栏是交叉的，就像网子一样。

幼儿知道栅栏是由很多长长短短的线组成的，有的是直直的、长长的，有的是长短间隔组合的，也有一些栅栏是斜着交叉在一起的，就像一张网。

3. 请个别幼儿尝试建构栅栏。

包包用小三角在围合的菜地上一个连着一个搭建了栅栏。希希用小半圆和三角块间隔给菜地搭建了栅栏。啾啾用高矮不同的细圆柱间隔在菜地四周搭建了栅栏。

4. 经验分享。

教师：你运用了什么材料来给菜地搭建栅栏？你的栅栏是什么样子的？（鼓励幼儿大胆介绍自己的拼插方法）

小小：我用了基本块来搭建栅栏，我的栅栏是一样高的。

涛涛：我用了高圆柱和矮圆柱搭建栅栏，有的高，有的矮。

5. 幼儿再次参与建构游戏，教师指导。

教师：请你们给菜地搭建栅栏，注意一定要把栅栏搭建得牢固一点哦！

教师鼓励前面没有成功的幼儿，用不同的材料再去试一试。成功的则可以继续把菜地的栅栏修建完整，并尝试搭建出多种式样的栅栏。

6. 作品欣赏交流。

幼儿分别用三角块、圆柱、基本块、长方块、小方柱等积木给菜地围合了栅栏。

教师：你们给菜地搭建的栅栏既实用又好看，让我们赶快把蔬菜种进去吧！

活动延伸

1. 区域游戏：在建构区中运用牙膏盒等多种材料给菜地搭建栅栏。

2. 家园共育：在家里寻找可以给幼儿园农场中的菜地搭建栅栏的材料，如树枝、吸管等。

关键经验

1. 通过观察图片和实物，了解栅栏的基本结构特点。

2. 用围合、间隔排列、简单组合等方法搭建各种各样的栅栏。

3. 愿意选择不一样的材料进行建构，按自己需要取用材料。

图 2-33　栅栏（一）

图 2-34　栅栏（二）

图 2-35　栅栏（三）

图 2-36　栅栏（四）

活动四　快乐小农夫

活动背景

幼儿发现积木不能放在户外，那又有哪些材料适合给农场中的菜地做栅栏呢？他们找到了树枝、吸管、筷子、麻绳等各种各样的材料。本活动中，幼儿探索用适宜的材料给菜地修建栅栏，在动手创造的过程中感受劳动的乐趣。

材料准备

多种不同式样栅栏的图片，树枝、冰棒棍、吸管、高低不同的木桩等多种建构材料，麻绳。

活动描述

1. 欣赏作品，回忆搭建栅栏的经验。

教师出示幼儿积木搭建栅栏的作品，问：这是我们在教室里给菜地搭建的栅栏，可是积木不能淋雨，怎样的材料适合给真正的菜地搭建栅栏呢？

2. 认识树枝、冰棒棍、吸管等多种材料。

教师：你们寻找到的各种用来搭建栅栏的材料，都有哪些呢？

幼儿从材料的软硬、材质、形状、颜色等方面进行表述。

妞妞：我找到的材料是筷子，筷子一根一根的，可以用来搭建栅栏。

快快：我找到的材料是吸管，吸管有各种各样的颜色，用它来搭建栅栏，颜色很漂亮。

壮壮：我找到的材料是树枝，树枝很结实，用它搭建栅栏不会倒。

3. 幼儿用自己寻找到的材料尝试搭建栅栏。

教师：用什么顺序和规律搭建栅栏？从哪里开始？（鼓励幼儿根据自己的方法进行介绍）

棒棒：我是把吸管插到泥土里的，我先从最里边开始插，然后空一点再插一根吸管。

天天：我把树枝插进泥土里，有的时候树枝会倒，所以请老师帮助我一起用绳子把它们连起来。

幼儿发现可以运用插的方法先将树枝、吸管等材料插进泥土里，如果它们会倒的话，可以用绳子把它们连接起来；搭建栅栏时，要从一边开始，然后往后继续搭建，把菜地的四边都围合好就可以了。

4. 欣赏不同样式的栅栏。

教师：你们刚刚搭建的栅栏是这样的，这里还有一些栅栏，请你们来看看它们又是什么样子的。

教师出示不同式样的栅栏：有高矮间隔排列的木桩栅栏，有交叉成网状的栅栏，有单纯交叉的栅栏。

5. 幼儿再次进行建构游戏。

在搭建过程中，教师引导幼儿关注搭建的栅栏是否牢固，鼓励他们尝试拼插不同的栅栏。

旺旺用高低不同的木桩，用间隔的规律在菜地周围搭建了栅栏。

6. 作品欣赏。

教师：你最喜欢哪一种式样的栅栏，为什么？

鼓励幼儿从栅栏的式样、牢固性等方面表达自己的观点。

活动延伸

区域游戏：在美工区用简单的线条给菜地设计栅栏；利用纸盒、毛根、白胶等材料，用纸盒制作栅栏，并在栅栏里放上小花、蔬菜等手工作品。

关键经验

1. 探索搭建栅栏的多种材料和方法，尝试搭建出各种各样的栅栏。
2. 尝试用简单线条、工具和材料，绘画和制作栅栏。
3. 在动手搭建栅栏的过程中，感受劳动的乐趣。

图 2-37　农场的栅栏

四、关键经验

- 关键经验
  - 健康
    - 知道蔬菜中含有大量的维生素，营养丰富，喜欢吃蔬菜。
    - 喜欢参加体育游戏，能保持身体平衡，沿直直的小路或在低矮的小路上行走，在分散跑时能躲避他人的碰撞。
  - 语言
    - 愿意表达自己知道的各种鱼类、喜欢吃的蔬菜、不同式样的路。
    - 能根据绘本故事画面，说出图中发生的事情，猜测猫和鱼之间的关系。
    - 能用简单的叠词和形容词描述自己走在不同路上的感觉、小金鱼的活动等，如“游来游去”。
  - 社会
    - 愿意和小朋友们一起寻找、发现幼儿园中各种各样的路。
    - 在建构活动中，能爱护同伴围合的鱼池、菜园、铺设的小路等作品。
    - 为自己给蔬菜建栅栏、帮小动物铺路的行为感到自豪，感受劳动的乐趣。
    - 通过了解幼儿园的路、鱼、农场等场所，进一步萌发喜爱幼儿园的情感。
  - 科学
    - 知道鱼、蔬菜和人们生活之间的关系，它们都是人类的好朋友。
    - 对自己感兴趣的菜地、鱼池等事物仔细观察，发现它们的典型特征。
    - 探究清水积木、万能工匠、碳化积木等不同建构材料的特性，运用连接、围合等方法搭建各种路、鱼池和菜园。
    - 探索多种建构材料和方法，运用拼插、连接、绕、转的方法拼插小鱼，搭建各种栅栏。
    - 能感知和区分“1 条鱼”和“许多鱼”的区别，学习用相应的量词描述。
  - 艺术
    - 能跟随音乐节奏用自然的声音唱歌，表现出快乐、开心的情绪。
    - 能用团、捏、搓等方法使用纸黏土制作各种蔬菜、表现出蔬菜的基本外形。
    - 用简单的线条表现出自己观察过的路、鱼等事物。

项目三
儿童乐园

一、项目缘起

商场里的儿童乐园是幼儿最喜欢去的游戏场所，那里有五彩的海洋球、刺激的轨道车、好玩的保龄球、欢乐的打地鼠……游戏丰富有趣，好玩刺激！每个双休日过后，幼儿在聊天的时候，常常会谈起这样的话题：我昨天去玩了“淘气堡”“海洋球”，如果能天天到儿童乐园里玩就好了。

幼儿的想法能实现吗？于是大家展开了关于在幼儿园里办儿童乐园的讨论：在班级里开个轨道车游戏，因为班上有各种小汽车；在操场上开个海洋球池，因为商场里的海洋球池好大好大……他们从桌面到地面，从室内到室外，运用多种建构材料表现出海洋球、轨道车、保龄球等游戏设施，并一次次地尝试和改进，在游戏中了解基本的社会规则，学会安全保护的方法，感受有序参与游戏的快乐！

二、发展线索

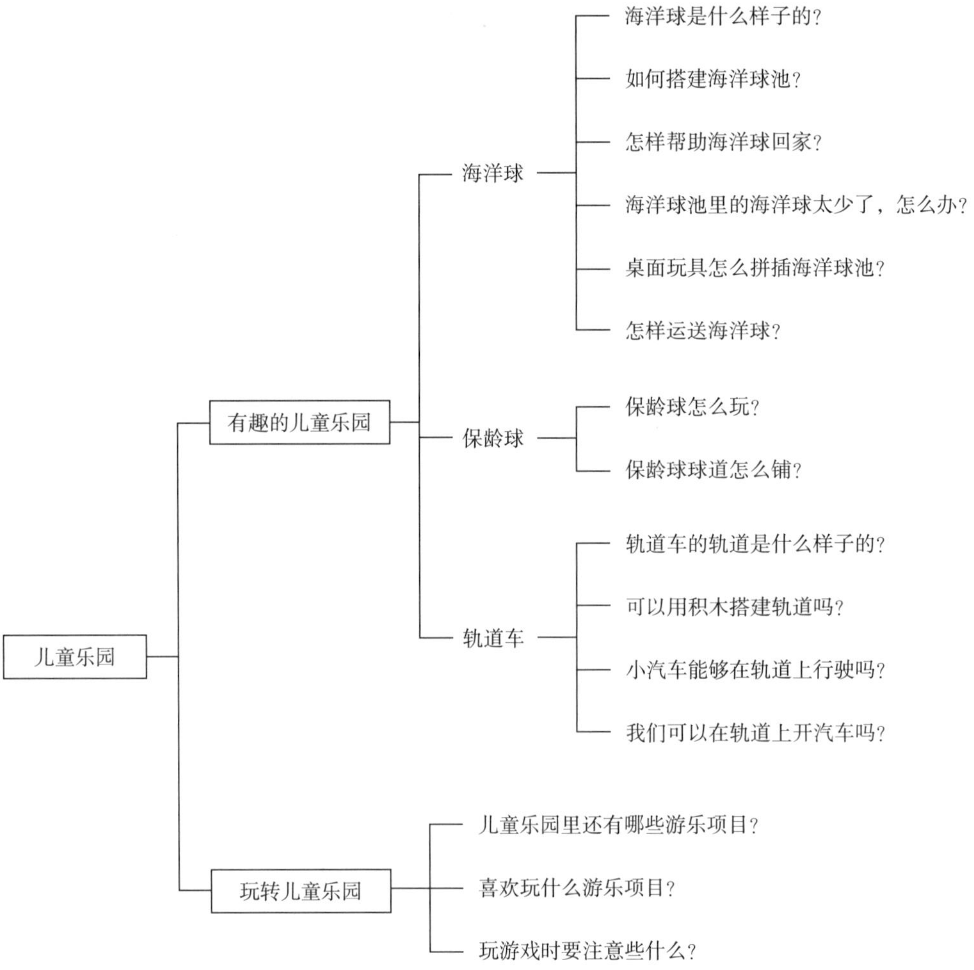

三、具体活动

线索描述

线索一　有趣的儿童乐园

在本线索中，幼儿主要围绕儿童乐园中自己最常体验的海洋球、保龄球、轨道车等几个游戏项目展开探究，包括这些游戏项目的名称、材料和玩法，并选择身边适合的材料，建构不同形状的海洋球池和保龄球的球道以及各种式样、交叉错落的轨道，体验着这些好玩有趣的游戏项目。

分支一　海洋球

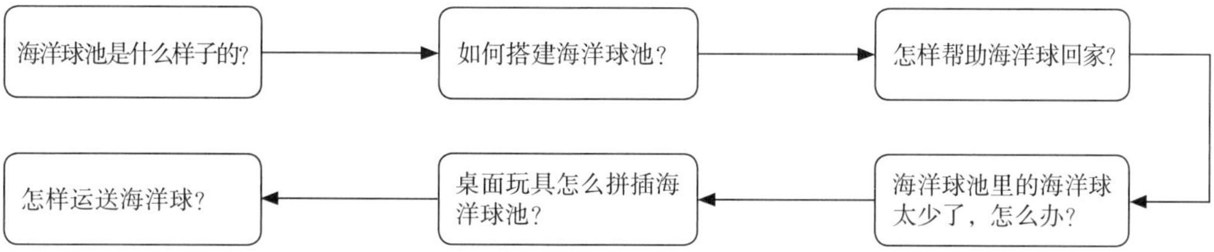

活动一　独特的海洋球池

活动背景

海洋球是幼儿去商场特别喜欢玩的游戏，他们喜欢在各种造型的海洋球池中尽情玩耍。本活动中，幼儿回顾照片，分享海洋球池的外形特征，并用语言讲述自己的发现，为搭建海洋球池做经验铺垫。

材料准备

幼儿玩海洋球的照片，方形海洋球池图片，海洋球若干，鱼池、花坛的图片。

活动描述

1. 观看游玩图片，交流玩海洋球的经验。

幼儿分享交流自己玩海洋球游戏的照片。

教师：瞧，这是谁呀？他在玩什么游戏？你们玩过吗？怎么玩？

月月：这是如意，她在玩海洋球，我也玩过海洋球，我能把自己藏在海洋球里。

2. 观察海洋球池的外形，感知海洋球池的外部特征。

教师：请你仔细看一看，海洋球池是什么样子的？像什么？

好好：海洋球池很大，能装很多海洋球。

甜甜：海洋球池是方形的。

通过观察，幼儿发现海洋球池大大的，周围有一圈护栏，有各种造型，里面有很多五颜六色的海洋球。

3. 引导幼儿观察发现海洋球池是四周围合密闭的。

教师：海洋球池中有很多的海洋球，为什么它们不会漏出来呢？（鼓励幼儿根据自己的经验说一说）

牛牛：因为它没有洞，而且它很高，上面还有围栏。

师幼小结：海洋球池的周围都是围合起来的，没有空隙，并且它具有一定的高度，所以海洋球不会漏出来。

4. 鼓励幼儿结合经验，寻找生活中类似海洋球池这样的物体。

教师：海洋球池是这样围合起来的，在我们的生活中还有哪些物体也是围合起来的呢？

宇宇：鱼池是围合起来的。

天天：花坛也是围起来的。

教师根据幼儿的回答出示相应的图片，如花坛、鱼池的图片。

5. 画一画海洋球池。

幼儿尝试用一些简单的线条表现出长方形、正方形或不规则图形的海洋球池，注意线条与线条之间不留空隙。

6. 欣赏作品。

幼儿再次感受海洋球池的不同造型和它的围合性。

活动延伸

1. 日常活动：寻找适宜的建构材料，如牙膏盒、奶粉罐等，尝试表现海洋球池。

2. 家园共育：在生活中找一找像海洋球池一样四周围合起来的物体，并且把自己的发现记录下来。

关键经验

1. 感知海洋球池的外形特征，并讲述自己的发现。

2. 寻找生活中与海洋球池一样四周围合的物体，体验观察发现的快乐。

3. 乐意参加绘画活动，尝试用简单的线条表现出闭合的海洋球池。

活动二　建造海洋球池

活动背景

幼儿通过观察、绘画的方式了解了海洋球池的特征，也寻找到了一些适合用于围合的建构材料。本活动中，幼儿尝试选择一到两种建构材料，表现出海洋球池的特征。

材料准备

海洋球池图片，清水积木若干，纸砖、牙膏盒等，海洋球若干。

活动描述

1. 材料导入，引起兴趣。

教师：上次你们找到了哪些适合围合海洋球池的建构材料？

2. 探索围合海洋球池的方法。

教师：海洋球池是什么样子的呢？教师出示方形的海洋球池图片，幼儿发现海洋球池是长方形的，周围一圈有点高。教师：怎样才能不让海洋球跑出来呢？幼儿借鉴之前搭建鱼池的方法，说不能有空隙。

个别幼儿示范围合海洋球池。

哈哈选择了四倍块积木，她先将一边围合好以后，再围合另一边。教师引导幼儿观察发现只有四条边在四个方向才能形成密闭的封口。

教师：哈哈为海洋球搭建好家了，海洋球喜欢自己的新家吗？为什么？教师鼓励幼儿从海洋球池的闭合性、整齐度等方面来说一说。

幼儿发现海洋球的家要很牢固、没有缝隙，这样海洋球就不会从家里跑出来。

3. 幼儿参与建构游戏，教师指导。

教师：这里还有很多海洋球没有家呢，请你们也来为它们搭建一个新家吧！

教师在建构过程中关注幼儿的建构习惯，提醒幼儿积木要用一块拿一块，观察幼儿所建构作品的四面积木是否连接紧密及整齐度。

菲菲将双倍块竖立着围合了一个正方形的海洋球池，一共用了四块双倍块。

球球用了四块四倍块竖立着围合成了一个大的正方形的海洋球池，他还将两个半拱形组合拼成了圆形放进自己搭建的海洋球池，说这些都是海洋球。

瑞瑞用三块四倍块竖立围合成了一个三角形的海洋球池。

4. 游戏：送海洋球回家。

大多数幼儿用四块四倍块、双倍块或者将双倍块和四倍块进行组合，竖立围合了方形的海洋球池，个别幼儿运用牙膏盒、城砖围合了方形的海洋球池。

教师：现在海洋球的新家都搭建好了，赶快请海洋球住进去吧，你可以和它说一说你是怎么帮它建造新家的，介绍一下它的新家是什么样子的。

教师鼓励幼儿发现自己作品的优点，体验搭建的成功感。

活动延伸

1. 区域游戏：在建构区中继续用多种建构材料，围合出不同造型的海洋球池。

2. 环境创设：将幼儿探索、搭建海洋球池的过程拍成照片制作成儿童海报，让幼儿的学习过程看得见。

关键经验

1. 知道海洋球池是有一定高度且四周闭合的物体。

2. 能选择合适的清水积木、废旧材料围合不同造型的海洋球池。

3. 愿意动手搭建海洋球池，感受搭建的成功感。

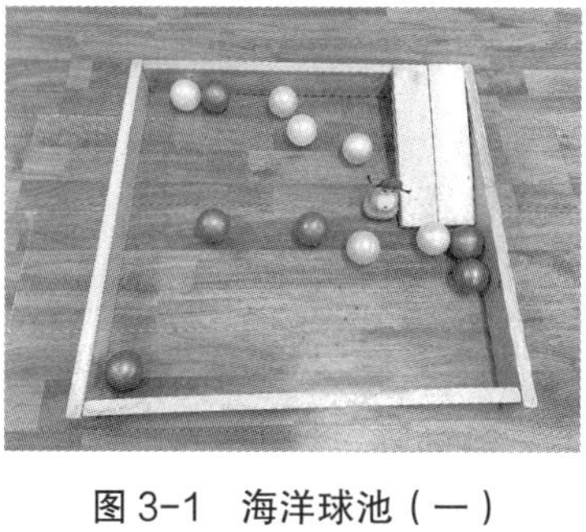

图 3-1　海洋球池（一）

图 3-2　海洋球池（二）

图 3-3　海洋球池（三）

图 3-4　海洋球池（四）

活动三　海洋球回家

活动背景

海洋球池搭建好了，海洋球也该回家啦。幼儿对颜色鲜艳、大大小小的海洋球产生了很大的兴趣，那么它们的家在哪里呢？本活动中，幼儿将理解标记的意义，看标记给海洋球找家。

材料准备

颜色、大小不同的海洋球若干，大小、各颜色标记图，小篓子。

活动描述

1. 创设海洋球找家的情境，引起幼儿兴趣。

教师出示大小、颜色各异的海洋球，讲述故事情境：海洋球们一起出去玩，忘记自己的家在哪里了，你们知道吗？

幼儿借鉴送玩具回家的经验，知道海洋球的家也一定是有标记的。

2. 讨论海洋球家的标记。

教师：海洋球的家用的是什么标记呢？红色的海洋球用什么标记？蓝色呢？

教师画出蓝色和红色标记，幼儿发现原来它们都是颜色标记。

教师：不论什么颜色的海洋球，都是有大小的，如果是大的海洋球，可以用什么标记呢？幼儿说出大标记，教师出示大标记并请幼儿说说大标记的样子。幼儿发现小的海洋球用小标记，并说出小标记的样子。

3. 给海洋球找家。

教师：海洋球要回家了，它们想回哪里的家呢？原来是有大小标记的家。

个别幼儿操作将部分海洋球送回家。

教师：海洋球实在太多了，它们都等不急了，我们一起来帮它们，好吗？先看看它们的家在哪里，再送哦！

幼儿将自己拿到的海洋球送到贴有相应大小或颜色标记的篓子里。

4. 集体验证、评价。

教师：海洋球都回家了吗？我们一起来看一看。

师幼共同检查，进一步理解标记的含义。

活动延伸

1. 区域游戏：在数学区用海洋球玩按规律排序的游戏。

2. 晨间谈话：共同讨论海洋球的多种玩法，教师根据幼儿的讲述记录下来，如沉浮实验游戏、颜色大小分类游戏、制作表情娃娃的美工游戏等。

关键经验

1. 理解大小、颜色标记的含义，将海洋球按标记进行分类。

2. 乐意参与数学操作活动，体验分类游戏的乐趣。

活动四　海洋球找朋友

活动背景

在大大的海洋球池里，幼儿感觉海洋球还是太少了，因此萌发了制作海洋球的想法。本活动中，幼儿用团泥的方法制作了不同大小、颜色的海洋球。

材料准备

各种颜色的海洋球实物，超轻黏土、泥工板、盘子、抹布。

活动描述

1. 引发问题，产生活动兴趣。

教师出示上一节活动中分类后的海洋球，幼儿发现海洋球实在太少了，产生了要自己制作海洋球的兴趣，给海洋球找到更多的朋友。

2. 了解海洋球的制作材料。

教师：用什么材料可以做海洋球呢？

教师用变魔术的方式，一边说魔术魔术变变变，一边用超轻黏土制作了一个海洋球。

3. 讨论海洋球的制作方法。

教师：你们也想来试着做一做海洋球吗？自己选一种颜色尝试吧。

教师观察幼儿的自主操作情况，妞妞选了红色的超轻黏土，她直接把自己的泥团放在泥工板上，然后用手掌心放在泥团上面转圈。壮壮用了紫色的超轻黏土，他从大的泥团上面分出了一个小团，然后放在左手掌心，再将右手盖在黏土上，和左手一起团圆。

4. 分享制作方法。

教师：妞妞和壮壮的海洋球有什么不一样？你们刚才怎么做的？

毛毛：它们一个是大的，一个是小的。

豆豆：它们颜色不一样，放在手心团。

幼儿发现需要用团圆的方法制作海洋球。

教师讲解团海洋球的方法：先从油泥妈妈身上分出一个面泥娃娃；然后把它放在手心（或泥工板）转一转、团一团；再转一转、团一团，打开小手看一看，我的海洋球圆又圆。

5. 幼儿再次制作海洋球。

教师：再试试刚才大家说的方法，制作更多的海洋球吧！

鼓励幼儿选择不同颜色的超轻黏土，制作大小不同的海洋球，感受海洋球的多样性。

6. 欣赏作品。

教师：海洋球现在有那么多朋友啦，我们一起来看看它们的朋友长什么样子。有的特别圆，还有的大小、颜色都不同呢。

活动延伸

1. 区域游戏：继续在美工区用团圆的方法制作更多的海洋球。

2. 晨间谈话：谈谈在海洋球池中游戏的经历和感受。

关键经验

1. 能用团圆的方法来制作不同大小、不同颜色的海洋球。

2. 愿意动手参与制作，体验用超轻黏土制作海洋球的乐趣。

3. 能用简短的句子表达自己在海洋球池游戏的经历和感受。

活动五　拼插海洋球池

活动背景

幼儿用超轻黏土制作了很多海洋球，他们发现这些海洋球放在大的海洋球池里并不合适，于是想要用桌面积塑材料给它们搭建一个小一点的家。本活动中，幼儿尝试用多种桌面材料围合出不同造型的海洋球池。

材料准备

各种桌面积塑材料，幼儿自己制作的海洋球，积木搭建的海洋球池照片。

活动描述

1. 欣赏讨论海洋球池的形状，产生拼插兴趣。

认识不同形状的海洋球池。

教师出示幼儿搭建的三角形的海洋球池，问：这是一位小朋友给海洋球搭建的家，受到了很多海洋球的喜欢，我们一起来看看它是什么样子的。

教师：为什么这个海洋球池最受喜欢？（引导幼儿观察形状）

快快：因为它是三角形的，其他都是方形的。

教师：你还见过哪些形状的海洋球池？（圆形的海洋球池）

2. 讨论建构计划。

教师：前面用超轻黏土制作了很多海洋球，它们也需要一个海洋球池。你们想为它们搭建什么形状的海洋球池呢？

乐乐：我想搭建一个圆形的海洋球池。

琪琪：我还是想用积木来搭建一个正方形的海洋球池。

3. 讨论拼插海洋球池的材料。

教师：除了用积木，还可以用哪些材料来表现海洋球的家呢？请你们在教室里面找一找合适的材料。

成成找到了大雪花片，天天找到了小雪花片。

4. 幼儿选择一种材料尝试参与建构游戏。

教师：你找到了哪种材料？请你试一试它们是否能拼插成海洋球池。拼插时要注意些什么呢？

鼓励幼儿用不同的积塑玩具拼插出不同形状的海洋球池，注意在接缝处拼插牢固。

5. 师生欣赏交流。

大多数幼儿用雪花片拼插围合了较矮的方形海洋球球池，个别幼儿用大雪花片拼插了有一定高度的海洋球池，他们将制作的海洋球放进海洋球池。

教师：请你们互相看看，说一说最喜欢哪个海洋球池以及选择的理由。

成成：我喜欢我自己的海洋球池，因为我的海洋球不会从里面掉出来。

活动延伸

1. 区域游戏：在建构游戏中继续探索用多种建构材料拼插出多种形状的海洋球池。

2. 环境创设：将搭建的海洋球池展示在班级作品展览区，装饰环境。

关键经验

1. 知道海洋球池的形状是各种各样的。

2. 选用适合的积塑材料，拼插出各种样式的海洋球池。

3. 爱惜同伴和自己搭建的海洋球池作品，为自己的作品感到高兴。

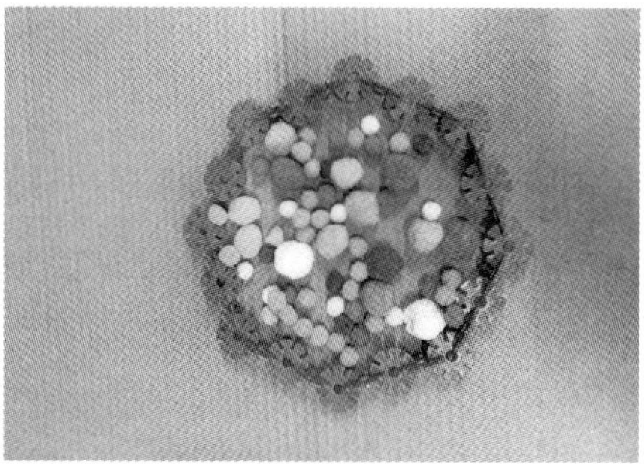

图 3-5　海洋球池（五）

图 3-6　海洋球池（六）

图 3-7　海洋球池（七）

图 3-8　海洋球池（八）

活动六　运送海洋球

活动背景

在关于海洋球游戏的讨论中，幼儿提出想在不同的地方搭建海洋球池。本活动中，幼儿开展了运送海洋球的游戏，他们行走在不同的路段上，逐步发展走、跳、跨的基本动作。

材料准备

各种颜色的海洋球若干，垫子、篓子、竹梯、纸盒、万能工匠等。

活动描述

1. 准备部分。

幼儿随着节奏欢快的音乐做热身运动，加入走、跳、跨等动作。

2. 基本部分。

（1）感受情境，产生参加活动的兴趣。

教师：海洋球宝宝们想要回自己的家，我们一起来做搬运工，送海洋球回家，好吗？

（2）自由探索运送海洋球的路线。

教师：运送海洋球需要经过怎样的路呢？这里有三条路线，分别是砖头路（万能工匠大圆轮）、竹梯路（竹梯）、障碍路（纸盒），在路线的那端有相应颜色海洋球的家。每一条路线都能通往海洋球的家，现在请你们自己去选择一条路试试，想一想怎样才能又快又平稳地将海洋球送到目的地。

（3）幼儿自由尝试运送海洋球，教师观察幼儿的活动情况。

大多数幼儿选择了竹梯路，3—4 个幼儿选择了障碍路，2 名幼儿选择了砖头路。

（4）个别幼儿示范。

教师：谁愿意来和我们分享一下，自己是通过哪一条路线，怎样来送海洋球回家的？需要注意什么？

可可：走砖头路时要把脚完全踩在砖头上，才能平稳；要把它们按照颜色送回家。

球球：竹梯路要慢慢、小心地跨过去，注意不要踩到竹梯。

妞妞：我走的是障碍路，过障碍时则需要双脚腾空向前跳去才不会碰到障碍。

（5）鼓励幼儿运用总结的方法再次练习，并尝试不同的路线。

3. 游戏：运送海洋球回家。

游戏玩法：沿着不同材料建构成的小路，手握海洋球通过，最后根据海洋球的颜色将其放在相应颜色的筐子里。要求运球的途中不能把海洋球掉在地上，若球掉了或走出“小路”范围都要重新开始。

4. 结束部分。

师幼一起做放松操，以下肢为主，然后共同整理材料回班。

活动延伸

1. 晨间锻炼：鼓励幼儿自己设计运送海洋球的路线进行游戏。

2. 家园共育：鼓励幼儿多走路，多到户外运动。

关键经验

1. 运送海洋球的过程中，运用走、跳、跨的基本动作走过小路，保持身体平衡。

2. 愿意自己设计路线运送海洋球，并按颜色分类。

3. 体验走小路的乐趣，感受体育活动的有趣。

分支二　保龄球

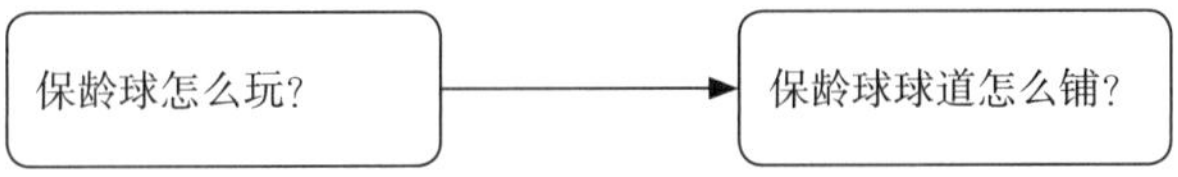

活动七　我来打保龄球

活动背景

海洋球的游戏孩子们已经进行过一段时间，最近他们的话题转向另一种球类运动——保龄球。如果在班级里开展这样一个游戏，那该多好玩啊！本活动中，幼儿通过游戏体验，了解保龄球游戏的材料、玩法。

材料准备

球道图片，保龄球材料，小朋友玩保龄球的图片。

活动描述

1. 欣赏幼儿打保龄球的图片，了解保龄球游戏。

幼儿发现儿童乐园里有一种叫保龄球的游戏。

2. 观察保龄球，讨论开展保龄球游戏的材料。

教师：你们玩过保龄球的游戏吗？

幼儿提出游戏的方法是用一个球把球瓶撞倒。

3. 探索玩保龄球的方法。

教师出示保龄球游戏的材料，邀请个别幼儿来试一试。成成先把保龄球瓶摆成一排，然后走到球道另一端，用保龄球击倒球瓶。

师幼共同总结：在打保龄球之前，先将保龄球瓶排列好，然后将保龄球在跑道上用力向前掷出，将保龄球瓶击倒。

教师：怎样才能击倒更多的球瓶呢？

棒棒：要用力向前滚球。

可可：把球瓶都排在一起，紧紧靠在一起，就能把它们一起击倒。

4. 游戏：好玩的保龄球。

幼儿分组玩保龄球，教师观察指导。

5. 互相交流游戏经验。

教师：刚才很多小朋友玩得都不过瘾，还想增设更多的球道，那需要哪些材料呢？

壮壮：需要保龄球球瓶、球、球道。

教师鼓励幼儿思考建构材料，在区域游戏中进行尝试。

活动延伸

1. 区域游戏：在建构区提供各类建构材料，幼儿自由选择搭建保龄球和球道。

2. 体育游戏：将保龄球材料投放在日常体育游戏中供幼儿使用。

关键经验

1. 了解保龄球游戏的名称和基本玩法。

2. 探索保龄球击倒球瓶的方法，并乐意在集体中表达自己的发现。

3. 喜欢玩保龄球的体育游戏，加强手臂力量。

活动八　我来搭保龄球

活动背景

玩过保龄球的游戏后，幼儿提出想要自己搭建保龄球的球道，并有部分幼儿在区域游戏中进行了尝试。本活动中，幼儿在认识保龄球球道特征的基础上，用双倍块、四倍块等清水积木运用对齐平铺、连接的方法铺设球道。

材料准备

清水积木、空易拉罐、碳化积木、保龄球若干，保龄球球道图片。

活动描述

1. 引发问题，产生搭建球道的兴趣。

教师提出保龄球游戏人多材料少的问题时，幼儿提出采用建构的方式铺设球道，这样就可以大家一起玩了。

2. 讨论保龄球的球道，迁移已有经验。

教师出示保龄球球道图片，问：这是一条保龄球球道，它是什么样子的呢？

红红：球道直直的，长长的，两边还有围栏。

好好：这个球道是宽宽的，还有两条细细的围栏。

教师：围栏有什么作用？

如意：保护球不滚到其他地方。

教师：如果要搭建一条保龄球球道，可以用哪些积木呢？（基本块、双倍块、四倍块等）

教师：那怎么用四倍块来搭建球道呢？

土豆：可以先将四倍块一块一块地进行平铺，再竖着对齐连起来。

教师：球道旁边的围栏又怎么搭建呢？

毛毛：把积木立起来搭。

师幼共同总结：首先要平铺出宽宽的球道，平铺时要一块接一块，对整齐铺平，连接处没有缝隙，最后再搭围栏。

3. 搭建球道。

教师：请你们选择合适的积木去搭建一条保龄球球道。（重点关注积木与积木的连接处是否有缝隙）

有幼儿用四块四倍块积木平铺并且延长了三段，搭建了球道，还有的幼儿用了四块碳化积木中的长板进行平铺、延长，搭建出球道。

4. 游戏：打保龄球。

教师：现在你们的保龄球球道都已经搭建整齐了，球瓶怎么办？可以用什么材料替代？

幼儿发现球瓶是长长的，像可乐的瓶子，于是在资源箱里找到了很多替代的材料。

教师：你们去玩一玩，看看在球道上保龄球能否平稳地击倒球瓶！

活动延伸

1. 区域游戏：在美工区用彩纸、贴纸、笔、水彩笔等材料，设计、装饰保龄球瓶，并投放到游戏中使用。

2. 户外游戏：鼓励幼儿到户外用更多的建构材料，铺设更长的球道进行游戏。

关键经验

1. 认识保龄球球道，知道球道是长长的、直直的，旁边还有围栏。

2. 用双倍块、四倍块等清水积木，运用对齐平铺、连接延长的方法铺设球道。

3. 感受在自己搭建的球道上玩保龄球游戏的成就感。

4. 用彩纸、贴纸、笔、水彩笔等绘画材料装饰保龄球瓶，有涂涂画画的愿望。

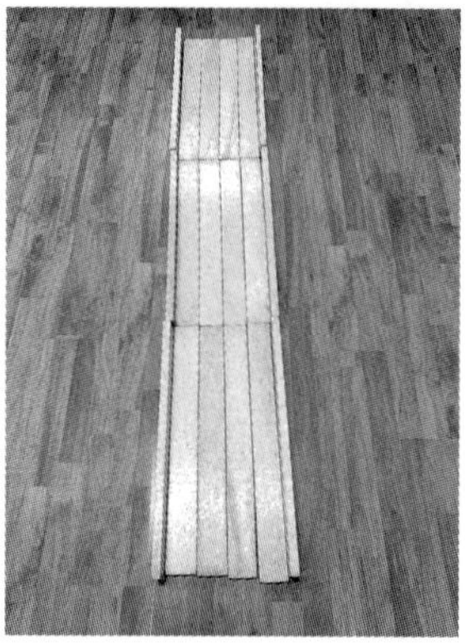

图 3-9　保龄球球道（一）

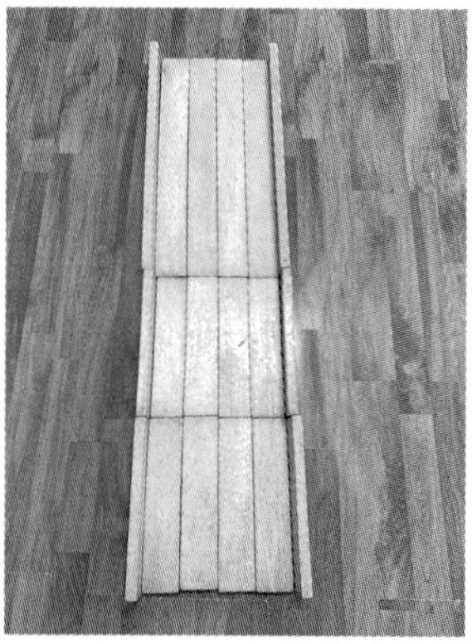

图 3-10　保龄球球道（二）

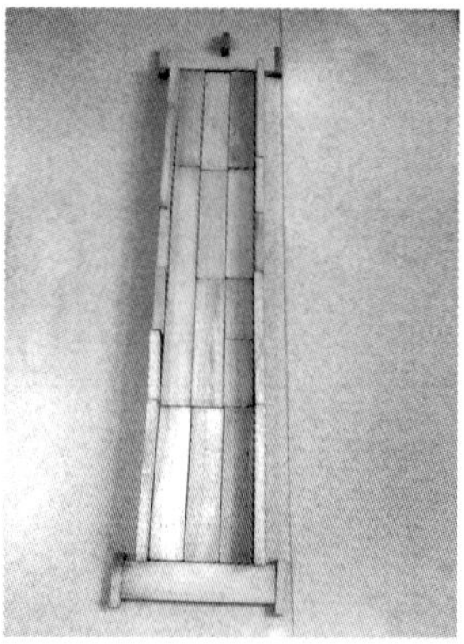

图 3-11　保龄球球道（三）

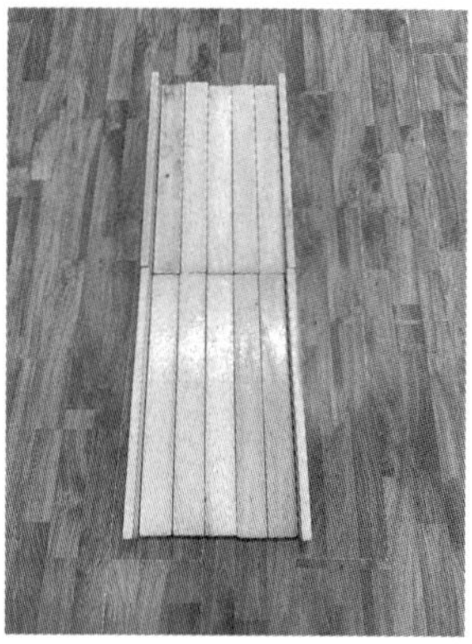

图 3-12　保龄球球道（四）

分支三　轨道车

轨道车的轨道是什么样子的？ → 可以用积木搭建轨道吗？ → 小汽车能够在轨道上行驶吗？ → 我们可以在轨道上开汽车吗？

活动九　神奇的轨道车

活动背景

在儿童乐园中幼儿对轨道车产生了兴趣：汽车为什么能在弯弯曲曲、高高低低的轨道上安全地行驶呢？他们想要了解轨道车的轨道到底是什么样子的。本活动中，幼儿通过观察，认识不同造型的轨道，尝试用语言描述出不同轨道的典型特征。

材料准备

游客玩轨道车的图片，不同轨道的图片，几种典型轨道的轨道车玩具。

活动描述

1. 回顾经验，了解轨道车。

教师出示游客玩轨道车的图片问：瞧，这是什么游戏？你们玩过吗？（引导幼儿结合自己的经验说一说）

好好：我玩过，我玩的轨道车是赛车，它能从很高的地方滑下来。

教师：刚才小朋友都说自己玩过这样的轨道车，谁愿意来和大家分享一下你玩过的轨道是什么样子的呢？

幼儿介绍、交流自己玩过的轨道车。当表达不清楚时，教师可以帮助他补充、提炼。

兰兰：我坐过的轨道车有一条轨道，是像滑滑梯那样滑下来的。

可可：我坐的轨道车轨道是交叉的，上面一条，然后下面还有一条。

2. 讨论不同造型的轨道车。

教师：你们玩过各种各样的轨道车，老师也带来了一种轨道车玩具，我们一起来看看它的轨道是什么样子的。

欢欢：它是长长的、弯弯的，高高低低、相互交叉。

教师出示另一种造型的轨道图片，引导幼儿观察。

教师：这个轨道又是什么样子的？

然然：这个轨道是宽宽的，有两个赛道，可以两辆车一起玩。

甜甜：它的轨道像火车轨道一样一段一段的。

教师：旁边为什么要把它挡起来？（引导幼儿了解轨道两边围挡的作用）

天天：保护车辆不从轨道上掉下来。

幼儿发现轨道车的轨道有的是宽宽的，有的是窄窄的；有的是像马路一样的轨道，还有像火车轨道一样一段一段的；轨道中有的地方高，有的地方矮，还有的地方是长长的、弯弯的；轨道和轨道之间不能有空隙，它的两边还有栏杆，是用来保护车辆不掉落的。

3. 幼儿选择不同的轨道车玩具游戏，感受轨道的有趣。

4. 幼儿尝试用简单的线条设计轨道车轨道。

毛毛用曲线从纸的一边一直画到另一边，设计了一条长长的、弯弯曲曲的轨道。元宝先画了一条线，接着又画了一条和它交叉的线，他设计的轨道是两条交叉的轨道。哈哈先画了一条直线，然后垂直拐弯，之后在上面画了一条交叉的线，他设计的轨道有三条道，既能拐弯又能从上往下滑行。

活动延伸

1. 区域游戏：在益智区提供各种轨道车玩具，幼儿在游戏中继续感受不同轨道的特点。

2. 环境创设：将幼儿收集的各式轨道车和他们设计的轨道车设计图进行布置，制作相关的儿童海报。

关键经验

1. 了解轨道车的典型特征，感受轨道车玩具的有趣好玩。
2. 能用简单的线条设计轨道车轨道，乐意参与美术活动。
3. 能认真倾听同伴说话，围绕“轨道车”的话题参与讨论，表达自己的感受、想法。
4. 尝试用轨道类的积塑玩具拼插轨道，乐于动手动脑。

活动十　轨道车（一）

活动背景

了解不同造型的轨道车玩具之后，幼儿产生了自己为小汽车设计轨道、玩轨道车游戏的想法。本活动中，幼儿在了解不同造型轨道的基础上，用连接、简单的架高方法搭建轨道。

材料准备

玩具汽车，不同形状的积木若干，不同造型轨道车的轨道图片。

活动描述

1. 发现问题，提出解决问题的方法。

教师：最近很多小朋友都想玩轨道车，但是轨道只有几个，怎样让更多的小朋友能玩到轨道车？

牛牛：我们可以多搭建几个轨道玩。

2. 认识轨道车的轨道，回顾已有经验。

教师出示由高到低、弯弯长长的轨道图片，问：儿童乐园里的轨道是什么样子的呢？

睿睿：这个轨道是弯弯的、长长的，一条轨道高一点，然后下面有一条比它矮一点的轨道，和它连起来。

3. 探索搭建轨道的方法。

教师：我们可以用什么形状的积木来表现它的轨道呢？怎么表现高的地方呢？（鼓励幼儿迁移搭建经验，根据不同积木功能来说一说）

糖糖：可以用双倍块和四倍块，高的地方可以用圆柱把它架高。

教师：怎么样才能将轨道搭建得又平稳又牢固？

涵涵：积木要一块连一块，对对齐，铺铺平。

壮壮：积木和积木之间不能有缝隙。

4. 个别幼儿示范如何一块接一块地铺。

幼儿示范时教师可以讲解：用一块拿一块，一块接一块，相互之间铺铺平，没缝隙。幼儿思考架高的材料和连接的方法，教师重点引导。

5. 师生共同建构。

教师：你想搭建一条什么样的轨道呢？请你仔细想一想，再去选择合适的积木搭建。（重点关注积木与积木的连接处是否有缝隙以及高低的衔接）

美美先拿了两根高圆柱放在一块四倍块的两端。接着一头延长做直角拐弯，另一头呈斜坡状直接连接延长。

卡卡铺设的轨道比较宽，采用的是并排平铺的方法，并用高低不同的圆柱架高，一端连接圆柱，另一端连接地面。

6. 欣赏与游戏。

幼儿基本上都使用双倍块和四倍块来连接搭建了长长的、弯弯的轨道，并且在轨道一端的最高处用圆柱架高，搭建了有高有低的轨道。

教师：你们真棒！搭建好了这么多的轨道，请你拿小汽车在上面开一开，看看它是不是很平稳！（引导幼儿通过游戏自我检验）

活动延伸

1. 区域游戏：在建构区用积木等建构材料继续搭建轨道，开展游戏。

2. 晨间谈话：与同伴分享交流自己设计、搭建的轨道。

关键经验

1. 尝试选用合适的积木，运用连接、架高的方法搭建轨道。

2. 体验汽车从自己建设的轨道上顺利滑下来的乐趣。

3. 乐于与同伴分享自己设计、搭建的轨道。

图 3-13　轨道（一）

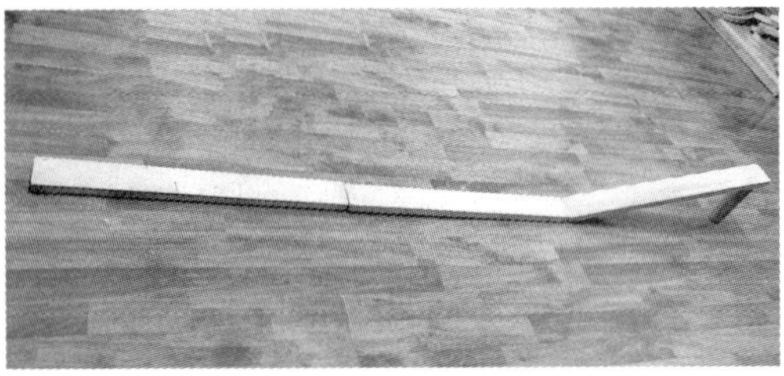

图 3-14　轨道（二）

图 3-15　轨道（三）

图 3-16　轨道（四）

活动十一　轨道车(二)

活动背景

轨道车的轨道搭建好了，玩具汽车是否能够在上面平稳地行驶呢？本活动的目标是进一步解决轨道的平整、对齐问题。活动中，幼儿进一步合理利用积木，搭建出能让小汽车开起来的轨道。

材料准备

幼儿前期搭建的轨道车作品，各种形状的清水积木，轨道车轨道图片，玩具汽车若干辆。

活动描述

1. 欣赏前期搭建的轨道作品，回忆经验。

教师出示幼儿搭建的轨道作品，幼儿结合自己的经验说一说。

教师：这是谁搭建的轨道？它是什么样子的？小汽车能在上面开起来吗？

幼儿从搭建轨道的形状、宽窄、小汽车滑下来是否顺畅等方面进行描述。

2. 再次观察轨道图片，了解轨道特点。

教师：轨道车是怎么从轨道上开下来的？

如意：轨道车一开始是从高的地方开下来的，然后滑到低的地方。

甜甜：轨道车先从高的地方开始然后到低的地方，然后冲到另一条高的地方再滑到低的地方。

毛毛：轨道车的轨道都是连在一起的，从高到低。

幼儿发现大多数轨道车是从高处开始往下滑行，轨道由高到低不间断，转弯连接处要平滑，小车不会翻车。

3. 探讨建构一条能让小汽车开起来的轨道。

教师：怎样才能让小汽车平稳地在轨道上行驶？

哈哈：轨道一开始的地方是高的，然后积木和积木之间要连接整齐，不能有缝隙。

球球：轨道的路面不能太窄，可以用两块积木拼在一起，这样小汽车更容易开起来。

睿睿：上面的轨道要高，然后和下面的轨道要连在一起，拐弯的地方不能有缝隙，轨道要很光滑。

4. 幼儿参与建构游戏。

重点关注幼儿所建构轨道的宽度，以及转弯处连接的地方。

5. 游戏：开汽车。

教师：赶快让小汽车到你们搭建的轨道上去开一开吧，如果小汽车卡住了，可以再去调整一下，让小汽车顺利地开起来哦。

鼓励幼儿在游戏中自我检验轨道是否光滑、平整。

活动延伸

1. 区域游戏：继续在建构区搭建有一定高度差的轨道，让汽车在上面开起来。
2. 家园共育：收集关于轨道车的玩具，和父母一起拼一拼、插一插、开一开。

关键经验

1. 迁移前期经验，合理使用积木，搭建平整、光滑的轨道。
2. 能在开汽车的过程中，发现轨道的问题并及时调整，完善作品。
3. 感受与父母、同伴之间玩轨道游戏的趣味性。

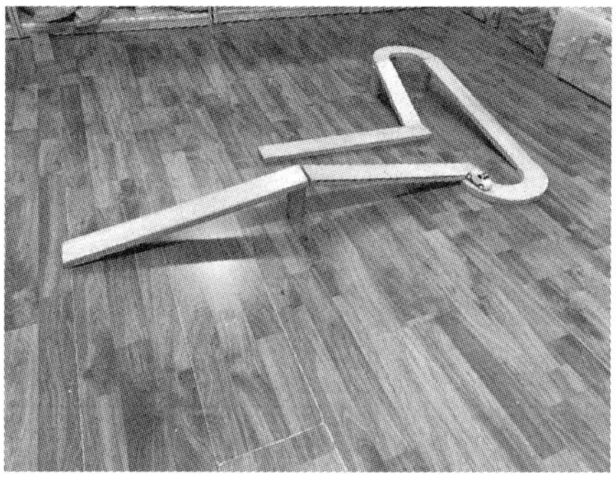

图 3-17　轨道（五）

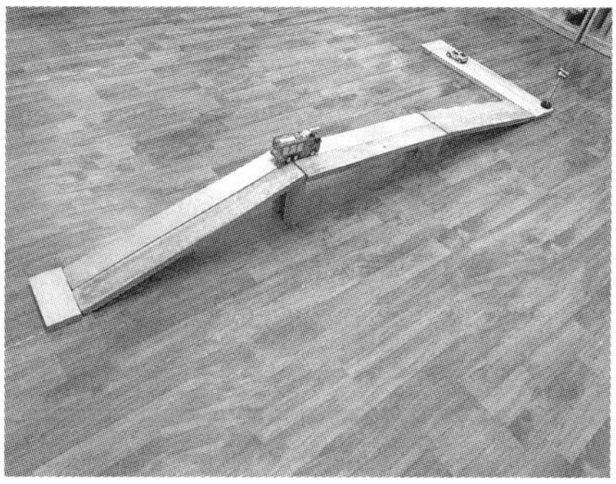

图 3-18　轨道（六）

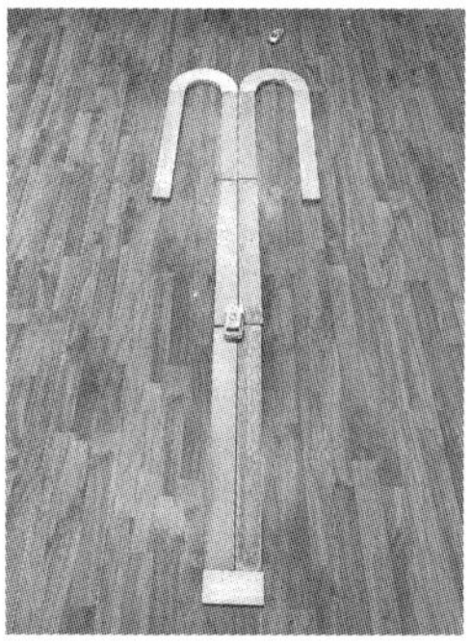

图 3-19　轨道（七）

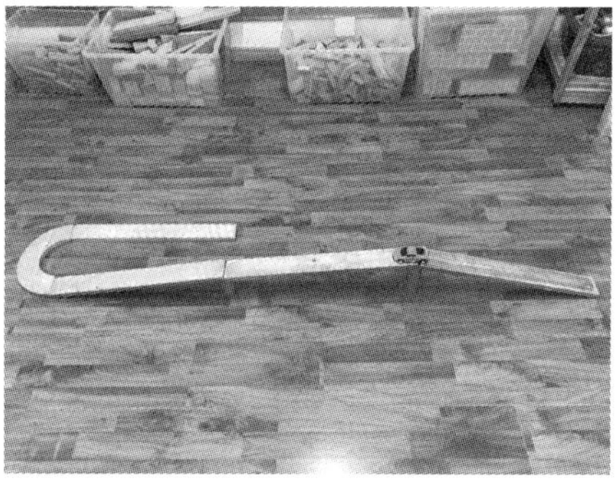

图 3-20　轨道（八）

图 3-21　轨道（九）

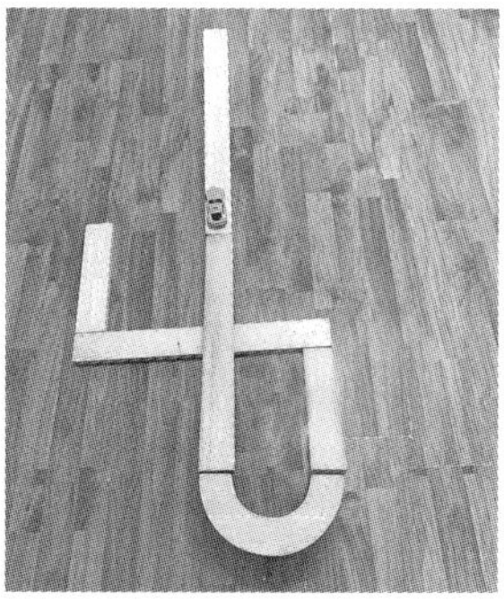

图 3-22　轨道（十）

活动十二　我是小司机

活动背景

幼儿也想成为小司机，在轨道上面开车。能让人站在上面玩的轨道是什么样子的呢？本活动中，幼儿在了解各材料特性的基础上，寻找适宜的铺设轨道的材料，尝试运用简单组合的方法搭建轨道，进行开汽车的游戏。

材料准备

泡沫板、轮胎、竹梯、大型万能工匠、平衡板、碳化积木等，方向盘。

活动描述

1. 引出问题，产生兴趣。

教师出示方向盘，引出幼儿想做小司机的想法，并激发他们建构轨道的兴趣。

2. 讨论建构轨道的材料和建构方法。

教师：我们能在上面开的轨道，用什么材料比较适合呢？

幼儿提出用平衡板、竹梯、大型万能工匠、碳化积木、轮胎等材料。

教师：轨道是长长的，也可以是弯弯曲曲的、高高低低的，怎么组合这些材料呢？

幼儿提出要将这些材料组合连接在一起。

3. 幼儿尝试搭建轨道。

教师根据幼儿的需要，将比较重的平衡板等材料放置在合适的地方，鼓励幼儿设计出有高度、有转弯的轨道。

4. 游戏：开汽车。

幼儿尝试在搭建的各种轨道上行驶，感受轨道的上上下下、拐来拐去的快乐。

幼儿分享开汽车的经验：在竹梯轨道上要慢慢地开，脚要踩在竹梯两边，在平衡板上开汽车则需要在上坡、下坡的地方减速慢行，沿着轨道方向向前开等。

活动延伸

1. 区域游戏：在建构区继续寻找可以用来搭建轨道的材料，丰富自己的轨道游戏；在语言区提供有关轨道车的绘本，创设一定的游戏情境。

2. 晨间锻炼：继续提供大型建构材料，供幼儿设计轨道路线并体验在轨道上开汽车的乐趣。

关键经验

1. 探索用各种大型建构材料，设计并建构出长长短短、弯弯曲曲、高高低低的轨道。

2. 在不同的轨道路径上开汽车，注意避让同伴，体验开汽车的乐趣。

3. 喜欢听有关轨道的绘本故事，理解故事内容。

线索描述

线索二　玩转儿童乐园

在本线索中，幼儿主要围绕儿童乐园里的其他游乐项目进行交流。他们通过亲身体验，主动分享自己的游戏经验，明确各游戏规则，建立良好的规则意识。

儿童乐园里还有哪些游乐项目？ → 喜欢玩什么游乐项目？ → 玩游戏时要注意些什么？

活动一　神奇的儿童乐园

活动背景

幼儿知道儿童乐园里除了有海洋球、保龄球、轨道车这些常见的游乐项目，还有很多其他的游乐项目，渐渐对此产生了浓厚的研究兴趣。本活动中，幼儿在教师的鼓励下，乐意表达自己所了解的游乐项目。

材料准备

《儿童乐园调查表》，儿童乐园不同游乐项目的照片，儿童乐园大门照片，幼儿体验游戏时的照片或视频。

活动描述

1. 话题讨论，产生活动兴趣。

教师出示儿童乐园大门照片，引起幼儿参与讨论的兴趣。

2. 继续交流讨论，进一步了解儿童乐园里不同的游乐项目。

教师鼓励幼儿回忆游戏经验，说出自己了解的游乐项目名称。

淘宝：我在里面玩了钓鱼游戏。

好好：我在里面和姐姐一起做饼干的。

哈哈：我玩了滑滑梯。

糖糖：我玩了打地鼠。

3. 幼儿介绍调查表，交流不同游乐项目的玩法。

教师：在儿童乐园里有那么多好玩的游乐项目，在这之前每一位小朋友都和爸爸妈妈们一起完成了调查表，现在谁想来分享一下你都发现了哪些好玩的游乐项目？怎么玩的？

田田：我玩了旋转木马，就是有一根杆子在木马上面，然后人坐在上面，它就转起来了。

棒棒：我发现了轨道车，轨道上的小汽车从最高处滑下来，就能自己绕着轨道转圈走，又能上去，又能下来，绕了好几次，最后才落到地上。

幼儿发现儿童天地里面有很多不一样的游戏，比如手工坊、欢乐海洋、城堡、角色扮演等，可以在里面可以体验不同的游戏，还可以交朋友呢！

4. 欣赏游戏照片，感受乐趣。

教师带领幼儿一起欣赏各种游乐项目的照片，当欣赏到自己的照片时，幼儿可以进行简单的介绍。

活动延伸

1. 区域游戏：在建构区中搭建不同的游乐设施并进行游戏；在语言区中自主翻阅绘本《儿童乐园》，感受嘟嘟一家在游乐场中的快乐体验和手指变化的乐趣；在美工区根据绘本内容进行手指添画的游戏；在角色区开设钓鱼、轨道赛车、保龄球、海洋球的游戏区，制作饼干、饮料、蛋糕的美食区等，开展儿童乐园的自主游戏。

2. 晨间谈话：大方交流、分享自己在儿童乐园里的游玩经历。

3. 家园共育：家长可以利用周末带幼儿去体验儿童乐园中的各种游乐项目。

关键经验

1. 通过调查、体验，认识儿童乐园中的其他游乐项目。

2. 愿意在集体中表达自己所了解的游乐项目。

3. 感受自主开设的儿童乐园游戏的有趣、好玩。

附：故事

儿童乐园

天上飘着朵朵白云，嘟嘟嘟嘟，我们全家一起去兜风。

我们沿着开满鲜花的弯弯小路走呀走，哇！游乐场！

我们一起坐上旋转木马，全家笑哈哈。

坐上儿童小火车，哐且哐且！绕着公园跑一圈，呜呜……

坐上碰碰车，比比看谁的力气更大！和妈妈“砰”！和爸爸“哐哐”！

嗖嗖！上去，呼呼！下来，下来，惊险的海盗船好吓人呀！

还有像天一样高的摩天轮，如果我们比云彩还要高，是不是就能看到江对面，我们的家啦？

我们坐在喷泉旁边休息，津津有味地吃着冰激凌。

咚嗒嗒咚嗒嗒……

哪儿传来了热闹的音乐声？我们赶快跑去看。

……

活动二　我爱轨道车

活动背景

幼儿通过调查和介绍，进一步认识、了解了儿童乐园中的其他游乐项目，其中轨道车是受到幼儿喜爱的项目之一。本活动中，幼儿在了解轨道车玩法以及轨道设计基础上，用自然的声音演唱歌曲，表达出对轨道车的喜爱之情。

材料准备

小鸡手偶一个，歌曲图标一套。

活动描述

1. 话题谈论，说说自己喜欢的游乐项目。

教师出示手偶，问：小鸡也来到了儿童乐园里面游玩，它在儿童乐园里面玩得可开心了，它还想知道你们最喜欢玩什么游乐项目。

多多：我最喜欢玩钓鱼的游戏。

皮皮：我喜欢扮演警察的游戏。

飞飞：我喜欢玩轨道车。

果果：我也喜欢玩轨道车。

2. 初步理解歌词内容。

（1）教师有感情地范唱。

教师：下面就请你们仔细听一听，小鸡喜欢玩什么项目。你听到了什么？（根据幼儿回答，出示图标）

画画：我听到了“小小轨道真有趣”。

睿睿：我听到“飞到天上冲下来”。

一一：我听到了“轨道车”。

如果幼儿对歌词不熟悉，教师就再次进行范唱。

（2）进行图标排序，熟悉歌词。

教师：我们一起来看看，歌曲中都说了什么？我们的图标是不是和歌曲中唱到的一样呢，谁愿意来帮帮我？

（3）教师可以通过演唱歌曲的形式来帮助幼儿验证图标是否排列正确。

3. 幼儿学唱歌曲。

（1）教师演唱歌曲，幼儿拍手（拍腿）感知歌曲节奏 2—3 遍。

（2）幼儿学唱歌曲 2—3 遍。

（3）幼儿倾听歌曲前奏，尝试听前奏整齐地唱。

教师：每一首歌曲都有前奏，前奏是告诉我们准备唱歌了，我们一起来听一听，这首歌曲的

前奏是什么样的。（可以用语言提示，慢慢地让幼儿自己听着唱）

4. 尝试创编歌词。

教师：在儿童天地中除了有轨道车，还有哪些游戏呢？若把它唱进歌词中，可以怎么唱呢？

幼儿根据自己的经验来说一说，师幼共同创编，如甜品屋：美味蛋糕真好吃，甜品屋里美味多；放进烤箱烤一烤，大家都来尝一尝。

活动延伸

1. 区域游戏：在小舞台继续尝试创编歌曲，跟着伴奏唱一唱。
2. 晨间谈话：幼儿和同伴分享自己玩过的其他游乐项目。

关键经验

1. 感受歌曲旋律，听清前奏并用自然的声音演唱歌曲。
2. 通过模仿有趣的动作记忆歌词，初步理解与表现歌曲的内容和情感，并尝试简单创编。
3. 对歌唱活动感兴趣，主动、愉快地与同伴一起歌唱。

附：歌曲

我爱轨道车

1=C $\frac{2}{4}$

| 1 2 3 4 | 5 5 5 | 5 5 3 1 | 2 3 2 |
| 小 小 轨 道 | 真 有 趣， | 轨 道 车 里 | 秘 密 多。

| 1 2 3 4 | 5 5 5 | 5 5 3 1 | 2 3 1 ‖
| 飞 到 天 上 | 冲 下 来， | 大 家 一 起 | 乐 呵 呵。

图 3-23　歌曲图标

活动三　游戏安全最重要

活动背景

儿童乐园中有趣的游戏非常受幼儿喜欢，但时常会有一些安全事故发生。本活动中，师幼围绕怎么安全玩游戏展开了讨论，幼儿在观察图片、讲述自身经历的过程中，了解不同项目的正确玩法，保护自身安全。

材料准备

《儿童乐园》整体图，旋转木马、小火车、碰碰车、海洋球、乐高区等游乐项目的图片，幼儿玩游乐项目时不安全行为图片。

活动描述

1. 话题交流，讲述自己的体验感受。

教师：小朋友们，你们喜欢去儿童乐园玩吗？为什么？

浩浩：我喜欢去儿童乐园，因为里面有很多好玩的游戏。

美美：我喜欢去儿童乐园，因为那里有很多小朋友一起玩游戏。

2. 观看视频，了解安全玩游戏的重要性。

教师：有一位小朋友也去儿童乐园玩，我们来看看他玩了什么。

好好：他玩了滑滑梯。

教师：他是怎么玩的？可以这样玩吗？如果这样玩会发生什么事情？（引导幼儿迁移自身经验，将这个小朋友的体验行为和该游戏的正确玩法相联系来发现问题）

花花：他们发生了争抢，不排队，这样很危险，会不小心摔下来。

3. 观看不同游戏项目图片，了解安全玩游戏项目的规则。

教师：在儿童乐园中有许多好玩的游乐项目，你们知道它们是怎么玩的吗？玩的过程中，需要注意什么呢？

（1）海洋球：请小朋友们排好队，一个接一个快速地、有秩序地登上滑梯，坐好后滑进海洋球池。

（2）弹簧木马：坐在弹簧木马上，小朋友要扶好扶手，不要在木马上乱动。

（3）小火车：坐在小火车上，要等小火车完全停稳以后再下来。

（4）手工坊：在手工坊游戏时，不能随便乱涂乱画、浪费材料，要穿护衣。

（5）建筑工地：玩乐高等玩具时，不能乱扔，玩完了要把材料送回家。

（6）大型玩具：要排队上下大型玩具，不能推人，不能挤人；滑下来的时候要坐好，手扶好两边的扶手。

4. 观看图片，并对图片中的行为进行判断。

引导幼儿观察图中的小朋友在玩要时发生了什么事情。

师幼根据图片内容进行讨论。

教师：玩海洋球的小朋友把海洋球放在哪里了？这样做对吗？为什么？

教师：在沙池的游戏场地上，到处乱扔玩具，这样做对吗？为什么？

师幼小结：在儿童乐园玩耍时要注意安全，遵守规则才能玩得更开心。

5. 实践：玩幼儿园的大型玩具。

让幼儿在实践中再次感受遵守规则的重要和安全游戏的快乐。

活动延伸

1. 晨间谈话：共同制定班级中所开展的游乐项目的游戏规则。

2. 家园共育：提醒幼儿在儿童乐园游玩时，安全玩游戏，不做危险的事情。

关键经验

1. 在体验游乐项目时，在成人的提醒下能注意安全，不做危险的事情。

2. 了解在儿童乐园中，不同游乐项目的正确玩法及安全注意事项。

四、关键经验

关键经验

- 健康
  - 初步掌握走、跳、跨等基本动作要领，尝试在竹梯、平衡板等材料上行走。
  - 体验各游乐项目时，知道避让同伴，并在成人的提醒下能注意安全，不做危险动作。
  - 积极参与运送海洋球、打保龄球等游戏项目，感受体育活动的乐趣。
- 语言
  - 能认真倾听同伴讲述去儿童乐园的游戏经历，理解简单的指令。
  - 喜欢和熟悉的人交流，愿意和同伴分享自己的想法。
  - 能用自然、大小适中的声音和简单的语言表达自己对海洋球、保龄球、轨道车等游乐项目的认识。
  - 喜欢看图画书，能根据绘本画面猜测、理解故事内容。
- 社会
  - 体验用自己搭建的保龄球道、轨道等建构作品玩游戏的成就感。
  - 在成人提醒下，能遵守滑滑梯、海洋球、保龄球、轨道车等不同游戏的规则和玩法。
  - 能爱护自己和同伴搭建的海洋球池、保龄球道、轨道等建构作品。
  - 通过多样化的活动来感受儿童乐园的有趣、好玩。
- 科学
  - 能用多种感官或动作去探索并感知海洋球、保龄球、轨道车等游乐设施的典型特征和玩法，尝试用描述特征的词进行表达。
  - 感知和发现海洋球池、轨道等物体的多种造型，了解物体的多样性。
  - 能区分海洋球颜色、大小的不同，感知轨道车上下交错的方位关系。
  - 能用合适的材料围合出具有一定高度的海洋球池。
  - 迁移原有经验，尝试运用架高、连接、平铺的建构方法，自主设计表现出不同式样的轨道，搭建整齐、牢固。
  - 尝试运用各种建构材料，表现出多样的游乐项目，体验材料的多样性。
- 艺术
  - 能用团圆的方法来制作大小、颜色不同的海洋球。
  - 感受歌曲旋律，听清前奏并用自然的声音演唱歌曲。
  - 通过模仿有趣的动作记忆歌词，初步理解和表现歌曲形象、内容和情感，并尝试简单创编。

项目四
一起过生日

一、项目缘起

每个小朋友都很期待自己过生日的那一天，因为有美味的食品、喜欢的礼物，还有爸爸妈妈和好朋友们的祝福！

一天早上，豆豆兴奋地告诉老师：今天我过生日，妈妈请了我的好朋友来参加生日会，我们要在饭店吃饭！这个话题引起小朋友的交流：我也过过生日，我过生日的时候妈妈给我买的是公主蛋糕，我收到过好多生日礼物……幼儿讲述了各自过生日的经历。

蛋糕是什么样子的？举办生日会需要准备哪些材料？在哪里举办生日会？在本项目中，幼儿运用多种材料拼搭各种各样的蛋糕，一起准备生日礼物，一起办生日会，在游戏中体验招待客人、做文明小主人的快乐，感受与家人、同伴之间的爱。

二、发展线索

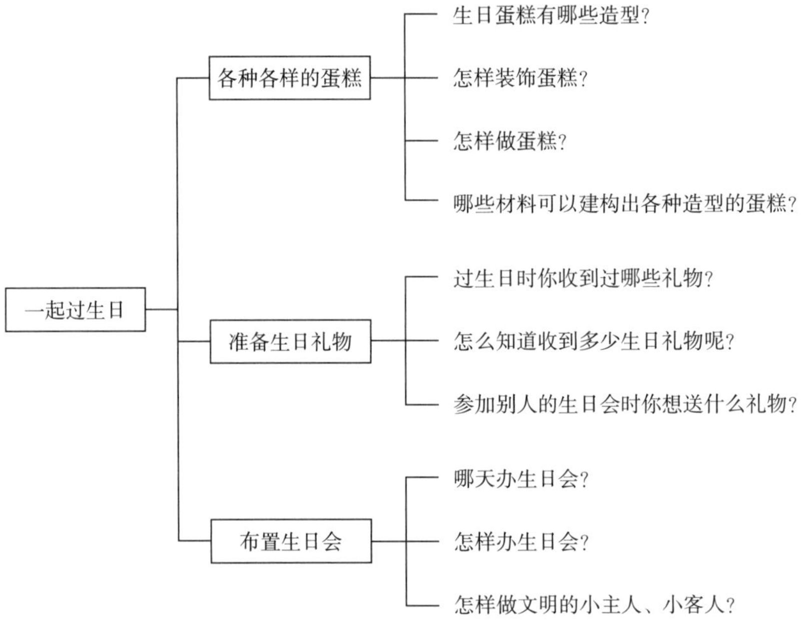

三、具体活动

线索描述

线索一　各种各样的蛋糕

在本线索中，幼儿围绕表现蛋糕这个核心，从认识蛋糕到各种各样的蛋糕，再到尝试用积塑材料、清水积木、沙等多种材料表现出各种造型的蛋糕，利用蛋糕在娃娃家玩起了过生日的游戏，让做好的蛋糕成为实用的游戏材料。

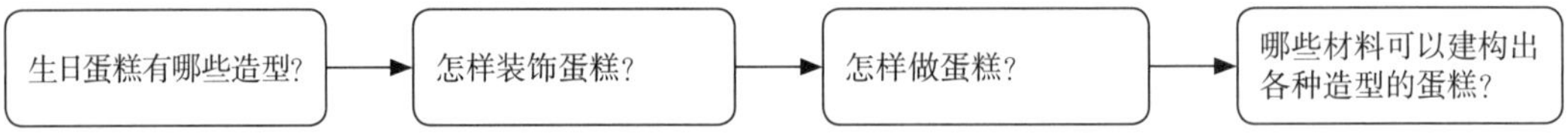

活动一　我知道的蛋糕

活动背景

幼儿对生日蛋糕都很熟悉，每个人的兴趣爱好不同，喜欢的蛋糕也是不一样的。借助以往过生日时候的照片，他们回忆起自己过生日时吃过的蛋糕的造型，并在集体中进行交流与分享。本活动中，幼儿运用语言表述、绘画的方式表现对蛋糕的认识，了解蛋糕多样的造型。

材料准备

收集幼儿过生日的照片，亲子活动时去蛋糕店看到的各种蛋糕的照片，彩笔、印有蛋糕图案的纸。

活动描述

1. 分享自己在过生日的时候品尝到的蛋糕。

幼儿拿出自己过生日时品尝蛋糕的照片，对蛋糕的形状、颜色、味道进行分享。

2. 观察图片，了解蛋糕的不同造型。

在生活中，幼儿除了自己过生日时看到蛋糕，在蛋糕店或参加其他小朋友的生日会时，也欣赏到很多不同造型和图案的蛋糕。

在欣赏蛋糕图片的过程中，幼儿发现蛋糕不仅造型不一样，有时还会根据过生日者的需求定制特别的蛋糕。蛋糕不仅在过生日的时候会用到，在其他场合也会用到，是人们常见的、喜爱的美食。

3. 涂色：蛋糕。

教师出示造型不同的蛋糕底图，幼儿自由挑选一个喜欢的图案，用涂色的方式装饰蛋糕，巩固对蛋糕外形和特点的认识。

活动延伸

1. 晨间谈话：引导幼儿谈一谈自己吃过的蛋糕。

2. 环境创设：创设蛋糕展示区，以图文的方式呈现幼儿吃蛋糕、寻蛋糕的过程。

3. 家园共育：家长利用周末带幼儿去蛋糕店认识生日蛋糕，了解蛋糕店各功能区的货架；在亲子活动中和幼儿一起制作生日蛋糕，进一步了解蛋糕的制作过程。

关键经验

1. 能用语言表达自己对各种各样蛋糕的认识，说出蛋糕的形状、颜色、味道。

2. 对自己感兴趣的蛋糕能仔细观察，发现其明显特征。

3. 尝试用涂色的方式装饰蛋糕，乐于参与美工活动。

活动二　装饰蛋糕的秘密

活动背景

美美的蛋糕吸引了小班幼儿的目光：蛋糕为什么这么漂亮呢？经过观察，幼儿发现蛋糕上面装饰的花纹排列得很有规律。本活动中，幼儿初步感知蛋糕上花纹的排序规律，学习按照物体的一种规律进行排序。

材料准备

蛋糕图片，桌面小玩具，装饰蛋糕的小贴画，蛋糕坯底图。

活动描述

1. 发现蛋糕上的排列规律。

幼儿观察蛋糕图片，教师：蛋糕为什么这么漂亮呢？幼儿发现蛋糕上的花纹排列得非常整齐。

教师：这些图案是怎样排列的？你们在生活中还见过哪些像这样一个一个间隔排列的东西？

幼儿在观察图片的过程中讲述自己的发现。

2. 了解间隔排序装饰蛋糕的方法。

幼儿尝试用桌面小玩具在蛋糕坯底图上进行摆放装饰，让蛋糕更好看，在玩游戏的过程中，幼儿了解到用间隔排序装饰蛋糕的方法。

3. 用不同的排序模式装饰蛋糕。

幼儿再次进行尝试，将装饰蛋糕的小贴画贴在蛋糕坯上，仔细观察自己与同伴的模式规律，尝试用不同的模式进行排序：AB 模式（小花、葡萄）；ABB 模式（爱心、草莓、草莓）。

4. 欣赏作品，体验成功的快乐。

相互欣赏同伴装饰的蛋糕，说一说自己是用什么规律装饰蛋糕的。

活动延伸

1. 区域游戏：在数学区提供蛋糕底图和装饰贴画，幼儿尝试用画、粘贴的方式装饰蛋糕，创造新的排列规律。

2. 家园共育：为班级蛋糕店游戏开展收集材料，如纸杯、吸管、超轻黏土、纽扣等。

关键经验

1. 体验和发现蛋糕上的简单排列规律，能按规律装饰蛋糕。

2. 发现生活中有规律的事物和现象，并对这些规律产生兴趣。

3. 能用笔涂涂画画装饰蛋糕或撕下小贴画装饰蛋糕。

活动三　漂亮的蛋糕

活动背景

在亲子活动中，幼儿体验了制作蛋糕的过程，对制作蛋糕所需要的材料有了一定的了解。在装饰蛋糕的过程中，他们感受到蛋糕的色彩美和对称美。他们还想再次制作蛋糕，本活动的主要内容是讨论用什么材料制作蛋糕，怎样装饰才能让蛋糕更好看。活动中，幼儿寻找并运用多种材料制作蛋糕，感受自主创造的快乐。

材料准备

幼儿自备制作蛋糕的材料，班级资源库中的纸盘、纸碗、纸杯、盒子、贴画等材料，各种蛋糕图片，蛋糕店背景。

活动描述

1. 进入游戏情境，发现问题，产生兴趣。

在游戏中提供的蛋糕数量与幼儿人数不匹配，当幼儿发现缺少蛋糕的问题时，通过讨论，萌发自己做蛋糕的想法。

2. 观察蛋糕图片，寻找制作蛋糕的材料。

幼儿在班级中自主寻找制作蛋糕的材料，边找边交流选择这个材料的理由，同时结合班级已有材料，对各种材料进行观察，了解材料的特性和使用方法。

3. 讨论制作中的相关问题并准备材料。

教师：厚厚的蛋糕胚可以选择什么材料？（纸盘、纸碗、纸杯为主要材料）怎样表现？

教师引导幼儿先看一看自己带的是什么材料，再想一想自己准备怎样使用这些材料，同时明确美工区还有一些其他材料：纸杯、盒子、小贴画等，如果有需要就可以自己选用。

4. 创意制作。

幼儿根据自己所准备的材料进行创意制作，如果制作中觉得不合适可以进行更换。

5. 展示作品，进行游戏。

幼儿将做好的蛋糕作品放到蛋糕店里进行展示，玩买卖蛋糕的游戏，边选蛋糕边说一说自己喜爱这个蛋糕的原因。

活动延伸

区域游戏：在美工区用纸碗、纸盒等易成型的材料制作生日蛋糕，用一些半成品材料，大胆地运用画、剪、揉、撕贴等多种方法进行装饰；在角色游戏中，将制作好的蛋糕进行售卖，玩蛋糕店游戏。

关键经验

1. 根据自己的兴趣选择材料，用涂涂画画、粘粘贴贴等方式制作蛋糕。

2. 愿意在集体面前，表达自己所喜欢蛋糕的原因。

3. 感受用废旧材料制作蛋糕成功的体验。

4. 初步学习使用剪刀，尝试用剪刀沿直线剪出简单的图案装饰蛋糕，边线基本吻合。

活动四　香香的蛋糕唱出来

活动背景

在亲子做蛋糕的活动中，不少幼儿和家长都是第一次尝试制作蛋糕。他们对做蛋糕的主要流程充满了好奇和兴趣，特别是在最后环节给蛋糕胚上涂抹奶油的时候，这是幼儿可以亲手操作的一个环节。亲子活动后的很长一段时间，他们仍对此津津乐道。本活动所要解决的核心问题——梳理做蛋糕的主要步骤，将做蛋糕的顺序用说唱的方式表演出来。

材料准备

幼儿和家长一起参加做蛋糕的亲子活动时做蛋糕的步骤照片。

活动描述

1. 欣赏做蛋糕的照片。

幼儿欣赏自己和爸爸妈妈一起做蛋糕的照片，说一说照片上的自己在做什么事情，梳理做蛋糕的主要步骤，根据回忆将照片排序：打鸡蛋、倒牛奶、放黄油、和面团、放烤箱、抹奶油。

2. 倾听歌曲，了解歌词。

幼儿看着照片欣赏教师边唱边打节奏，用动作或跟着一起说唱，表现歌曲中说唱部分：打鸡蛋、倒牛奶、放黄油、和面团、放烤箱。

3. 看图标唱歌曲。

幼儿看图标学唱歌曲，在学唱歌曲的过程中逐步减少图标，记忆歌词。

4. 欣赏美味的蛋糕。

师幼共同欣赏美味的蛋糕，说说自己刚才做的是什么口味或特征的蛋糕，感受做蛋糕的快乐。

活动延伸

1. 区域游戏：在益智区提供做蛋糕的步骤图，幼儿根据做蛋糕的顺序进行排序。

2. 家园共育：有条件的家长利用休息的时间在家和幼儿共同制作小蛋糕。

关键经验

1. 跟着熟悉的音乐模仿做打鸡蛋、倒牛奶、放黄油、和面团、放烤箱等动作，学唱歌曲。

2. 听懂日常会话，了解生活中“打鸡蛋、倒牛奶、放黄油、和面团、放烤箱”等词的意思。

3. 进一步感受做蛋糕的有趣及说唱的音乐表现方式。

附：歌曲

我来做蛋糕

刘德伦　曲

X X X | X X X | X X X | 3 3 5 3 | 2 2 |
放 黄 油， 和 面 团， 放 烤 箱。 蛋 糕 做 好 啦 呀，

3 3 6 3 | 2 2 | 3 3 5 3 | 2 3 | 5 5 5 6 | 1 – ‖
味 道 好 极 了 呀。 我 们 一 起 来 呀， 来 呀 品 尝 它。

活动五　圆圆的蛋糕

活动背景

幼儿对蛋糕有了表现的兴趣，想要用班级的桌面建构材料表现蛋糕。在搭建蛋糕之前，幼儿对圆形的蛋糕进行观察，了解圆形蛋糕的特点。本活动所要解决的核心问题——你想用什么材料表现圆圆的蛋糕？活动中，幼儿运用连接、拼插等方法搭建圆形生日蛋糕。

材料准备

幼儿自制蛋糕的照片，各种积塑材料。

活动描述

1. 分享自己对蛋糕主要组成部分的了解。

幼儿欣赏自制的蛋糕，在看一看、说一说的过程中，知道蛋糕由厚厚的蛋糕坯和漂亮的装饰组成。

2. 寻找表现材料。

幼儿在班级中寻找拼插材料，找一找自己觉得最适合表现蛋糕的材料，并大胆表达自己的想法：我拿的是雪花片材料，雪花片是彩色的，像蛋糕彩色的奶油。而且雪花片可以插出像花一样的圆圆的形状。

3. 拼插蛋糕。

教师：你是怎样表现的？在拼插过程中有什么困难吗？可以怎样解决？在交流中幼儿对比自己与同伴的蛋糕坯，进行反思，总结拼插经验（架高表现厚厚蛋糕坯、垒加表现厚厚蛋糕坯）。

4. 欣赏作品，分享经验。

幼儿将拼插的蛋糕放入蛋糕店中进行展示，分享自己的拼插方法：我用的是雪花片，我先拼两朵大花，再用雪花片将两朵大花连起来，蛋糕就做好了；我用雪花片插一个大花和一个小花，小花可以放在大花的上面。

活动延伸

1. 区域游戏：在益智区观察各种蛋糕的图片，发现并说出蛋糕的主要特征。

2. 环境创设：在建构区中呈现幼儿运用不同材料表现蛋糕的照片，以及解决问题的过程，

如材料拼插紧密，不同材料表现厚厚的蛋糕胚。

关键经验

1. 通过观察感知，发现蛋糕形状是多种多样的。
2. 寻找适合的材料，探索圆形蛋糕坯的表现方法，表现其典型特征。
3. 对拼插蛋糕感兴趣，在成人的提醒下不打扰别人拼插蛋糕。

图 4-1　圆圆的蛋糕（一）

图 4-2　圆圆的蛋糕（二）

图 4-3　圆圆的蛋糕（三）

图 4-4　圆圆的蛋糕（四）

活动六　各种各样的蛋糕

活动背景

在幼儿尝试用桌面拼插材料表现圆形蛋糕后，在娃娃家游戏中出现了买蛋糕的情节。他们喜欢各式各样的蛋糕，女孩子喜欢公主造型的蛋糕，男孩子喜欢奥特曼、汽车等造型的蛋糕，所以幼儿萌发出表现各种造型蛋糕的意愿。班级的建构材料那么多，用什么材料表现比较合适呢？本活动中，幼儿选用各种材料表现出造型各具特色的蛋糕，充分发挥出创造性。

材料准备

各种形状的清水积木，不同造型蛋糕的图片，小装饰物若干（小毛球、小汽车、娃娃、雪花片、万能工匠材料等）。

活动描述

1. 分享特别造型的蛋糕。

幼儿欣赏不同造型的蛋糕，发现在厚厚的蛋糕胚上有不同的造型。他们根据已有的生活经验，在集体中分享自己还见过什么特别造型的蛋糕。

教师根据幼儿的讲述分别出示不同造型的蛋糕图片。幼儿通过分享和交流了解这些蛋糕不同的特点，如蛋糕上装饰物的造型都不一样，有的是平面的，有的是立体的，它们都很特别。

2. 讨论搭建方法。

幼儿分组讨论搭建方法：如果要搭建一个特别的蛋糕，想搭建什么造型的蛋糕？可以选用什么样的材料搭建蛋糕坯？蛋糕上的造型可以怎么表现？

3. 讨论搭建顺序。

幼儿提出，搭建蛋糕的时候，先搭建厚厚的蛋糕坯，再表现奶油、水果和上面的装饰物。

4. 确定蛋糕坯与造型的比例大小。

幼儿观察造型蛋糕，说说自己的发现：不论是平面的造型还是立体的造型，这些造型都在蛋糕坯上，蛋糕坯比造型大。

5. 幼儿参与建构游戏。

6. 相互欣赏作品。

幼儿自由欣赏搭建的造型蛋糕作品，说一说自己是用什么方法表现造型的：我用积木搭的是长方形的蛋糕，上面有我最喜欢的托马斯，还有葡萄；我用积木搭的是圆形蛋糕，上面有蜡烛和猕猴桃。

活动延伸

1. 区域游戏：在建构区提供不同生日蛋糕的图片，引导幼儿对生日蛋糕的形状进行观察，尝试用垒高、围合等方法搭建各种造型的蛋糕。

2. 环境创设：在儿童海报中呈现幼儿对各种造型蛋糕的认识和了解。

关键经验

1. 通过观察了解不同造型蛋糕的主要外形特征。

2. 尝试用积木和各种装饰材料，表现出自己喜欢的造型蛋糕。

3. 愿意和同伴一起进行搭建蛋糕，感受建构游戏的快乐。

图 4-5　各种各样的蛋糕（一）

图 4-6　各种各样的蛋糕（二）

图 4-7　各种各样的蛋糕（三）

图 4-8　各种各样的蛋糕（四）

活动七　一起用沙做蛋糕

活动背景

当娃娃家游戏从室内转移到操场后，每次幼儿买蛋糕都要从操场跑回活动室，非常不方便。而操场上的玩沙区吸引着幼儿的注意力，他们在玩娃娃家游戏的时候，总是会不经意地用脚踩一踩，用手触碰一下。在日常生活中，幼儿也有一些简单的玩沙经验，他们会用力拍打沙子，用铲子将沙铲起。本活动中，幼儿借助各种材料学习压紧、脱模的方法，发展手腕力量，尝试用沙子做蛋糕。

材料准备

教师用沙做的蛋糕一个，挖沙装备，各种塑料小盒子、小铲子，作为装饰的雪花片等材料。

活动描述

1. 讨论在游戏中出现的问题。

教师：现在我们在操场上玩娃娃家游戏，你们需要蛋糕的时候，在哪里买？怎样利用周围的材料就近买蛋糕呢？

2. 欣赏沙做的蛋糕。

教师出示用沙做的蛋糕，幼儿发现这个蛋糕和平时看到的蛋糕不一样，发现这是用沙做的蛋糕。教师鼓励幼儿观察周围场地，找到制作蛋糕的材料——沙子。

3. 交流脱模的方法。

幼儿结合自己在日常生活中的玩沙经验，说一说用小铲子怎样挖沙子，小盒子装沙子的时候要装多少沙才可以，翻盒子的时候动作要怎样……根据幼儿的回答，教师边演示脱模方法边念儿歌：小铲子，挖沙子；小盒子，装沙子；要装满，要压紧；翻过来，动作快；轻轻提，轻轻拍；小蛋糕，做好啦！

4. 做好活动准备，用沙子制作蛋糕。

幼儿套上鞋套，拿好玩沙工具。教师对幼儿做好活动教育：找一个空地方，蹲下来玩，小铲子不要举高，注意不让沙子弄到脸上和眼睛里。

幼儿用刚才交流的经验尝试用沙子制作蛋糕。

5. 装饰蛋糕。

幼儿自主使用周围的辅助材料，装饰到自己的蛋糕上，让蛋糕变得更漂亮！然后请娃娃家的小朋友到这里来买蛋糕进行游戏。

活动延伸

1. 区域游戏：在美工区提供纸盒、彩泥等材料，引导幼儿学习脱模的建构方法，尝试表现蛋糕。

2. 环境创设：在儿童海报中呈现幼儿使用各种材料表现蛋糕的过程和经验。

关键经验

1. 借助玩沙工具、模具和装饰等材料制作蛋糕。

2. 不用脏手揉眼睛，在提醒下能用正确方法洗手，养成良好的生活卫生习惯。

3. 能将使用过的玩具和小盒子、小铲子等材料放回原处。

图 4-9 沙子蛋糕（一）

图 4-10 沙子蛋糕（二）

图 4-11　沙子蛋糕（三）

图 4-12　沙子蛋糕（四）

活动八　亲子搭建蛋糕

活动背景

从亲子活动制作蛋糕开始，幼儿一直积极尝试搭建各种造型的蛋糕。本活动中，我们邀请家长参与，和幼儿共同设计、借助各种材料，表现大型多层蛋糕，让幼儿感受和成人共同搭建大型蛋糕的有趣。

材料准备

幼儿与家长设计的搭建蛋糕计划图，安全的室外场地及场地图，纸和笔，清水积木、装饰用的辅助材料等。

活动描述

1. 分享设计图。

欣赏幼儿设计的不同造型蛋糕：小动物造型、公主造型、水果造型……幼儿尝试将蛋糕分类，说一说自己的分类理由。

2. 讨论布局，出示场地图。

幼儿观察搭建蛋糕的场地图，根据分类情况分成小组，在成人的帮助下讨论整体布局，投票选出最佳布局方案。

3. 亲子交流建构大蛋糕的方法。

幼儿和爸爸妈妈一起交流想法：如何利用多种材料表现出大型的、多层的蛋糕，明确自己需要的材料和建构方法。

4. 实地观察，确定搭建位置。

以小组为单位，家长带着幼儿到场地看一看：蛋糕要搭在哪里，是不是一个空的地方，不和别人挤在一起，记清楚自己的位置。同时提出搭建过程中积木用一块拿一块，注意安全的活动规则，搭建完成后幼儿将自己的名字牌展示在作品旁边。

5. 亲子建构漂亮的大蛋糕。

亲子共同用各种材料建构大蛋糕，鼓励家长和幼儿为大蛋糕取一个好听的名字，并使用装饰材料进行围合，让作品更突出、更漂亮。如用万能工匠搭架子，绘制彩旗进行装饰。

活动延伸

1. 区域游戏：在建构区仔细观察多种形状和层数蛋糕的图片，尝试运用不同种类的积木表现不同形状和层数的生日蛋糕。

2. 环境创设：收集亲子搭建的完整过程资料；将制订的计划图、材料和作品照片布置在建构区。

关键经验

1. 愿意和熟悉的长辈一起讨论、制订计划，根据自己的设计图选用相应的材料进行搭建，体验亲子游戏的快乐。

2. 在亲子搭建蛋糕的过程中，如果与同伴发生冲突，能听从成人的劝解，自己能做的事情愿意自己做。如搬运积木、搭建、收拾材料等。

图 4-13　亲子搭建蛋糕（一）

图 4-14　亲子搭建蛋糕（二）

图 4-15　亲子搭建蛋糕（三）

图 4-16　亲子搭建蛋糕（四）

线索描述

线索二　准备生日礼物

本线索创设过生日的游戏情境，幼儿围绕准备生日礼物这个核心展开讨论和探索，幼儿运用多种表征形式进行尝试，表现出自己喜欢的各种各样的礼物。

过生日时你收到过哪些礼物？ → 怎么知道收到多少生日礼物呢？ → 参加别人的生日会时你想送什么礼物？

活动一　我收到的生日礼物

活动背景

幼儿在过生日的时候，都会收到亲朋好友赠送的礼物，生日礼物寄托了家人、朋友对自己的呵护和祝福。本活动中，幼儿运用多种材料，有计划、有目的地制作生日礼物，感受送礼物和收礼物的快乐。

材料准备

制订的生日礼物计划图，彩笔、彩泥、剪刀、胶棒、废旧材料等。

活动描述

1. 到娃娃家过生日。

创设娃娃家的宝宝过生日的情境，邀请小朋友做客。幼儿自主讨论：去别人家参加生日会的时候需要准备哪些东西？

2. 交流准备的礼物。

幼儿根据已有经验分享自己想给娃娃送的生日礼物，并说出想送这个礼物给娃娃的原因，教师小结大家送礼物的类别：运动类、服装类、玩具类、食品。

3. 分享生日礼物计划图。

幼儿根据自己的计划图自主讨论：我给衣服涂上好看的颜色，送给好朋友；我用彩泥捏一个娃娃送给好朋友；我把好看的花剪下来，贴在盒子上。

4. 制作生日礼物。

教师提出制作要求：选择自己需要的材料，用剪刀的时候注意安全，幼儿分组进行制作。

5. 游戏体验。

幼儿带上自己制作的礼物，一起到娃娃家做客，给娃娃庆祝生日。

活动延伸

区域游戏：美工区提供废旧材料，让幼儿继续制作生日礼物；语言区提供幼儿过生日收礼物的照片，让幼儿根据照片讲述自己过生日收礼物时的情景；在角色游戏中，根据幼儿想法开设礼物店游戏，幼儿将带来的礼物和制作的礼物放在店里进行买卖游戏。

关键经验

1. 能用简单线条、色彩或材料，运用画、撕、粘、捏等方式制作生日礼物，乐于参与制作礼物的活动。

2. 愿意在熟悉的同伴与老师面前，表达自己对礼物的认识与理解。

3. 乐于加入礼物店游戏，感受共同游戏的乐趣。

活动二　比比多和少

活动背景

在生日会的时候，过生日的人会戴上生日帽，表示今天是自己的生日，帽子和过生日的人是相匹配的。在日常生活中，很多幼儿会从一唱数到十几甚至几十，但正确点数却很难做到，到底本月过生日的小朋友有几个呢？蛋糕有几个呢？本活动中，幼儿通过手口一致点数，比较数物的多少，提高按数点数的基本能力，理解数的意义。

材料准备

娃娃、蛋糕、生日帽、礼物等图片教具各五个，幼儿操作材料。

活动描述

1. 点数娃娃的数量。

幼儿观察娃娃图片，发现多个娃娃一起过生日的情境，用给娃娃排队的方式点数娃娃的数量，从左至右整齐地摆放娃娃。

2. 给娃娃送蛋糕。

幼儿迁移过生日的生活经验，在每个娃娃的下方一一对应送上蛋糕，让每个娃娃都吃到蛋糕，引导幼儿发现娃娃和蛋糕的数量一样多。

3. 比较多和少。

幼儿给娃娃戴上生日帽，比较娃娃和生日帽的数量是否一样多；幼儿给娃娃送上礼物，比较娃娃和礼物的数量是否一样多，学习用一一对应的方式比较两组物体数量的多少。

4. 操作游戏。

幼儿自由选取每份实物操作材料，按照一一对应的方法进行比较，发现哪组物体多，哪组物体少。

第一组：汽车与小熊。

第二组：盘子和碗。

第三组：花瓶和花。

5. 游戏分享

幼儿分享自己用一一对应的方法比较多少的操作经验。

活动延伸

1. 区域游戏：在数学区提供纸笔和游戏操作材料，引导幼儿继续尝试用一一对应的方式比较两组物体的多少并进行记录。

2. 家园共育：帮助幼儿理解过生日送礼物的意义，了解幼儿最喜欢的生日礼物。

关键经验

1. 能手口一致地点数 5 以内物体的数量，并能说出物体的总数；能通过一一对应的方法，比较两组物体的多少。

2. 在游戏的过程中，体验和发现生活中很多地方都会用到数。

3. 材料用完后能及时地放回原位。

活动三　生日礼物

活动背景

礼物店的买卖礼物游戏，由于礼物品种有限，已经不能满足幼儿挑选的需求，他们提出要用建构的方式表现自己需要的生日礼物。本活动中，幼儿运用已有的建构经验，选用适宜的建构材料，有目的地拼插出生日礼物，感受大胆创造、敢于表征的快乐。

材料准备

幼儿前期制订的礼物计划，各种桌面拼插玩具若干，音乐《找朋友》。

活动描述

1. 分享搭建计划。

幼儿在集体中分享自己的计划图，通过观察、讨论的方式明确自己的搭建计划，知道自己要拼插的礼物。

2. 感知不同礼物的外形特征。

幼儿观察不同礼物图片或实物，说说不同礼物的特点，说一说想用什么材料和表现的方法：我想用蛇形玩具搭一个娃娃；我想用小太阳玩具拼插一个飞机；我想用磁力玩具搭一辆汽车；我想用雪花片拼插一个魔法棒。

3. 自由拼插，表现自己的礼物。

幼儿自主选择可以表现的材料并操作尝试，在搭建过程中交流自己遇到的困难和解决方法，以及还可以用什么材料表现。分享经验后再次尝试，完成作品。

4. 互赠礼物。

幼儿跟着《找朋友》的音乐，将自己搭建的礼物送给自己的好朋友，与好朋友抱一抱、跳一跳，感受互赠礼物的快乐。

活动延伸

1. 区域游戏：在建构区提供各种礼物的图片，供幼儿观察并尝试搭建。

2. 环境创设：在儿童海报中呈现幼儿制订生日礼物计划、搭建礼物的过程和经验。

关键经验

1. 感知每个礼物较明显的形状特征，发现日常生活中的礼物是多种多样的，对不同种类的礼物感兴趣。

2. 在成人的提醒下，能遵守建构游戏的活动规则。

3. 感受与同伴互赠礼物的快乐。

图 4-17　生日礼物（一）

图 4-18　生日礼物（二）

图 4-19　生日礼物（三）

图 4-20　生日礼物（四）

线索描述

线索三　布置生日会

本线索创设开生日会的情境，幼儿在游戏中体验和学习做小主人、小客人的各种礼仪，感受到开生日会的快乐。幼儿综合运用多种手段，了解生日会中需要准备的各项物品，在分组准备、共同布置之后，举办了一场心中的生日会。

活动一　我的生日

活动背景

在幼儿园过集体生日会是什么样子呢？通过一段时间的讨论，幼儿萌发要在幼儿园给自己举办生日会的意愿。要举办生日会首先要确定举办的时间，放在哪一天开展这个活动比较合适呢？大家都想在自己生日那天进行这个活动。自己的生日具体是几月几号？本活动中，幼儿先了解自己生日的具体时间，通过集体交流与统计的方式知道每月过生日的人数。

材料准备

歌曲《生日快乐》，班级幼儿属相的玩偶羊、猴（根据班级情况而定）。

活动描述

1. 了解自己与同伴的属相。

幼儿事先向家人了解自己的生日日期和生肖。

自由玩玩偶，发现玩偶的属相与自己或同伴相同，知道班级中属羊、属猴的小朋友分别是哪些，知道同一农历年出生的人都是一个属相。

2. 介绍自己的生日。

玩快举手的游戏：说到几月份，那一个月过生日的小朋友就快快举手，巩固幼儿对自己生日月份的了解。教师帮助幼儿进行记录，统计出每个月过生日的幼儿人数。

3. 讨论：怎么过生日。

幼儿在集体中表达自己的观点，说一说自己过生日的想法。教师用简笔画的方式记录幼儿的想法（吃蛋糕、吃大餐、收礼物、穿新衣服等）。

4. 听歌曲人，感受过生日的喜悦。

播放《生日快乐》歌曲，幼儿跟随歌曲一起演唱生日歌，感受多人一起过生日的喜悦。

活动延伸

1. 区域游戏：在生活区提供一些餐桌玩具，供幼儿对照人数摆放餐具，也可鼓励幼儿按照自己的方式进行摆放，培养良好的收拾整理习惯。

2. 环境创设：在班级中创设幼儿生日列车，统计每月过生日的人数。

3. 家园共育：了解家庭成员与自己的关系和他们的生日。

关键经验

1. 愿意在熟悉的人面前介绍自己的生日，表达自己过生日的想法。

2. 对群体中讨论多人过生日的活动有兴趣，与别人讲述生日时间和属相的时候，知道眼睛要看着对方。

3. 知道自己与家庭成员的关系和他们的生日，体会自己是家庭中的一员，感受父母等亲人对自己的爱。

活动二　快乐的生日

活动背景

晨谈中幼儿分享了一本关于过生日的绘本。庆祝生日这个话题引起了他们的好奇：怎么庆祝生日？需要准备哪些物品？请谁来庆祝？本活动中，幼儿聆听绘本故事，仔细观察画面，理解分享的意义，将生日会中所需要准备的物品记录下来，并进行分类、统计。

材料准备

绘本《快乐的生日》，PPT，笔、画纸。

活动描述

1. 分享关于过生日的经验。

幼儿结合经验，讲述自己参加生日会中印象最深的事情。

2. 阅读绘本，理解故事内容。

从观看封面开始，幼儿猜一猜这本绘本说了一件什么事情；教师分页讲述故事，幼儿了解绘本中的主要内容，交流自己对“快乐的生日”的理解，学说故事中简单的语言。

3. 讨论过生日需要准备的物品。

幼儿根据自己的生活经验分享：去参加好朋友的生日会，看到生日会上有哪些东西，讨论需要这样东西的理由，如有气球，因为小朋友都喜欢气球；有玩具，因为小朋友可以玩；有礼物，因为过生日的时候别人都会给过生日的人送礼物。教师通过简笔画的方式记录下过生日需要的东西：蛋糕、蜡烛、气球、礼物、生日大餐、水果等。

4. 集体统计。

小组进行讨论，幼儿在众多的物品中挑选出生日会所需要的物品，小组代表介绍本组商量的结果，集体统计出大多数幼儿觉得需要的物品并进行分类。

活动延伸

1. 区域游戏：语言区提供绘本《快乐的生日》，引导幼儿仔细观察绘本画面，鼓励幼儿续编故事，表述小狐狸的好朋友还有谁，它是怎么样帮助小狐狸的。在日常生活中体验与同伴相互帮助的幸福。

2. 家园共育：家长鼓励幼儿在家时，自己能做的事情自己做，培养幼儿自我服务的意识。

关键经验

1. 喜欢听故事、看绘本，能口齿清楚地说出故事中的简单语言。

2. 听懂日常会话，愿意参与过生日需要准备物品的讨论。

3. 对办生日会所需要的物品进行统计和分类。

附：故事

快乐的生日

作者：欣金星文化

今天是小狐狸的生日，他的好朋友小熊、小兔和青蛙都来为他庆祝生日。桌子上摆着生日蛋糕，大家都围着小狐狸唱起了生日快乐歌。看着香甜的蛋糕，小狐狸可想吃了。这时，小狐狸突然想起，自己生病时，小熊一直无微不至地照顾自己。自己遇到不会做的题时，小兔一直给自己耐心地讲解。下雨时，自己忘了带雨伞，青蛙毫不犹豫地把伞借给了自己。小狐狸心想："这么好吃的蛋糕，我应该和好朋友一起分享啊！"于是，小狐狸把蛋糕分享给了小熊、小兔和青蛙，只给自己留了一小块。"谢谢，下次我们的生日你也一定要来哦！"大家说道。大家一起唱着、跳着，过了一个快乐的生日。

活动三　布置生日会

活动背景

为了能在幼儿园举办生日会，幼儿做了很多前期准备工作。他们通过讨论、分工，承担了不同的任务，对举办生日会的热情已经达到顶峰。本活动中，幼儿综合使用材料表现各种所需物品，共同布置派对场景，从享受者变成主动参与者，体验与同伴共同活动的快乐。

材料准备

幼儿的任务表一张，桌面拼插材料，画有彩旗和气球的底图。

活动描述

1. 明确自己在生日派对中所承担的任务。

幼儿通过介绍任务表明确自己在生日会中所承担的任务：我是负责做蛋糕的，我用玩具拼插蛋糕；我是负责准备礼物的，我用玩具拼插礼物；我负责装饰环境，我可以在桌上放上花和气球。

2. 准备生日会中需要的物品。

幼儿在班级中自主寻找生日会布置中需要的材料，根据自己的需要自由拿取，分成蛋糕组、礼物组、装饰组、节目表演组进行制作。

3. 讨论布局。

各项物品准备好后，幼儿观察大家准备的这些物品，讨论放在哪里合适：气球、花和蛋糕放在桌上；礼物放在舞台上；彩旗放在活动场地的周围。

4. 开生日会。

幼儿为本月过生日的小朋友唱一首生日歌，为过生日的小朋友赠送礼物，过生日的小朋友给参加生日会的小朋友回赠礼物，相互表演节目，品尝生日蛋糕和美食。

活动延伸

1. 区域游戏：在数学区提供小蛋糕图片，幼儿按数取物，能用数字描述自己看点卡数量再送礼物的游戏动作。

2. 环境创设：在儿童海报中呈现幼儿对生日会的认识和了解。

关键经验

1. 能根据自己的兴趣，分组表现生日会中所需要的物品，并将其摆放在合适的位置。

2. 愿意表达对生日会布局的需要和想法，在讲述中能配以手势动作。

3. 感受集体过生日会的快乐。

图 4-21　布置生日会（一）

图 4-22　布置生日会（二）

图 4-23　布置生日会（三）

图 4-24　布置生日会（四）

活动四 我是能干的小主人、小客人

活动背景

在日常生活中，幼儿是有做小主人、小客人的生活经验的，他们会邀请好朋友参加自己的生日会，也会到好朋友家去做客，但常常会出现各种行为方面的问题。本活动是引导孩子在特定的情境下，通过实践模拟的方式，了解做小主人、小客人的方法。

材料准备

做客的视频，桌子、娃娃家材料、杯子、水果、玩具等物品。

活动描述

1. 观看招待客人的视频。

幼儿观看完视频后，结合已有经验说一说朋友到家里来做客时自己是怎样招待朋友的。教师将幼儿的经验与方法用简笔画的方式进行记录，如请小客人坐下来，请客人喝水、吃东西、玩玩具等。

2. 观看做客的视频。

幼儿观看完视频后，结合已有经验说一说自己到朋友家做客可以做哪些事情，应该遵守什么礼仪。教师将幼儿的经验与方法用简笔画的方式进行记录，如不乱翻别人家的抽屉、友好游戏，吃东西时注意卫生等。

3. 游戏体验：我是能干的小主人、小客人。

一半幼儿做小主人，一半幼儿做小客人，分角色参与实践活动。幼儿可以在教室里找自己需要招待客人的材料，游戏 2—3 次后交换角色，再次进行实践活动。

4. 评选最能干的小主人、小客人。

幼儿交流在游戏中自己喜欢的小主人和小客人，说一说自己喜欢的理由。

活动延伸

1. 区域游戏：在语言区提供做客图片，幼儿根据图片判断对错，并说出自己的理由。

2. 家园共育：家长有意识地带幼儿参加生日会或准备生日会，帮幼儿继续丰富相关的经验。

关键经验

1. 用简单的语言描述出视频中的情节，了解做客时应遵守的基本礼仪。

2. 愿意和同伴一起玩做客的游戏，感受做小客人、小主人的快乐。

四、关键经验

- 关键经验
  - 健康
    - 不用脏手揉眼睛，经提醒能注意洗手，养成良好的生活卫生习惯。
    - 借助玩沙工具和模具等材料制作蛋糕,促进手的动作灵活协调。
  - 语言
    - 能用语言表达自己对各种各样蛋糕的认识，说话自然，声音大小适中。
    - 会看画面,能根据画面内容说出图中的人物和发生的事情。
    - 对生日会的话题感兴趣，能口齿清楚地表达自己的想法，愿意在熟悉的人面前介绍自己的生日和爱好。
    - 喜欢听故事、看绘本并爱护图书。
  - 社会
    - 知道一起生活的家庭成员与自己的关系，体会到自己是家庭的一员，感受到父母等亲人给自己的爱。
    - 在提醒下能遵守建构游戏的活动规则。
    - 在做客的游戏情境中，不争抢独霸玩具，游戏后能将使用过的材料放回原处。
    - 如果与同伴发生冲突的时候，能听从成人的劝解。
    - 自己能做的事情愿意自己做。
    - 愿意和小朋友一起参与搭建蛋糕、制作礼物，布置生日会的游戏。
    - 愿意和熟悉的长辈一起讨论、制订亲子搭建蛋糕计划，根据自己的设计图选用相应的材料搭建，体验亲子游戏的快乐。
  - 科学
    - 对自己感兴趣的蛋糕、礼物能仔细观察，感知和发现蛋糕形状和礼物的种类是多种多样的，发现其明显特征。
    - 体验和发现蛋糕上的简单排列规律，并对这些规律产生兴趣，能根据前面的排序规律用相应的方法装饰蛋糕。
    - 通过一一对应的方法，比较两组物体的多少。
    - 能手口一致地点数 5 以内的蛋糕，说出蛋糕的总数量，并能按数取物。
    - 能感知和区分蛋糕上装饰物大小、多少等量方面的特点，并能用相应的词表示。
    - 尝试运用积木、积塑、沙等多种建构材料和方法，表现出各种形态的蛋糕造型和生日礼物。
  - 艺术
    - 能在涂涂画画、粘粘贴贴制作蛋糕和礼物的活动中感受到快乐。
    - 学习使用剪刀，尝试用剪刀沿直线剪图案装饰蛋糕，边线基本吻合。
    - 愿意自哼自唱或模仿做蛋糕时有趣的动作、表情和声调。
    - 能用简单线条和色彩表现出生日会中需要的物品。

项目五
汽车城

一、项目缘起

幼儿对周围生活中出现的车辆充满好奇，小轿车、公交车、消防车、挖土机……还有自己心爱的玩具车。在一次游戏时间，乐乐边玩着挖土机边告诉大家，他在去小桃园玩的路上看到了挖土机，于是我问：挖土机是怎么工作的啊？他大方地学起了挖土机的样子，这引起了大家的共鸣，关于车的话匣子一下子就打开了。

从小轿车到公交车、工程车，从汽车的外部轮廓到内部设施，通过观察、探讨、再观察、搭建，幼儿不断尝试，运用清水积木、积塑等材料，探索固定车轮的方法、研究机械臂的搭建方法，就在这样的实践过程中感受到汽车种类、功能、样式的不同，还玩起了有趣的汽车城游戏，加油站、洗车店、赛车道自然应运而生。

二、发展线索

- 汽车城
  - 各种各样的车
    - 小汽车
      - 我家的车是什么样子的?
      - 搭建中怎样保持车轮的稳定?
      - 哪些材料可以搭建车轮?
      - 轮子都是圆的吗?
    - 公交车
      - 公交车的车身如何表现?
      - 怎样搭建双层公交车?
    - 工程车
      - 挖掘机的机械臂怎么搭?
      - 压路机的滚筒怎么搭?
      - 还有哪些工程车?
  - 有趣的汽车城游戏
    - 汽车城里还有哪些车?
    - 还可以用什么材料搭建车?
    - 汽车城里的车可以坐进去吗?
    - 赛车的赛道是什么样的?
    - 加油站里的加油箱怎么搭?
    - 洗车场需要什么?

三、具体活动

线索描述

线索一　各种各样的车

在本线索中，幼儿从最熟悉的小汽车入手再到公交车、各种各样的工程车，感知车轮的形状、数量，并用多种建构材料进行表现，解决车轮固定的问题。在一次次的观察、尝试探索中，他们逐步熟悉了各种车的外形特点，选用合适的清水积木、积塑材料元件表现出车顶、车身、车轮部分，充分进行着创造性表达。

分支一　小汽车

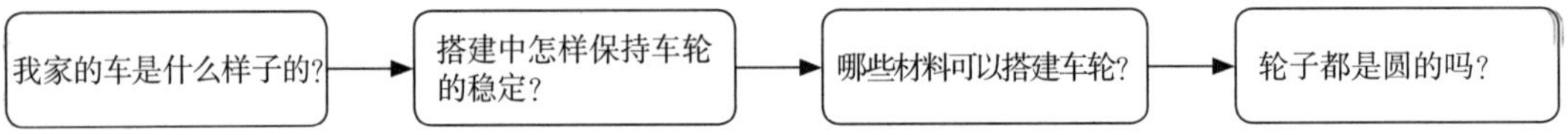

活动一　我家的小汽车

活动背景

幼儿对汽车的外形特征非常熟悉，他们对于搭建汽车的兴趣也十分浓厚，常常能在自留地看到他们的汽车建构作品。在积塑材料中有一些自带车轮的元件，能大大减少车辆建构的难度。本活动中，幼儿在了解家用小汽车基本结构特征的基础上，选择合适的积塑材料拼插小轿车。

材料准备

幼儿收集的自己家小汽车的图片，万能工匠等积塑材料。

活动描述

1. 交流自己家小汽车的特点。

教师：这是谁家的车？它是什么样子的？

教师：小汽车除了有圆圆的车轮，还有哪些部件？它们都是什么样子的？幼儿自由地说说自己家小汽车的样子：有高高的车身，里面有座位，前面是车头，车头上有车灯，后面有后备箱。

2. 尝试用多种积塑材料拼插小汽车。

教师介绍班级的各种积塑材料，请幼儿尝试拼插自己家的小汽车。

可可取来宝高玩具的轮子，两个拼在一起，两头架高，中间进行连接，里面加上了座位。多多使用黑色的积塑材料做车轮，上面拼接了车身。熙熙使用弯管玩具，围合了一个方形，下面垫上车轮，上面作为围栏，小车完成。

3. 分享建构作品。

幼儿能简单地表达自己所搭建的汽车的基本组成部分，教师给予鼓励。

活动延伸

1. 区域游戏：在建构区用清水积木尝试搭建小汽车，表现出小汽车的基本结构；在美工区绘画小汽车，用不同的表征方式表达自己的感受和理解。

2. 环境创设：在班级的“车辆博览会”中提供小汽车的汽车模型。

3. 家园共育：家长带着幼儿一起细致地观察、了解自己家小汽车的内部和外部结构特征。

关键经验

1. 对小汽车感兴趣，通过汽车模型及图片了解汽车的基本结构。

2. 通过拼插、组合的方法，利用积木、积塑玩具表现出小汽车的外形特征。

3. 乐意尝试、探索，体验搭建小汽车带来的成就感。

4. 愿意在集体中表达、分享小汽车建构作品。

图 5-1　汽车（一）

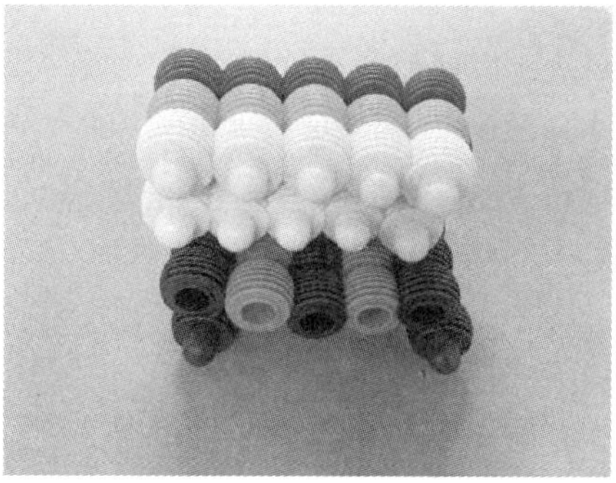

图 5-2　汽车（二）

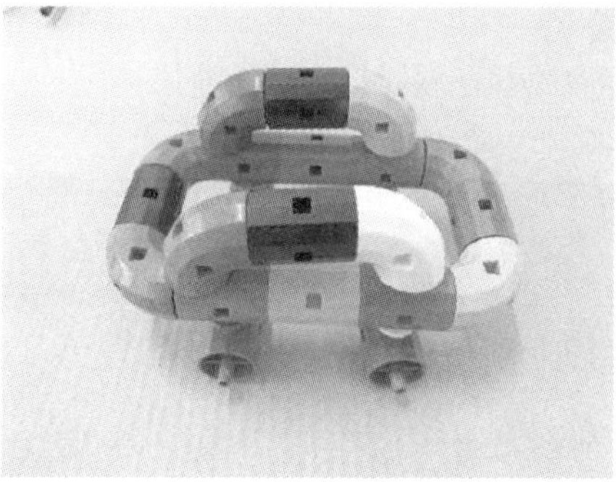

图 5-3　汽车（三）

图 5-4　汽车（四）

活动二　小汽车（一）

活动背景

前期幼儿用积塑材料搭建了小汽车，也有一些幼儿用清水积木进行了尝试，这引起了其他幼儿的关注，他们也想来试一试。本活动中，幼儿迁移积塑材料拼插小汽车的经验，尝试使用清水积木来搭建小汽车，重点解决车轮会滚动的问题，感受搭建成功的快乐。

材料准备

汽车的图片和汽车模型，清水积木若干。

活动描述

1. 引出建构材料的话题，激发兴趣。

教师提出建构小汽车的材料除了用积塑玩具外，还可以用清水积木试一试。但清水积木没有轮子，可怎么办呢？用什么材料替代？幼儿发现圆柱形很像轮子，决定用它来试一试。

2. 幼儿尝试用清水积木建构小汽车。

幼儿在搭建汽车的时候，搭到一半汽车倒了。他们发现这是因为车轮不停地在滚动，双倍块没有办法稳稳地铺在上面。

3. 讨论让车轮固定的方法。

教师：刚才你们在搭建的过程都出现了什么问题？怎么解决的？

教师出示圆柱形的车轮，引导幼儿观察，怎么让车轮不晃动，让幼儿说说自己的想法。

4. 继续搭建汽车。

幼儿发现可以使用物品夹住车轮，或者在车轮的两端用积木抵住车轮，然后再继续往上搭建车身。

果果使用基本块，放倒在地上，将车轮夹在中间，固定住了车轮。

清清使用半圆形夹住了圆柱形，固定住了车轮。

桃桃使用基本块竖放后，夹住了圆柱，在上面进行车身的搭建。

5. 欣赏与评价。

幼儿与大家分享自己的车轮固定方法。有的幼儿用基本块夹住车轮，有的幼儿用半圆形抵住积木。

活动延伸

1. 区域游戏：在建构区继续运用多种材料搭建汽车，并能保持车轮的稳定。
2. 晨间谈话：聊聊生活中的各种汽车车轮的特征，如它们的大小不同、多少不同。

关键经验

1. 观察车轮，了解汽车车轮的作用，尝试用清水积木表现出汽车的主要特征。
2. 乐于探索、尝试用多种方法固定车轮，解决搭建中出现的问题。
3. 能和同伴分享、讲述自己搭建车轮的材料和方法，感受建构成功解决困难的喜悦。

图 5-5 积木小汽车（一）

图 5-6 积木小汽车（二）

图 5-7　积木小汽车（三）

图 5-8　积木小汽车（四）

活动三　小汽车（二）

活动背景

幼儿在上一次活动中解决了车轮会晃动的问题，他们发现除了圆柱形还有半圆形等材料也可以做车轮，这引发了他们思考：车轮还可以使用哪些材料来搭建呢？本活动中，幼儿通过讨论和尝试，发现车轮的多种表现方法。

材料准备

各种汽车的模型及图片，积木若干。

活动描述

1. 回顾第一次积木建构的作品，进行讨论。

教师出示幼儿使用圆柱搭建车轮的汽车图片：车轮还可以使用什么材料来搭建？

幼儿根据已有搭建经验说说自己的想法，他们发现车轮还可以尝试使用半圆、拱形和小半圆组合的方式。

2. 尝试搭建车轮并进行分享。

每位幼儿选择适合作为车轮的积木材料，搭建汽车车轮。大家观察和交流车轮的特征是否明显，材料是否合适。同时也发现了积木方向的改变也可以让汽车的车轮变得不一样。

3. 搭建汽车。

幼儿自由搭建汽车，并尝试搭建不同造型的车轮。在这个过程中出现用两个拱形组合汽车的车轮，可是，上面的拱形会不停地掉下来，教师支持幼儿的想法，帮助他们调整位置，将拱形靠在车身上，解决了困难。

熙熙在自己的圆柱车轮外面各加了一个竖立起来的拱形，车轮变大了。凯凯在车身外面使用小半圆组合了四个车轮。

4. 展示与欣赏。

教师请幼儿来介绍自己的作品，重点说说车轮使用的材料，并对幼儿的创意和解决的方法给予肯定。

活动延伸

1. 区域游戏：在科学区观察不同汽车车轮的图卡，玩找车轮的游戏；在建构区尝试使用多种材料搭建汽车。

2. 体育游戏：我开大汽车，幼儿按照红绿灯的指示开汽车。

3. 家园共育：请家长带幼儿在日常生活中，关注身边汽车的车轮，发现不同汽车车轮的异同之处并表述。

关键经验

1. 迁移固定车轮的经验，积极探索车轮多样的建构材料和表现方法。

2. 对汽车车轮能仔细观察，发现其明显特征。

3. 选择材料搭建汽车车轮时，能爱护材料，按需取用。

图 5-9　积木小汽车（五）

图 5-10　积木小汽车（六）

图 5-11　积木小汽车（七）

图 5-12　积木小汽车（八）

活动四　有趣的轮子

活动背景

幼儿在汽车建构游戏中，对于车轮的形状、花纹产生了兴趣。为什么汽车的车轮是圆形的呢？汽车的轮子数量都一样吗？他们经常会提出自己的“为什么”。本活动中，幼儿通过游戏体验和细致观察，感受车轮的秘密和有趣。

材料准备

各种各样带有轮子的玩具、皮球、汽车模型、圆柱、带轮子的大箱子、不带轮子的箱子、积木、纸砖若干，大型运输车辆、独轮车等车轮的图片。

活动描述

1. 玩一玩，感受轮子的特点。

教师提供皮球、汽车模型、圆柱、带轮子的大箱子、不带轮子的箱子、积木等，请幼儿分散去游戏，并在游戏的过程中，请他们说说自己是怎么玩的。引导幼儿发现推有轮子的物品比较省力，会滚的圆形物品跑得很快，感知圆形会滚动，轮子也是圆形的、会滚动的特点。

2. 探索轮子的作用。

教师在游戏后提问：为什么轮子都是圆形的？幼儿根据刚才的游戏情况，发现圆形的物品可以跑得快，所以轮子都是圆的。如果轮子是方形的，车子就走不了。教师提供小推车、纸砖，幼儿一起来进行运纸砖的游戏，分别体验用手拿、抱抬和用车推的方法，感受推车时可以拿得又多又快，用手抱砖时比较费时费力，体会轮子能省力的优点。

3. 探索车轮的多少。

教师出示公交车和小汽车的车轮的图片，引导幼儿观察：它们谁的轮子多？为什么公交车轮子多？引导幼儿从汽车的车身长度、乘坐人数上发现：公交车大，坐的人多，比较重，所以它的轮子就要多一些。

教师继续引发幼儿讨论：还有哪些车的车轮比较多呢？出示相关图片，拓展幼儿经验，发现货车等大型车辆的车轮都比较多。

活动延伸

1. 区域游戏：在美工区提供牙膏盒、圆形的车轮，幼儿粘贴车轮制作汽车；在语言区提供绘本《会滚的汽车》，供幼儿进一步了解车轮的作用。

2. 环境创设：展示车轮从古代到现代的演变，让幼儿感受车轮的巨大作用。

关键经验

1. 通过自身探索与实践，感知轮子会滚动和省力的特点。

2. 发现各种车辆的车轮数量与车身长度、载客量之间的关系。

3. 有动手制作小汽车的愿望，尝试用纸盒粘贴车轮、添画车窗。

分支二　公交车

公交车的车身如何表现？ → 怎样搭建双层公交车？

活动五　方便的公交车

活动背景

公交车是生活中十分常见的交通工具，公交车的造型、功能和小汽车有很大的不同。班级里也有很多幼儿是坐公交车来园的，他们产生了建构公交车的想法。本活动中，幼儿迁移小汽车的搭建经验，在观察与尝试中，逐步认识公交车的结构，表现出公交车大大的车身部分。

材料准备

公交车的图片及模型，积木若干。

活动描述

1. 交流公交车的主要特征。

出示幼儿收集到的公交车的图片，以游戏的口吻吸引幼儿观察公交车。

教师：古平岗已到站，请下车的乘客拿好随身物品，做好下车准备……这是什么车？公交车有什么用？它有什么特点呢？

幼儿通过观察图片和自己的乘车感受说出公交车的特点是大、长、宽，车里有很多座位，可以坐很多乘客，车身两边有很多玻璃，前后都有一个门。

2. 讨论搭建公交车的方法。

教师：公交车这么大，怎么搭建出宽宽的车身呢？可以使用什么样的积木来搭建呢？

幼儿根据自己的经验说出想要使用的有基本块和双倍块积木。教师拿出基本块和双倍块并排在一起，和幼儿进行讨论，请幼儿说一说哪种积木更适合搭公交车的车身并说出自己的理由。通过积木的对比，幼儿直观地发现，双倍块更长、更大，适合搭公交车的车身。教师继续和幼儿讨论公交车坐的人多，一块板的宽度够不够的问题，教师拿出基本块和双倍块让幼儿进行比较，从而发现两块或者以上的双倍块宽度更加适合搭建公交车，因为能够搭出更多的座位。

3. 幼儿尝试进行公交车的搭建游戏。

丰丰选择了双倍块做车身，教师提醒他公交车的车身很长，于是他又换了更长的四倍块做车身。丁丁在搭建时选择将双倍块积木前后连接，搭出长长的车身。

教师在幼儿的搭建过程中，观察幼儿的搭建顺序，提醒先搭建公交车的车轮，再搭建公交车长长的车身，最后表现座椅。

4. 师幼共同欣赏建构作品。

教师：公交车的车身部分你们是怎么搭建的？车窗你们是怎么表现的呢？

恬恬在圆柱形上面铺上了四倍块，然后用基本块和小方块间隔排列，搭建了车身。多多在车轮上铺了四倍块，上面使用半拱门形状两两组合成了车窗，上面再架上顶，公交车就完成了。

活动延伸

1. 区域游戏：在美工区用纸盒粘贴出车轮、车窗等部分，制作公交车，在制作的过程中再次熟悉其基本结构和特征。

2. 环境创设：在墙面上布置幼儿在搭建游戏中出现的问题及解决方法，如车身不稳定、选用材料的适宜度等，幼儿可以随时回顾、欣赏自己的学习过程。

关键经验

1. 对公交车仔细观察，发现它的明显特征。

2. 尝试选用合适的积木表现出公共汽车长长的车身，以及座位、门窗等部分。

3. 愿意根据公交车的特征和自己的建构过程说出搭建想法。

4. 尝试用贴、涂、画的方法制作公交车并乐在其中。

图 5-13　公交车（一）

图 5-14　公交车（二）

图 5-15　公交车（三）

图 5-16　公交车（四）

活动六　双层公交车

活动背景

幼儿有了第一次搭建公交车的经历，对于公交车的基本外形特征是有一定认识的。他们在此基础上提出了新的问题：双层的公交车怎么表现呢？如何在第一层的基础上搭出第二层呢？本活动中，幼儿通过观察图片、讨论的方式，尝试表现双层的公交车，体会架高的乐趣。

材料准备

双层公交车的图片，清水积木、彩色小积木若干。

活动描述

1. 观察双层公交车的图片。

教师出示双层公交车的图片，提问：这辆公交车和我们之前搭建过的公交车有什么区别？

幼儿根据提问，观察图片：双层的公交车比普通公交车更高，多了一层，可以坐更多的人。教师再次提问，引发幼儿思考：怎么搭建出双层的公交车呢？幼儿可以根据原有的经验自由说说想法，知道可以在原有的公交车上面再架一层。

2. 讨论公交车第二层的架高方法。

教师展示一层的公交车，引发幼儿实践：这是普通的公交车，第二层架在哪里呢？幼儿可以自由选择材料在公交车上尝试。

最后教师根据幼儿的选择进行总结：可以选择圆柱在车两头做支撑，或者在车窗的积木上进行铺底后再架第二层。

3. 幼儿尝试搭建双层公交车。

教师请幼儿自由尝试搭建双层的公交车。幼儿先搭建好一层公交车，公交车的车轮、车身、门窗、座椅都要搭完整、稳固后再往上搭第二层。在幼儿进行第二层架高有困难的时候，教师适当地给予帮助。

4. 展示与欣赏。

教师对于幼儿的作品给予肯定与鼓励，并让幼儿观察同伴不同的架高方式，然后运用彩色小积木装饰自己的公交车，感受建构成功的喜悦。

活动延伸

1. 区域游戏：在角色游戏中，幼儿尝试用椅子、万能工匠等材料组合搭建出一辆大公交车，开设公交车的游戏。

2. 家园共育：家长带幼儿去体验坐公交车，让幼儿去观察和感受，丰富生活经验。

关键经验

1. 能够发现双层公交车的基本结构。探索建构公交车的第二层，并保持车子稳定的方法。

2. 能够在成人的提醒下，遵守公交车游戏的规则。

3. 感受与同伴共同参与建构游戏，完成双层公交车作品的成功感。

图 5-17　双层公交车（一）

图 5-18　双层公交车（二）

图 5-19　双层公交车（三）

图 5-20　双层公交车（四）

分支三　工程车

活动七　挖掘机

活动背景

工程车都有哪些呢？在与幼儿的交谈中，他们提及最多的是挖掘机，对于挖掘机的机械手臂充满好奇与崇拜。那么机械手臂怎么才能动起来呢？本活动中，幼儿从挖掘机的手臂设计入手，探索常见的工程车。

材料准备

挖掘机的工作视频、图片及模型，人偶若干，清水积木若干。

活动描述

1. 认识挖掘机，了解挖掘机的作用。

幼儿观看挖掘机工作的视频，发现挖掘机用它的长手臂一下一下地挖土。并且一起来学学挖掘机的长手臂挖土的动作，感受挖掘机的力大无穷。

2. 讨论挖掘机的搭建方法。

教师：挖掘机的车头是什么样的？有什么特点？

幼儿发现挖掘机的车头在后面，前面有一个大大的挖斗。

教师：可以用什么积木来表现机械手臂？除了积木可以搭建机械手臂，还有什么材料可以来表现机械手臂？

幼儿提出可以用双倍块和四倍块做长长的手臂，用架空的方式连接挖掘机的挖斗和车身的部分。搭建车身时可以借鉴建构公交车的经验。

3. 幼儿自由进行建构。

萌萌用圆柱作为车轮，上面平铺四块双倍块，在车身底部四周围合了双倍块，在双倍块上运用三角形装饰车身。用圆柱架高连接出手臂，挖斗部分使用半拱门进行了组合。

4. 展示与交流。

幼儿向大家介绍自己搭建的挖掘机手臂所使用的积木以及搭建的方法。

活动延伸

1. 区域游戏：在益智区中玩挖掘机的拼图游戏。

2. 环境创设：在儿童海报中呈现挖掘机的基本结构图示，及幼儿探索搭建挖掘机手臂的方法。

关键经验

1. 通过模型、图片，感知挖掘机的外形特征及机械手臂的作用。

2. 初步探究挖掘机的搭建方法，选择合适的积木表现挖掘机的机械手臂。

3. 能用简单、清楚的语言介绍自己的作品。

图 5-21　挖掘机（一）

图 5-22　挖掘机（二）

图 5-23　挖掘机（三）

图 5-24　挖掘机（四）

活动八　压路机

活动背景

近期小区里出新，花样繁多的工程车成为幼儿的热门话题，其中压路机前面大大的滚轮是他们感兴趣的内容，他们在游戏中自主尝试搭建压路机。但是大大的滚轮使用什么材料拼搭？怎么让滚轮与车身更协调，是幼儿遇到的困惑。本活动中，幼儿通过观察，明确压路机的主要特征，尝试根据积木的特性表现压路机的滚轮部分。

材料准备

压路机的工作视频、图片及模型，人偶若干，积木若干。

活动描述

1. 观看压路机的视频，认识压路机。

教师播放压路机工作的视频，与幼儿共同观看。教师提问：视频里工作的是什么车？压路机是做什么的？它是什么样的？幼儿根据自己看到的样子说说压路机的特征及作用：压路机的车身前面有一个大大的滚轮，可以把马路压平。

2. 讨论滚轮的搭建方法。

教师：压路机的滚轮可以使用什么积木来搭建呢？

幼儿先说说自己的想法：可以使用圆柱、半圆、拱形积木。

教师：压路机的滚轮很大，怎么样才能搭建出大大的滚轮？教师可以让几位幼儿选择相应的材料尝试搭建，他们发现大的积木搭出来的滚轮就比较大，因此要选择比较大的积木来搭建。

3. 幼儿尝试搭建压路机，教师指导。

教师：在搭建压路机的时候，我们要先搭建什么部位？幼儿讨论并明确车轮—车身—滚轮的搭建顺序。

彻彻运用小曲面积木进行排列组合，中间插入大圆柱，形成了压路机的巨大滚轮。

4. 展示与欣赏。

教师请“小工人们”开着自己的压路机去工作。幼儿给自己的压路机放上小人，自由地进行游戏。

活动延伸

1. 区域游戏：在科学区将汽车卡片按照种类、用途等特征进行分类。

2. 晨间锻炼：增加压路机的体育游戏，利用万能工匠中的蓝轴，让幼儿俯身抓住两端的把手在地面上向前滚动，练习手脚爬，促进动作的灵活协调。

关键经验

1. 了解压路机的作用及外形特征。

2. 乐意探索尝试，选择合适的积木表现出压路机的大滚轮部分。

3. 初步掌握手脚爬的基本动作，能身体平稳地向前行进。

图 5-25　压路机（一）

图 5-26　压路机（二）

图 5-27　压路机（三）

图 5-28　压路机（四）

活动九　各种各样的工程车

活动背景

幼儿在绘本区经常会热火朝天地谈论各种各样的工程车，翻看相关书籍，他们对于工程车神奇的用处、奇特的功能非常感兴趣。本活动中，幼儿根据不同工程车的造型，运用熟悉的材料来进行搭建，突出不同车型的特征，满足表现的欲望。

材料准备

吊车、混凝土搅拌车、卡车、挖土机的图片及模型，积木若干。

活动描述

1. 出示吊车、混凝土搅拌车、卡车的图片。

教师：这是什么车？它跟别的车有什么不同的地方？

幼儿说出吊车有一个大吊臂和大钩子。混凝土搅拌车有个搅拌筒。卡车有一个大车厢。

2. 出示挖土机图片。

教师：挖土机的铲斗可以怎么样表现？幼儿自由说说自己的想法：可以使用大夹子的形状铺一排来搭。也可以使用小拱形，它是弯弯的，像它的铲斗。

将吊车、卡车、混凝土搅拌车的图片也展示在大屏幕中，请幼儿自由选择一种工程车来搭建，表现其典型特征。

3. 幼儿尝试使用积木表现各种各样的工程车。

教师鼓励幼儿大胆尝试，帮助个别幼儿解决遇到的问题。

小彻使用圆柱做车轮，在上面平铺了双倍块，使用基本块围合出了车头，然后用一个粗圆柱作为混凝土搅拌车的搅拌筒。

萌萌将两个圆柱并排做了一个长车轮，双倍块夹住车轮，上面铺上车身，半拱门元件做车头，后面围合出车厢，卡车出来了。

玥玥搭出车轮以后，使用双倍块和小方块架高，搭出驾驶舱，再盖顶。车头前面使用双倍块竖向横向摆放，组成叉车的叉头部分。

多多搭好车身以后，使用四倍块作为挖土机的大手臂，前面放上两个小拱形，表现出挖土机的铲斗。

4. 欣赏与评价。

欣赏幼儿建构的作品。

教师：你们猜一猜，这是什么工程车？用了哪些积木表现出工程车的特点呢？

幼儿可以根据作品说一说，教师给予肯定和鼓励。

活动延伸

1. 区域游戏：在建构区提供多种积塑材料，幼儿尝试用多种材料来拼插各种各样的工程车。

2. 环境创设：在班级开设作品展示区域，将幼儿的作品展示在区域中，幼儿之间互相学习。

关键经验

1. 尝试使用各种建构材料表现各类工程车的典型特征。

2. 遇到困难能尝试解决，或者寻求教师的帮助。

3. 感受建构成功的自豪与快乐。

图 5-29　各种各样的工程车（一）

图 5-30　各种各样的工程车（二）

图 5-31　各种各样的工程车（三）

图 5-32　各种各样的工程车（四）

图 5-33　各种各样的工程车（五）

图 5-34　各种各样的工程车（六）

线索描述

线索二　有趣的汽车城游戏

在本线索中，幼儿讨论着汽车城游戏的玩法，设计着与汽车有关的各种设施，探索如何表现出自己能坐进去的车以及赛车的赛道、加油站的加油箱等。他们将自己在游戏中的问题进行罗列，通过交流、绘画、操作等活动逐步解决。

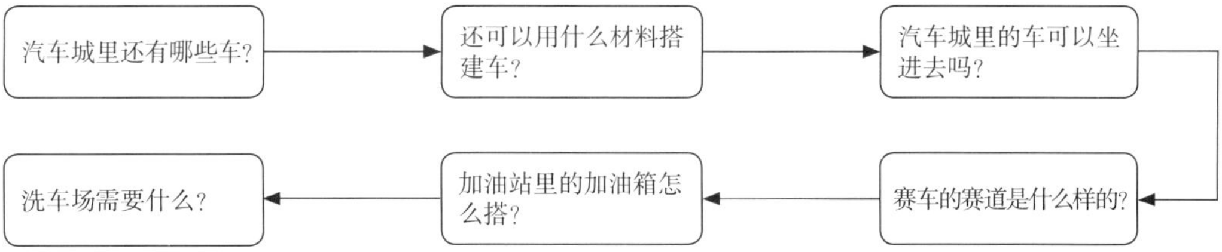

活动一　我是小司机

活动背景

马路上各种功能的救护车、消防车、洒水车引起了幼儿的兴趣，他们提出想当汽车小司机。怎样当好小司机呢？这些车和之前研究过的车有哪些区别呢？本活动中，幼儿对汽车城里的其他车辆进行了研究，通过绘画表现出多种汽车的外形特征。

材料准备

大吊车、救护车、消防车、洒水车的图片，纸，笔。

活动描述

1. 猜谜，引出话题。

教师出谜面：① 身穿大红袍，日夜不睡觉，拨通 119，马上就来到。② 身穿漂亮衣裳，常在马路奔忙，工作挥汗如雨，一路歌声飞扬。

幼儿揭示谜底：① 消防车；② 洒水车。

2. 欣赏儿歌，了解不同汽车的特征。

教师有表情地朗诵儿歌后提问：儿歌里说了什么？有哪些车？

教师出示儿歌里的汽车图卡，幼儿观察汽车的特征。

教师：这些车穿什么衣服？做什么用的呢？幼儿根据图片内容说出大吊车、消防车、救护车和洒水车的特征。

3. 按照儿歌顺序摆放图卡，并进行动作模仿。

幼儿能按照儿歌的顺序来摆放图片，学一学儿歌里汽车的特征，做出大吊车的长鼻子、消防车喷水的动作等。

4. 绘画汽车。

教师请幼儿画一画儿歌里的汽车，并注意要把不同汽车的特征表现出来。

5. 展示与欣赏。

幼儿用动作告诉大家画的是哪种类型的汽车，师幼进行猜测，欣赏其作品。

活动延伸

区域游戏：在语言区提供汽车的图片，幼儿进行模仿游戏，学一学不同汽车的造型；在建构区提供各种汽车的图片及各种拼插玩具，供幼儿搭建各种汽车；在角色区“汽车商店”游戏中，提供各种各样的工程车，幼儿根据自己的喜好进行买卖游戏。

关键经验

1. 欣赏儿歌，感受各种汽车的功能及其与人们生活的关系。
2. 能理解儿歌内容，并能用动作模仿、朗诵儿歌内容。
3. 乐意用涂涂画画的方式表现自己认识的汽车。

附：儿歌

汽车

小板凳，连一起，当作汽车开出去。
大吊车，本领大，一吊吊起大砖瓦。
救护车，穿白衣，病人伤员抱怀里。
消防车，穿红衣，喷水灭火跑得急。
洒水车，爱干净，灰尘看见都消灭。

活动二　拼插各种各样的车

活动背景

汽车小司机们已经了解到各种汽车的功能和特点，他们不满足于仅用绘画的方式来呈现，还思考着如何使用各种积塑材料表现不同车型的典型特征。本活动中，幼儿根据不同汽车的特征，尝试运用各种积塑材料，研究洒水车车厢、挖土机铲斗的表现方法，对于车的特征更加了解、熟悉。

材料准备

挖土机、吊车、消防车、洒水车等各种车辆的图片，各种积塑材料。

活动描述

1. 出示汽车的图片，引出话题。

请幼儿想一想除了用积木，还可以用什么材料来搭汽车。幼儿自由说说自己的想法。

2. 介绍材料，幼儿尝试用多种材料拼插挖土机、吊车、消防车、洒水车。

教师：汽车的轮子可以用什么材料来做？可以使用雪花片、蓝轴、黄轮、大红轮、工程玩具等。

教师出示挖土机图片并提问：挖土机的铲斗可以用什么样的材料来做？幼儿提出可以使用雪花片、蓝扇子、工程玩具等。

幼儿自由选择班级的图形插片、雪花片、工程玩具、万能工匠等材料拼插一辆小汽车。

3. 师幼围绕搭建细节展开讨论。

教师：插好轮子后与车身怎么连接？注意连接得要紧密。

教师：我们在拼插时，颜色要怎么样搭配？相同的颜色用在一起。

4. 幼儿尝试使用多种材料来表现汽车。

教师与幼儿沟通，可以使用各种各样的材料来尝试拼插一辆汽车。如果幼儿选的材料拼不出来，可以换一种材料再试一试。幼儿拼插时，教师引导幼儿选相同的颜色、注意连接和外形，帮助个别幼儿解决遇到的问题，鼓励幼儿多次尝试。

萱萱使用弯管材料组合成了四个车轮，上面组成了一个大大的方形，车身和车轮连接在一起就完成了小车。

哈哈将几块磁力片拼接在一起，就变成了车身，再加上磁力片里的大车轮，汽车完成。

小美运用宝高玩具进行连接，组合了消防车的车身，再加上云梯，完成作品。

5. 欣赏与评价。

幼儿与同伴互相介绍自己的建构作品，包括使用了什么材料，拼插的是什么汽车。

活动延伸

1. 区域游戏：在角色区，幼儿将自己拼插的玩具汽车摆放在汽车商店里进行游戏。
2. 晨间谈话：幼儿向大家介绍自己感兴趣的一种汽车，包括它的外形、本领、用途等。

关键经验

1. 通过拼插、组合的方法，尝试使用多种积塑材料，表现出多种类型汽车的基本特征。
2. 愿意与同伴进行汽车商店的游戏，大方与顾客交流。
3. 对动手建构汽车的活动感兴趣，体会成功的喜悦。

图 5-35　积塑汽车（一）

图 5-36　积塑汽车（二）

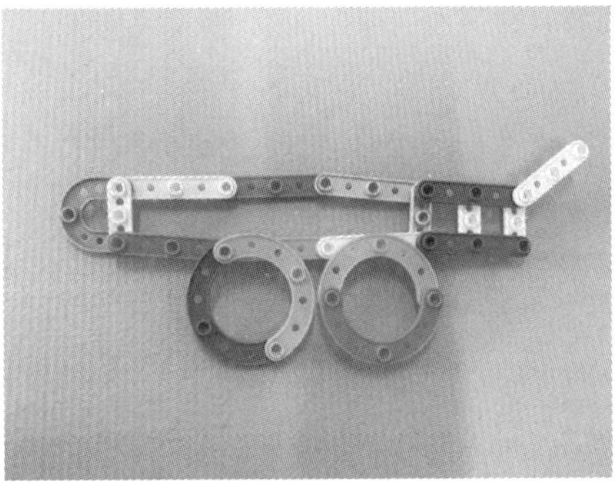

图 5-37　积塑汽车（三）

图 5-38　积塑汽车（四）

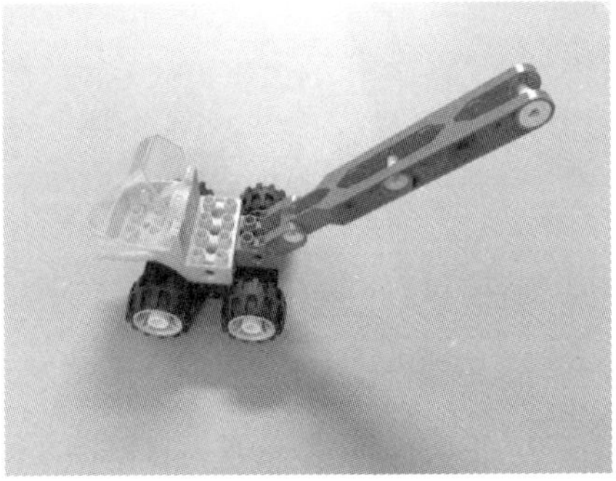

图 5-39　积塑汽车（五）

图 5-40　积塑汽车（六）

活动三　大型公共汽车

活动背景

在搭建了各种各样的车以后，幼儿想要在自己的游戏中增加一些可以坐进去游戏的车。那么这样的大型汽车怎么来表现呢？身边可使用的材料有哪些？本活动中，幼儿通过探讨、尝试，运用万能工匠、椅子、纸板等材料设计一款大型汽车来开展游戏。

材料准备

椅子，碳化积木、万能工匠，记录单、笔，汽车座椅图片。

活动描述

1. 幼儿回忆游戏，引出话题。

教师：最近听说小朋友们需要一辆大型汽车来玩开汽车的游戏，汽车从哪里来呢？幼儿一起讨论，想出解决的方法：我们可以使用碳化积木、万能工匠搭建。

教师：汽车城里的汽车小朋友都想坐进去，什么样的材料比较大，比较合适呢？幼儿根据以往的经验说出适宜的材料，如椅子、碳化积木、万能工匠等。

2. 讨论汽车的具体搭建细节。

教师：我们可以使用什么材料来搭建汽车的座椅？幼儿自由说说，师幼小结：我们可以使用轮胎、碳化积木的大方形、万能工匠的轮子当座椅。

教师：汽车的车身呢？幼儿说出可以使用积木、纸盒围合。

教师：汽车的车顶呢？幼儿说出用万能工匠支撑，上面铺上纸板。

3. 观察座椅图片，重点讨论汽车座椅的排列方法。

教师：汽车座椅是怎么摆放的呢？幼儿自由说说。

教师出示汽车座椅的图片，幼儿观察并发现座椅是按照两个两个，或者一列一列的规律排列的。

4. 幼儿运用材料搭建大型汽车。

教师在幼儿操作的过程中，帮助幼儿明确座椅位置及搬椅子的安全。

幼儿拿来椅子，两个两个摆放在一起，然后使用万能工匠做支撑，做汽车的支架，在支架上面盖上 KT 板，车身就完成了。再使用纸砖围出了汽车的轮廓，放上车灯。

5. 欣赏、试坐大型汽车。

教师带领幼儿欣赏共同建构的大型汽车，共同走进去坐一坐、开一开，体验建构的成功，寻找存在的问题。

活动延伸

1. 区域游戏：在数学区提供汽车剖面图和座椅卡片，幼儿根据汽车图片上空缺的椅子数量，点数后摆放缺失的座椅；提供各式汽车的卡片或实物，幼儿按大小、颜色或用途等特征进行分类。

2. 环境创设：在儿童海报中展示幼儿关于大型汽车的设计图与幼儿建构汽车的游戏过程。

关键经验

1. 能结合自己的经验和想法，尝试使用身边的材料来搭建大型汽车。

2. 愿意参与“公共汽车”的游戏，会使用礼貌用语进行交流。

3. 喜欢玩汽车的分类游戏，能根据汽车的大小、颜色、用途、轮子数量等特征，给汽车进行分类，并会说出自己的分类方法。

图 5-41　大型公共汽车（一）

图 5-42　大型公共汽车（二）

图 5-43 大型公共汽车（三）

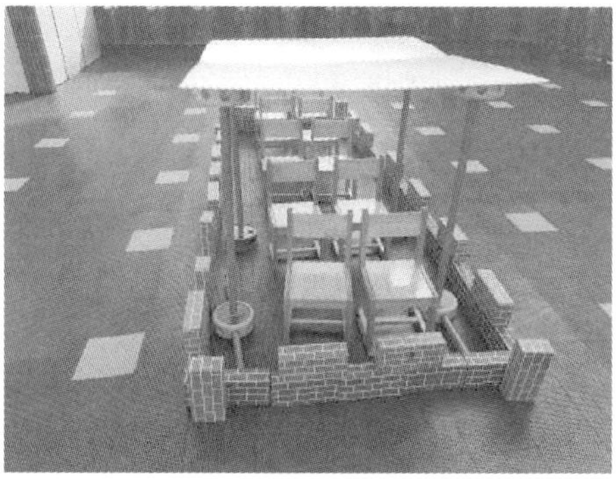

图 5-44 大型公共汽车（四）

活动四 赛车的车道

活动背景

对于儿童乐园里的轨道车游戏，幼儿玩得还意犹未尽，班级里也有很多小赛车，于是他们想在班级里搭赛道、开赛车。本活动中，幼儿尝试用积木搭建赛道，表现出高高低低的斜坡和转弯的地方。

材料准备

赛车和赛道的图片，积木，小车。

活动描述

1. 教师出示赛车图片，与幼儿谈论赛道。

教师：有了赛车，还需要赛道吗？可以使用什么材料来搭建赛道？幼儿自由说说自己的想法，可以使用椅子、积木等。

2. 展示幼儿带来的赛车，幼儿观看赛车游戏，探索高高低低的赛道。

教师：小朋友想了很多搭建赛道的方法，有斜坡的地方怎么办？幼儿发现可以迁移前期轨道车的经验，说出自己的搭建想法。教师请幼儿去尝试搭建一个有斜坡的赛道。幼儿分散去选择材料进行操作。

花卷在双倍块下面放圆柱进行支撑，形成斜坡。

圆圆使用四倍块架在小椅子上，形成斜坡。

清清将四倍块放在基本块下面，形成斜坡。

幼儿在实践和讨论中发现只要在高高的赛道上架高，就会出现斜坡，赛车有了斜坡的帮助就会跑得更快了。

3. 幼儿自主尝试搭建赛道。

楷楷选择四倍块，一块接一块，形成了一个长长的轨道。在轨道的中间，他加上了两个圆柱进行架高，两边的四倍块沿着圆柱倾斜，形成了高高的赛道。可可将四块双倍块并排，一头用圆柱垫高，形成高度，又在低的一头运用双倍块延长，搭了一个宽宽的赛道。

4. 欣赏与评价。

教师鼓励幼儿拿小汽车在赛道上游戏，游戏后对于赛道说说自己的改进想法，并在下一次游戏中进行调整。

活动延伸

1. 区域游戏：在美工区进行赛道的绘画和粘贴活动，以对赛道更加熟悉；在角色游戏中，进行赛车的游戏，尝试表现出更宽、更长、更有趣的赛道。

2. 户外游戏：运用万能工匠中的蓝轴、蓝管、轮胎和碳化积木设计一个赛道，遥控小汽车也可以在上面行驶。

关键经验

1. 在观察和实践中发现赛道的高高低低、会转弯的特征，探索用多种材料建构高低不同的赛道，对搭建赛道感兴趣。

2. 愿意表达自己对于赛道的认识，倾听同伴关于赛道的想法。

3. 通过涂涂画画、粘粘贴贴的方式表现出赛道的外形特征。

图 5-45　赛道（一）

图 5-46　赛道（二）

图 5-47　赛道（三）

图 5-48　赛道（四）

活动五　去加油

活动背景

在游戏活动中，幼儿设计了赛道以后，又提出自己的车还要去加油。那么汽车在哪里加油？加油站里面有些什么设备？本活动中，幼儿通过经验分享和图片观察，对加油站有了进一步的认识，并在游戏中运用多种材料表现加油枪和加油箱。

材料准备

加油站（加油箱、加油枪）的照片，纸箱，万能工匠，绳子等。

活动描述

1. 提出关于游戏的问题，引出话题。

请幼儿来说说自己在游戏中的需要：汽车没有油了，需要去加油。

教师：汽车在哪里加油？幼儿说说自己的生活经验：在加油站加油。教师继续提问：加油站里有什么？

2. 出示加油站的图片，进行观察讨论。

教师：这是加油站的图片，你们看到了什么？幼儿发现加油箱的外形特征是大大的、方形的，上面还有长长的加油枪，可以给汽车加油。

教师：长长的加油枪怎么表现？幼儿从班级中寻找合适的材料跟大家分享。

可可拿来万能工匠连接出来的长长的管子作为加油枪。

小美找来美工区的绳子作为加油枪的连接线。

悦悦将管道玩具进行了拼接，作为加油枪。

3. 建构加油站内的有关设施。

幼儿自由在班级选择材料，进行加油站内相关设施的设计与搭建。为为搬出了纸砖，将纸砖一层一层地向上垒，形成了一个长方体，然后在上面连接了麻绳和枪头。楷楷选择了两个大纸盒垒出了加油箱，运用万能工匠拼接了加油枪。

4. 玩加油站的游戏。

教师与幼儿一起玩开汽车的游戏，途中到加油站去加油，体会游戏的快乐。

活动延伸

1. 区域游戏：在美工区尝试用线条画出加油箱和加油枪等简单设施；在角色区的“汽车城”开设加油站的游戏，自己选择材料设计相关设施，注意作品连接时的牢固性。

2. 家园共育：请家长带幼儿去加油站看看，观察加油站的设施，了解加油站工作人员的工作内容，丰富幼儿的生活经验。

关键经验

1. 结合生活经验，了解加油站内加油箱、加油枪的特征，尝试用废旧材料、积塑材料进行搭建。

2. 用简单的线条画出加油箱、加油枪的基本造型。

3. 愿意参加加油站的游戏，感受集体游戏的乐趣。

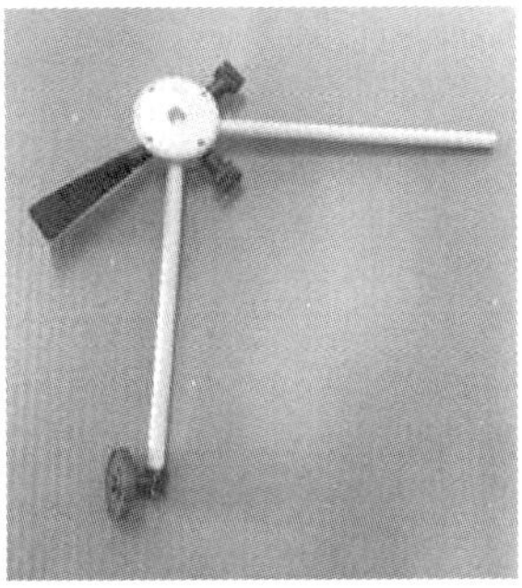

图 5-49　加油枪

图 5-50　加油箱（一）

图 5-51　加油箱（二）

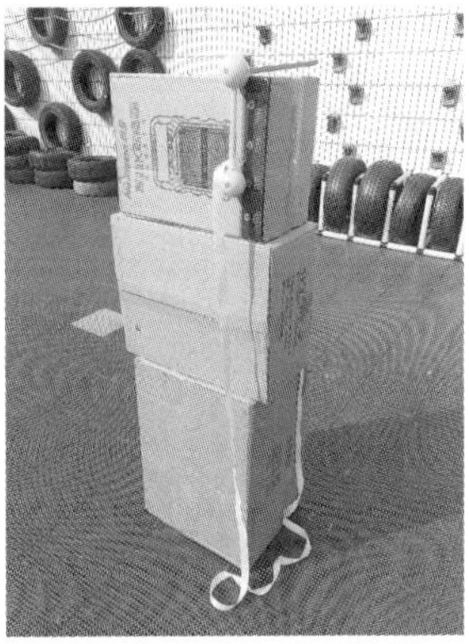

图 5-52　加油箱（三）

活动六　洗车场的水枪

活动背景

上一次的游戏中，小美自己用万能工匠搭建了一把洗车水枪在冲洗小车，于是幼儿有了建造洗车场的想法。本活动中，幼儿在观察、绘画的基础上，搭建洗车场里的洗车水枪，表现其典型的外形特征。

材料准备

洗车水枪的图片，各种拼插材料。

活动描述

1. 针对问题提出解决方法。

教师请小美说说在游戏中汽车脏了之后自己洗车的经历，随后有幼儿提出了搭建洗车场的想法。教师与幼儿讨论洗车场需要的材料有哪些。幼儿发现洗车时会有人拿着一把水枪来冲刷汽车。

2. 教师出示洗车水枪的图片，幼儿观察它的构造。

教师：洗车水枪是什么样子的？由哪些部分组成？

幼儿观察图片，并根据自己玩水枪的经验，说出洗车水枪由喷头、手柄、主干组成。

3. 幼儿选择材料自主搭建。

多多选择万能工匠，将两个黄轮和黄管连接，形成主干，再连接红管做喷头。

小经使用雪花片，拼出了水枪的“7”字形，加上喷头做成了水枪。

4. 进行洗车游戏。

幼儿拿着自己搭建的洗车水枪，给班级的汽车进行清洗，体会游戏的快乐。

活动延伸

1. 区域游戏：在“汽车城”中开设洗车场的游戏，幼儿利用班级的多种材料搭建水枪，并运用在游戏中。

2. 环境创设：在儿童海报中呈现幼儿在洗车场游戏中产生的想法和发现的问题，及幼儿解决问题的方法。

关键经验

1. 能够根据自己的生活经验，知道洗车人员的工作内容，并大方地与来洗车的司机打招呼，积极参与洗车场的游戏。

2. 会运用各类积塑材料尝试表现出洗车水枪的典型特征。

3. 能用简单的线条和色彩大体绘画洗车水枪的外形特征，并愿意表达自己的想法。

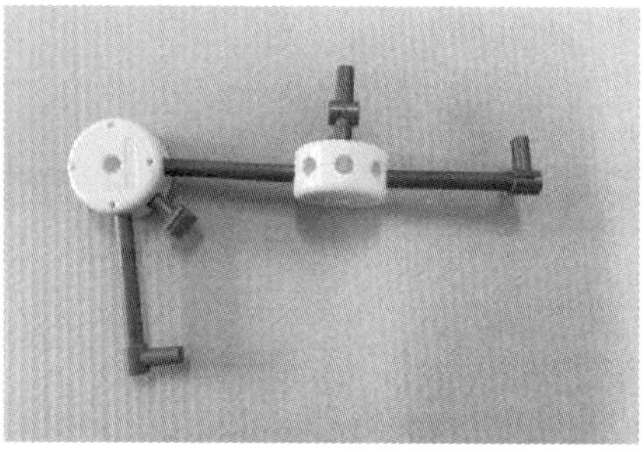

图 5-53　水枪（一）

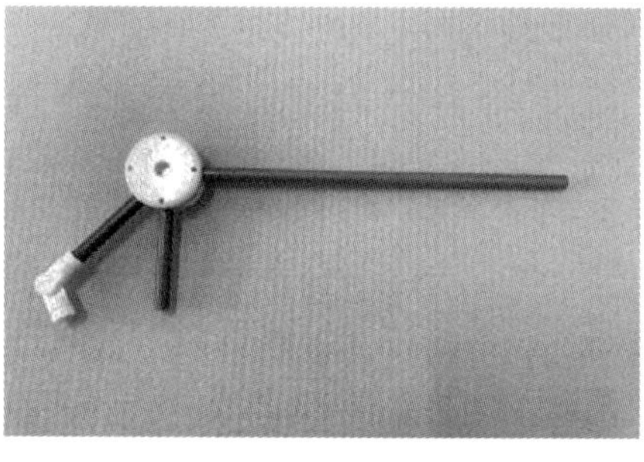

图 5-54　水枪（二）

图 5-55　水枪（三）

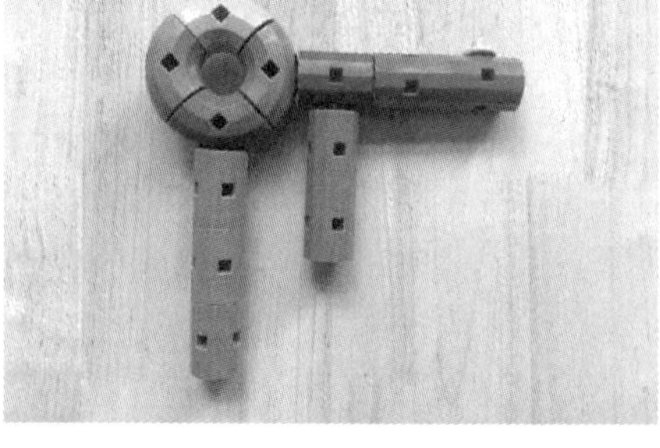

图 5-56　水枪（四）

四、关键经验

关键经验

- 健康
  - 喜欢玩开汽车的游戏，分散跑的时候能注意躲避他人。
  - 初步掌握手脚爬的基本动作，能身体平稳地向前爬行。
- 语言
  - 能用简短、比较清楚的语言表达自己搭建汽车的材料和方法。
  - 理解有关汽车儿歌的内容，并能做动作模仿、朗诵儿歌。
  - 喜欢和熟悉的人交流，会使用礼貌用语。
  - 能安静倾听同伴关于汽车相关话题的介绍。
- 社会
  - 能够在成人的提醒下，遵守公交车、加油站等游戏规则，想加入同伴游戏时能友好地提出请求。
  - 游戏中遇到困难能尝试解决，或者寻求教师的帮助。
  - 能爱护同伴和自己的作品，坚持完成搭建汽车的任务。
  - 能根据自己的兴趣选择加油站、洗车场等游戏，感受与同伴共同游戏的乐趣。
- 科学
  - 通过自身探索与实践，感知轮子会滚动、省力的特点。
  - 在成人的鼓励下有了解车轮的兴趣，并选用合适多样的材料，尝试建构会滚动的车轮。
  - 对汽车感兴趣，通过汽车模型及图片了解汽车的基本结构。
  - 仔细观察，发现公交车、小轿车、工程车等各类汽车的明显特征，尝试运用各种建构材料表现出它们的典型特征。
  - 探索用多种材料来表现高低不同的赛道、加油站、洗车场的水枪等与汽车有关的物体，对建构活动感兴趣。
  - 发现各种车辆的车轮与车身长度、载客量之间的关系，能手口一致地点数出汽车的车轮数量，并能说出总数。
  - 喜欢玩汽车的分类游戏，能根据汽车的大小、颜色、用途、轮子数量等特征进行分类，并会说出自己的分类方法。
  - 感受各种汽车的功能及其与人们生活的关系。
- 艺术
  - 用胶棒、剪刀等工具进行尝试和探索，有制作汽车、粘贴车轮、添画车窗的愿望。
  - 愿意参加绘画活动，能用线条和色彩来表现加油箱、水枪等与汽车有关物体的轮廓特征，表达自己对汽车的理解。
  - 喜欢唱关于汽车的歌曲，并会模仿开汽车的动作玩游戏。

下学期

项目六
我爱我家

一、项目缘起

家是幼儿最熟悉的地方，爸爸妈妈是他们生活中最亲近的人。在自由活动的时候，他们特别喜欢去看一看他们从家里带来的全家福照片，并且兴奋地和老师、同伴说："看，这是我爸爸！""这是我哥哥！""老师，我看到我妈妈啦！"

他们迫不及待地介绍自己的家庭成员、自己的家，逐步开始关注自己住的房间、房间里的家具和所住的房子，并尝试用各种各样的建构材料进行搭建，玩起娃娃家游戏，还增设了大门、淋浴房、台灯、电话等必需品。但幼儿的愿望不仅仅如此，他们还把"家"搬到了户外，用轮胎、纸板、地垫、碳化积木搭建"家"，玩得不亦乐乎。他们在游戏中与建构作品互动，一起扮演爸爸妈妈，感受家人间的温暖，收获并丰富着关于家的经验。

二、发展线索

三、具体活动

线索描述

线索一　我的家

在本线索中，幼儿首先围绕自己的家，展开“我家什么样？”的调查，他们发现家里有很多房间，每一个房间的功能都不一样，里面的家具也不同，于是他们对家具和各种用品产生了浓厚的兴趣。在游戏中，幼儿用积木材料表现卧室里的床、床头柜、玩具柜、大衣柜，为娃娃营造温馨的卧室。他们还根据自己的想法，拓展到客厅里的家具、厨房里的家具和自己住的房子，重现自己家的场景，体验搭建、创造家的乐趣。

分支一　家具

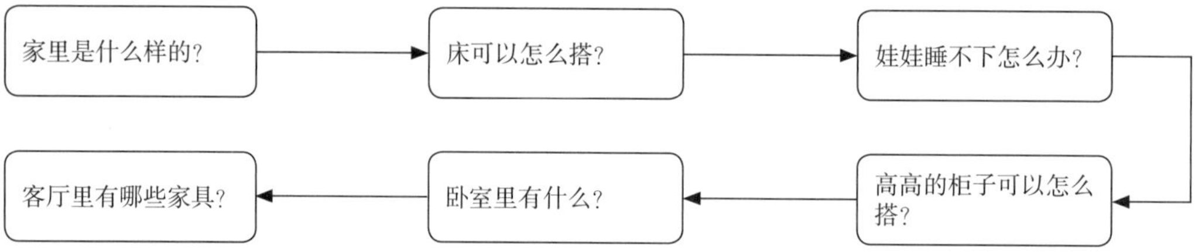

活动一　我的家

活动背景

家是幼儿熟悉的地方，为什么这里叫卧室，那里叫厨房？为什么每个房间的家具都不一样？本活动中，幼儿通过细致观察，了解家里各个房间的功用和家具的名称，在互相交流中发现每个人的家都有一些共性的地方。

材料准备

幼儿收集的家里各个房间和家具的照片。

活动描述

1. 分享自己对家的理解。

教师：每个人都有一个家，你的家里有些什么呢？

轩轩：家里有爸爸妈妈。

糯米：家里有很多好吃、好玩的东西。

小小：家里还有很多房间，有厕所，有睡觉的床。

幼儿从家里的人、房间、家具、物件描述自己对家的理解。

2. 互相交流家里各个房间的用途。

出示幼儿收集的家里各个房间的照片。

教师：你们家里有哪些房间？为什么要有这些房间呢？它们有什么用？

琳琳：这是我家睡觉的房间，还有厨房。

冉冉：我家里面有卫生间，还有哥哥写字的房间。

吉米：我家有爸爸妈妈睡觉的房间，外公外婆睡觉的房间。

教师：我们可以在客厅做什么事情？

玉米：在客厅里面看书、看电视。

教师：卧室用来做什么呢？

葡萄：卧室里面有床，可以睡觉。

教师：厨房有什么用？

肉松：厨房里面有好吃的饭和菜。

幼儿通过观察图片，了解到家里有很多房间，餐厅是吃饭的地方，客厅是休闲、招待客人的地方，卧室是用来睡觉的，厨房可以用来做饭，卫生间是刷牙、洗脸、洗澡和上厕所的地方。

3. 欣赏家里家具的照片。

教师：这些照片中都有哪些家具？在哪个房间呢？

幼儿分别欣赏了床、电视柜、衣柜、沙发等各类家具的照片，知道不同家具有不同的作用，并描述出它们应该所在的房间。

活动延伸

1. 区域游戏：在美工区提供各种家具的绘画图片，幼儿进行涂色游戏；用正方形纸折一折大门、小房子；在益智区提供4—8块的家具拼图，促进幼儿对家具主要特点的认识。

2. 环境创设：将幼儿收集到的关于家的图片展示在儿童海报中，供幼儿进一步了解家的布局。

关键经验

1. 了解家里各个房间的功用和家具。

2. 能用简短、清楚的语言介绍自己家里的各个房间和家具。

3. 喜欢用各种颜色的蜡笔进行涂色游戏，乐于尝试折叠小房子。

活动二　布娃娃的床

活动背景

通过照片回顾，幼儿了解到卧室是睡觉的地方，用来睡觉的家具就是床。平时，他们最喜欢玩娃娃家游戏，会摆放小床、帮娃娃盖被子、哄娃娃睡觉。妈妈又生宝宝了，床不够睡了怎么办？本活动中，幼儿仔细观察小床的特点，尝试用清水积木表现小床的基本特征。

材料准备

娃娃家床的图片若干，各种形状的清水积木，其他玩具等。

活动描述

1. 妈妈要生宝宝的情境导入。

教师：最近妈妈生小宝宝了，可是小宝宝还没有小床，怎么办？

2. 通过图片，观察小床的基本结构。

教师：床是什么样子的？由哪些部分组成呢？

琳琳：床由床头、床板和床腿等组成。

教师：床的两边是什么？有什么作用？

岩岩：有护栏，这样小宝宝就不会掉下来。

教师：床尾是什么样子的？

曦曦：床尾比床头矮一点。

教师：护栏是什么样子的？

小满：护栏有点像小菜园的栅栏。

3. 讨论小床各部位的位置关系及如何表现。

教师：床板与床头怎么组合在一起？

小米：床头是放在床板上面的。

幼儿发现床有床头、床尾、床板和护栏，还有床脚，床头的两边有床头柜。

4. 搭建娃娃的小床。

教师：我们一起来给小宝宝搭建一张小床吧！

琳琳用基本块当床的腿，在上面竖着排放了两块双倍块当床板，接着她找来小曲面放在床头，又拿两块小方块放在床头的旁边当床头柜。

5. 欣赏作品。

教师：娃娃的小床搭建好了吗？把娃娃放到床上，看看娃娃睡得舒不舒服。

幼儿抱着娃娃，哄娃娃睡觉，然后把娃娃放在小床上休息。

牛牛抱着娃娃，放在自己搭的小床上，他拍拍娃娃的肚子，哄娃娃睡觉，但娃娃的脚却从床上掉了下来。

活动延伸

区域游戏：在美工区用画笔设计不同样式的小床并进行装饰；在建构区继续搭建娃娃的小床，尝试使用多种形状、多种材料进行简单组合拼搭和装饰。

关键经验

1. 了解床的基本结构和组成部分。

2. 尝试运用多种形状的积木，搭建出布娃娃床的床板、床头和床头柜。

3. 能使用简单的线条和颜色，绘画自己喜欢的小床。

图 6-1　小床（一）

图 6-2　小床（二）

图 6-3　小床（三）

图 6-4　小床（四）

活动三　有用的大床

活动背景

在上一次搭建小床的过程中，幼儿基本上表现出了小床的主要特征，但他们把娃娃放到小床上时，发现娃娃太大而床太小了。本活动中，幼儿尝试搭建和娃娃大小匹配的床，解决“娃娃睡不下，怎么办”的问题。

材料准备

娃娃，上一次搭建小床的图片，床的图片，各种形状的积木，其他玩具等。

活动描述

1. 话题讨论：娃娃睡不下，怎么办？

教师：上一次，小朋友搭建了小床，有的小床太小了，小娃娃睡不下，怎么办？

琳琳：把小床搭得大一点，娃娃就睡得下了。

2. 商讨搭建大床的办法。

教师：床要搭多大，让娃娃睡在上面刚刚好呢？

岩岩：和娃娃比一比。

教师：床要搭得比娃娃大一点，可以选择长一点的积木做床板，也可以用短积木再接长。

教师：床很大了，那它旁边的床头柜也要怎样？

九九：也要搭大一点。

教师：有一张床，小娃娃躺在上面就坏了，怎么才能让床牢固？

岩岩：要搭牢固，积木就要对整齐。

幼儿发现在搭建大床的时候，要把积木对整齐搭建，这样做出来的床才会很牢固。大床的床板要大一些，还要加上漂亮的床头和护栏，还有两个大大的床头柜。

3. 搭建布娃娃的大床。

教师：我们一起来给布娃娃搭建一张大床吧！

曦曦用双倍块当床腿，在上面横着排放了五块双倍块当床板，然后，将小娃娃抱起，放在床板上，看看大小很合适，接着他找来两块半拱门，竖放在床头，又拿了两块半拱门，放在床头的两边，接着把双倍块放在床边当护栏，用两块小长方垒起来当床头柜。

教师：搭建好的小朋友，用玩具来给娃娃做一盏台灯吧。

岩岩在万能工匠的玩具柜前，选了一个蓝轴和红管，他把红管插在蓝轴中间的小孔中，找来一朵大花，插在红管上面，看了看，又拿来一个蓝轴和红管，换了一个蝴蝶状元件。他把做好的两盏台灯放在了两个床头柜上。

4. 展示幼儿的作品。

教师：娃娃的小床搭建好了吗？把布娃娃放到床上看看，大小合适吗？牢固不牢固？

幼儿抱着布娃娃，把娃娃放在小床上休息。

教师：这盏台灯很漂亮，娃娃晚上起床开灯，就不怕啦！

活动延伸

1. 区域游戏：在建构区尝试使用合适的积木给不同大小的娃娃搭建不同大小的床；在桌面建构区拼插不同造型的台灯。

2. 环境创设：在儿童海报中以图片的方式呈现幼儿解决床与娃娃匹配问题的过程。

关键经验

1. 能感知和区分娃娃的大小与床的大小、长短等量的特点，使床和娃娃相匹配。

2. 能运用多种积木、积塑材料，拼搭与床配套的床头柜、台灯等物品。

3. 为自己给娃娃拼插出作品而高兴。

图 6-5　大床（一）

图 6-6　大床（二）

图 6-7　大床（三）

图 6-8　大床（四）

活动四　高高的柜子

活动背景

在拼搭床的活动后，幼儿发现卧室里面除了有床、床头柜，还有衣柜、玩具柜等家具，想为娃娃打造完整的卧室。幼儿曾经在玩具商店的游戏中，用架高的方法拼搭过玩具货架。本活动中，幼儿迁移已有经验，运用架高和围合的方法表现出柜子高大的特征，感受柜子的作用。

材料准备

布娃娃，衣柜、玩具柜、书柜的图片和小标记图，各种形状的积木、小玩具若干，家的背景图。

活动描述

1. 描述布娃娃的愿望，激发幼儿的建构兴趣。

布娃娃有个美好的愿望，她希望自己的卧室里有一个高高的衣柜，可以放她漂亮的衣服；她希望卧室里有一个大大的玩具柜，可以放很多很多玩具；她还希望有一个书柜，里面有很多本好看的图书，可以随时看书、讲故事。

教师：布娃娃的愿望能实现吗？

2. 观察柜子的外形特征，讨论搭建方法。

教师：柜子是什么样子的？

沁宝：柜子是一层一层的，里面可以放很多东西。

岩岩：柜子有门，可以关起来。

教师：怎么搭建高高的柜子呢？

琳琳：要一层一层地向上搭。

教师：怎么搭建才能让柜子站稳？

曦曦：可以用圆柱来架高，要搭整齐。

3. 搭建布娃娃的柜子。

教师：我们来给布娃娃做柜子吧，想一想，衣柜在房间的什么地方？书柜在什么地方？玩具柜在什么地方？

幼儿选择柜子的小图标，并把它们放到房间内合适的位置，开始搭建。

轩轩搭的是衣柜，他用四个基本块竖着当柜板，在上面平铺两个基本块，又在上面竖着围一圈基本块，最后用两个基本块做顶，一个小型衣柜就搭好了。

4. 师幼共同欣赏布娃娃的柜子。

教师：布娃娃最喜欢谁做的衣柜、玩具柜和书柜呢？

教师模拟小布娃娃的语气：这个衣柜高高的，可以放很多衣服，很结实；这个玩具柜搭建得整齐、牢固；这个柜子装上了门，可以关起来，很干净。小朋友帮我做的柜子，每一个我都喜欢，谢谢你们！

幼儿有的用圆柱作为柜子的支柱，也有的直接用基本块进行架高，还有幼儿尝试用积木竖起来当门，当高度不够时，再增加小积木，把柜子用门挡起来。搭建作品中还出现了敞开的玩具柜，整体搭建比较小巧、精致。

活动延伸

1. 区域游戏：在生活区提供柜子的玩具模型，让幼儿自由地组合摆放，感受家具的组合摆放变化；在建构区搭建柜子，教师引导幼儿关注柜子的高度、稳定性和实用性。

2. 家园共育：家长可带幼儿关注家里或家具城里各种造型的家具，进一步丰富幼儿的生活经验。

关键经验

1. 通过观察，了解柜子的结构和作用。

2. 根据柜子的不同高度，合理使用积木，搭建出稳稳、高高的柜子。

图 6-9　柜子（一）

图 6-10　柜子（二）

图 6-11　柜子（三）

图 6-12　柜子（四）

活动五　有趣的卧室

活动背景

幼儿已经搭建过卧室里的床、床头柜、衣柜和玩具柜，在娃娃家游戏中他们会把娃娃放在小床上睡觉，把小玩具装进玩具柜里，卧室里还有哪些设施和家具呢？本活动中，幼儿对卧室里的各种家具和物品进行梳理，尝试使用多种材料简单组合，搭建出完整又有趣的卧室。

材料准备

卧室里的化妆台、床脚凳、书桌等家具图片，卧室家具组合图片，卧室家具小图标，清水积木、玩具若干。

活动描述

1. 交流讨论卧室里的家具种类。

教师：你家的卧室里有哪些家具？

九九：卧室里有床、床头柜，还有衣柜、玩具柜。

2. 进一步观察卧室图片，发现卧室里的其他家具和物品。

教师：卧室里还有什么家具？

糯米：有妈妈化妆的桌子，上面还有一个大镜子。

玉米：有看书的桌子。

吉米：有坐在床边上的凳子。

幼儿仔细观察卧室后，发现卧室里的家具不仅有床、床头柜、大衣柜，还有化妆台、床脚凳、电脑桌，卧室里的家具可真多。

教师：除了家具，你在卧室里还看到了什么？

小米：我看到了台灯，还有花瓶和花。

岩岩：我看到了电脑桌上面的书架。

曦曦：我看到了放照片的相框。

小满：我还看到了时钟。

幼儿继续仔细观察，发现卧室里还有很多的生活用品，原来卧室里面这么有趣，既可以休息放松，也可以工作、看书，还可以梳妆、打扮自己，真有趣！

3. 搭建有趣的卧室。

教师：让我们来为娃娃做一个有趣的卧室吧，你想为娃娃的卧室搭建什么？

冉冉：我想给娃娃做一张大床。

沁宝：我想给娃娃搭一个化妆台。

糯米：我想给娃娃做一个漂亮的相框。

教师：我们一起来帮娃娃打扮卧室，找一个你想搭的家具小图标，把家具搭在小图标旁边。

需要用玩具拼插台灯、相框的小朋友，选择你想用的玩具，坐在桌子旁边拼插。

幼儿在搭建卧室家具时，在老师的帮助下，分别表达了自己想搭建的部分，并迁移自己的经验，分别搭出小床、床头柜和衣柜，增加化妆台和化妆凳等家具。在搭建完成后，幼儿继续用小积木、小玩具进行添加丰富作品，并把娃娃也放在小床上休息，感受为娃娃布置卧室的快乐。

4. 欣赏共建的有趣卧室。

教师：你最喜欢娃娃家卧室里的什么？为什么？

活动延伸

1. 区域游戏：在建构区组合运用材料，搭建卧室里的各种家具和物品。
2. 家园共育：关注自己家的卧室，进一步了解卧室里的家具和物品。

关键经验

1. 尝试用多种建构材料，按图标共同建构卧室内的各种家具和物品。
2. 用简短的语言表述自己的发现。
3. 进一步发现卧室里多样的家具和物品。

图 6-13　梳妆台

图 6-14　床

图 6-15　卧室里的组合家具（一）

图 6-16　卧室里的组合家具（二）

活动六　客厅里的家具

活动背景

幼儿为娃娃搭建了卧室里的家具，他们经常会提到客厅，家里的客厅也是幼儿的活动空间，这里会有哪些家具呢？他们发现客厅里的家具也有很多：沙发、茶几、电视柜，发现客厅家具的简单特点和用途。本活动中，幼儿观察并搭建客厅里的家具，为丰富游戏活动积累经验。

材料准备

娃娃家大门，卧室里搭建好的床、床头柜、衣柜，沙发、茶几、电视柜等家具图片。

活动描述

1. 交流讨论客厅里家具的种类。

教师：小朋友们，快来看呀！娃娃的新家装修好了。卧室买了许多家具，有床、床头柜、衣柜，可是娃娃家的客厅还是空空的，你知道哪些家具是放在客厅里的呢？

岩岩：客厅里面有沙发、茶几，还有电视柜。

2. 仔细观察，讨论客厅家具的建构方法。

教师：你们说得真好！我们一起来看看这些家具分别是什么样子的。

教师：沙发下面是什么样子的？上面有什么？

牛牛：沙发下面有腿，上面有坐垫、扶手，还有靠背。

教师：茶几是什么样子的？

岩岩：茶几有点像桌子，比桌子矮。

教师：电视柜是什么样子的？

小小：电视柜长长的、矮矮的，里面有抽屉。

教师：你最喜欢什么家具？你会用什么积木来搭建呢？

教师：沙发的靠背、坐垫和腿，可以用哪些形状的积木来表现？

皮皮：用双倍块做坐垫和靠背，用小半圆做扶手。

教师：电视柜用哪些积木来搭建呢？

小鱼儿：可以用四倍块、双倍块做柜面，用小正方形做腿，要搭长一点。

经过交流和讨论，幼儿对客厅里的家具比较熟悉，能仔细观察，发现并说出家具的主要特征，思考可以使用什么形状的积木进行表现。

3. 建构客厅的家具。

教师：请小朋友当小小设计师，搭建一个你最喜欢的客厅家具，送给小娃娃。在搭建过程中如果遇到困难了，怎么办呢？

玉米：可以请老师帮忙。

大川：可以自己想办法。

吉米用三个四倍块架高垒了一个长电视柜，在一边放了一排基本块，接着在中间竖放了两块基本块当电视，用六块基本块做成抽屉，放在电视柜前。

4. 分享游戏。

教师：你在搭建客厅家具时，遇到了什么困难？后来成功了吗？

冉冉：我搭的是电视柜，容易倒，后来我用圆柱当腿，就不倒啦。

幼儿在搭建中表现出了客厅里的沙发、茶几、电视柜和置物架等家具。他们迁移搭建玩具柜的经验，用圆柱垒高的方法搭建了电视柜，并进行了左右对称的装饰；迁移搭建桌椅的经验搭建出了沙发和茶几，拼搭出沙发的扶手、靠背和旁边的花架。他们还搭建了置物架，并进行装饰，物体表现得比较细致。

活动延伸

1. 区域游戏：在建构区提供多种形状的清水积木，将客厅家具和卧室家具进行整体融合和丰富，增加厨房和卫生间的建构，鼓励幼儿大胆表现自己的想法，搭建客厅中自己未表现过的家具。

2. 环境创设：在儿童海报中呈现幼儿搭建作品的过程和结果，以及对作品的表达和想法。

关键经验

1. 了解客厅里的家具中沙发、茶几、电视柜等物品的外形特征。

2. 仔细观察，发现各种家具的明显特征，尝试在建构过程迁移已有经验，表现出卧室、客厅、厨房家具的简单造型。

3. 在搭建过程中不怕困难，能在成人的引导下努力尝试，具有一定的坚持性。

图 6-17　电视柜（一）

图 6-18　电视柜（二）

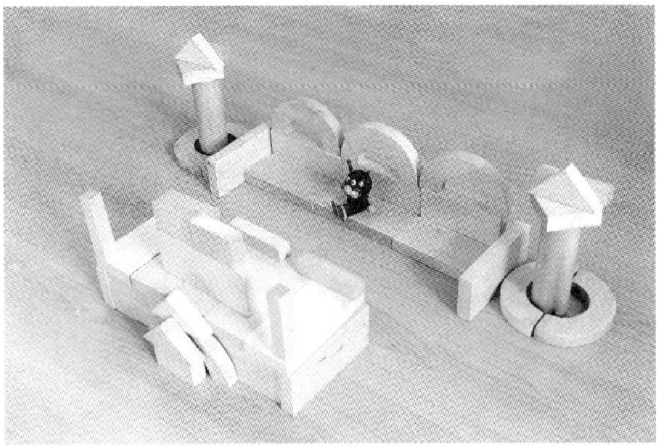
图 6-19 电视柜（三）

图 6-20 沙发和茶几

分支二 房子

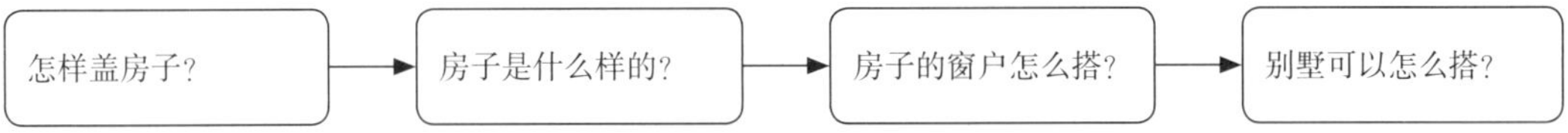

活动七 盖房子

活动背景

幼儿听过《小猪盖房子》的故事，到底怎么来盖房子呢？怎么样能让盖的房子结实又牢固呢？他们尝试将宝高玩具用垒高的方式盖房子，知道房子是一层一层往上盖的。本活动中，幼儿通过学唱歌曲继续丰富对盖房过程的了解，知道盖房子要经过搬砖、砌墙、抹水泥等程序，对搭建房子产生兴趣。

材料准备

歌曲《盖房子》，图谱。

活动描述

1. 听故事，了解小猪盖房子的方法。

教师：你们听过《小猪盖房子》的故事吗？小猪是怎么盖房子呢？用什么盖房子呢？先盖什么后盖什么呢？

2. 感受歌曲旋律，理解歌词内容。

教师演唱歌曲《盖房子》后提问：房子是怎么盖的呢？你听到了什么？

幼儿说一样，教师摆放相对应的图谱。

教师演唱后提问：你们还听到什么啦？（将所有的图谱展示出来）

教师：歌曲里是按照什么顺序盖房子的呢？小朋友按照歌曲的顺序，把图谱摆放整齐。

教师：我们来听一听，歌曲里是这样盖房子的吗？一起来唱一唱。

3. 创编歌曲的动作。

教师提问：砌砖可以做什么动作？抹水泥呢？

幼儿创编动作，教师提取相应动作编入歌曲表演中。

4. 完整演唱。

教师：让我们一起来盖房子吧！幼儿一边做动作一边演唱歌曲。

活动延伸

1. 区域游戏：在表演区提供小猪头饰、《盖房子》的音乐和图谱，鼓励幼儿创编各种动作，跟着音乐表演；在语言区提供图书《小猪盖房子》，供幼儿自由阅读。

2. 环境创设：在语言区创设《小猪盖房子》的好书推荐环境。

关键经验

1. 喜欢唱歌，理解歌词内容并学唱歌曲，尝试根据音乐的节奏做盖房子的模仿动作。

2. 喜欢看绘本故事，初步理解绘本上文字与画面的对应关系。

附：歌曲

盖房子

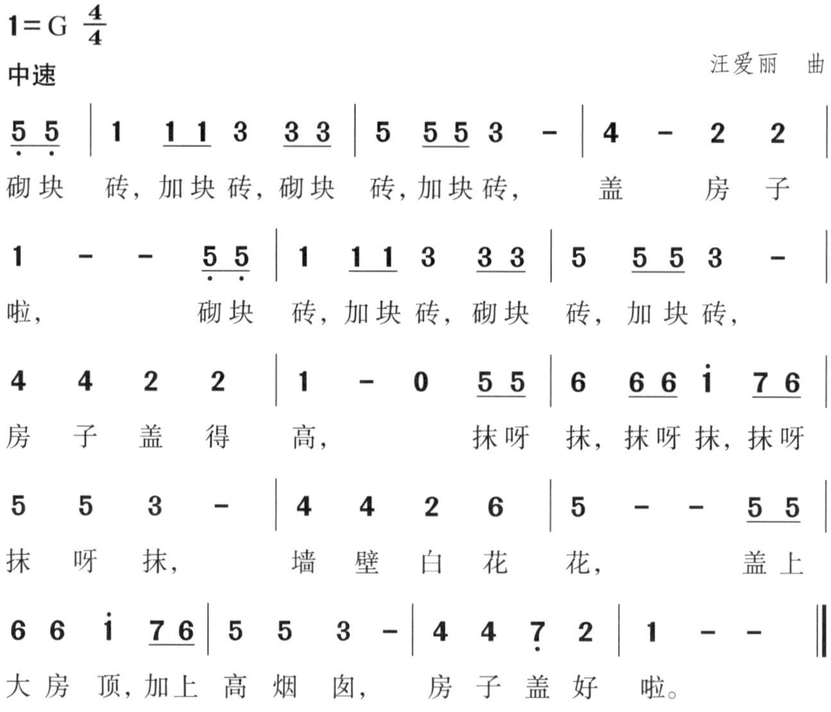

活动八　小房子

活动背景

在听过《小猪盖房子》的故事后，幼儿对建构小房子跃跃欲试，他们平时用积塑玩具表现的房子很小，想法并没有得到充分的满足，提出想表现一个更大一点的房子，类似幼儿园里的一个房子造型的大型玩具。本活动中，幼儿整合已有经验，尝试用清水积木表现出房子的典型特点。

材料准备

各种清水积木，幼儿园的房子造型大玩具的图片，小矮人等。

活动描述

1. 唱歌导入，激发建构房子的兴趣。

教师：你们唱的歌曲真好听，听说木头做的房子最牢固，你们是不是也想像小猪一样建构一座木头小房子呢？

2. 观察小房子的图片，交流其主要特征。

教师：小房子是什么样子的？

玉米：小房子很小，是给小矮人住的。

琪琪：小房子也有门，还有尖尖的房顶。

教师手指房子的墙，问：这是房子的哪里？

大川：是墙。

教师：有几面墙？我们一起来数一数，1、2、3、4，一共有几面墙？

幼儿齐：4 面墙。

教师：墙上有什么呢？

吉米：有窗户，有门。

教师：它们是什么形状的？

琳琳：窗户和门都是长方形的。

幼儿继续观察房屋顶部，发现房顶是三角形的，上面还有烟囱。

经完整观察后，幼儿发现房子有墙，有门，有窗，还有三角形的房顶。

3. 商量讨论房子搭建的顺序以及方法。

教师：房子应该按什么顺序搭建？先搭什么，后搭什么？怎么搭？和你旁边的小伙伴商量一下。

在讨论中，幼儿理清了搭建顺序：盖房子需要先搭地基，才能往上继续搭建出墙面、门等部分。从下往上搭，先围合出房子的墙再搭房顶。

教师：有了地基怎样才能让房子站稳？墙可以怎么围呢？

小米：可以用柱子，在柱子上面架双倍块，因为柱子很粗。

在教师的引导下，幼儿关注到房子的牢固问题，并选择用粗粗的圆柱作为支撑物，架高房屋。

4. 参与建构游戏。

教师：你们搭的房子准备给谁住呢？我们一起来帮小矮人建一座漂亮的房子吧！

幼儿选择合适的清水积木进行搭建游戏。

小米将双倍块铺在地上，在上面放上圆柱，在圆柱上架双倍块，用基本块竖着横放在侧面做墙，上面加一个小方块做窗户，然后找来很多长三角，放在顶上排成两排做屋顶。

5. 师生共同欣赏交流。

教师：你们是用什么积木把房子架高的？这是房子的什么地方？邀请小矮人到房子里去看一看吧！

幼儿搭建的小房子都有地基，并且都选用圆柱形作为房子的支撑物，在架高的过程中，四个圆柱的位置，都经过了一定程度的调整，架高后的整齐度一般，需要教师及时的引导。幼儿多采用排列积木的方式搭建屋顶，门窗表现比较单一，以方形为主。

活动延伸

1. 区域游戏：在建构区提供小木头娃娃，鼓励幼儿继续用积木给小娃娃盖房子。
2. 晨间谈话：师幼共同交流所见过房子的特点，丰富幼儿的认知经验。
3. 家园共育：鼓励家长带孩子外出的时候，观察看到的房子，并拍照发到班级群里。

关键经验

1. 能仔细观察，用简单的语言描述出房子的特征。
2. 使用合适的积木，按从下往上的顺序搭建，表现出房子的门、窗、墙、屋顶的特征。
3. 在活动中能注意保护作品、轻拿轻放，遵守规则。

图 6-21　小房子（一）

图 6-22　小房子（二）

图 6-23　小房子（三）

图 6-24　小房子（四）

活动九　漂亮的门窗

活动背景

幼儿用积木尝试过搭建小房子，知道房子有墙、门、窗和屋顶。在观察图片的过程中，幼儿发现门窗原来还有不一样的造型，提出要盖一座牢固结实的房子。本活动中，幼儿感受房子门窗的重要性和不同的造型，尝试用不同的积木组合，搭建不一样的门窗。

材料准备

各种清水积木，上一次活动建构的作品。

活动描述

1. 观察作品照片，讨论交流建构中的问题。

提问：这是上次搭建的小房子作品，在建构过程中你们有没有遇到什么困难呢？可以以小矮人的口吻说出它们住的感受，如太矮了、窗户太小、不牢固等。

2. 讨论房子门、窗的搭建方法。

教师：小房子的窗户和门是什么样子的？

小小：小房子的门是长方形的，窗户是椭圆形的。

教师：如果请你来设计，你想用什么形状的积木来搭呢？

糯米：用四个半拱门合在一起，中间就有一个椭圆形，很像窗户。

教师：你们喜欢什么样的门呢？你们想用什么形状的积木来搭？

曦曦：可以用那个长方形，上面加一个小半圆，就是一个圆的门啦。

引导幼儿讨论并请部分幼儿用积木进行尝试。

教师：房子是高高的，用什么办法才能把房子架高一点呢？

大川：我知道，可以用圆柱积木，在柱子上面再放一个柱子，这样，就像高高的房子啦。

3. 幼儿参与建构房子的游戏。

教师关注幼儿找到房子架高和窗户造型的建构方法。

冉冉将双倍块平铺在地上，在四个角上放上圆柱，上面再铺一层双倍块，在上面用大半圆围边，空出的四个角，分别放上四个方柱块，做成楼顶的四个尖角。接着找来小圆柱和小曲面，架在一楼当窗户，小方块积木当门。

教师：用一块积木拿一块积木，不用的积木要及时放回去。

4. 欣赏交流。

教师：你最喜欢哪个窗户？它是用哪些积木做的？

皮皮：我最喜欢这个窗户，它是半圆形的，是用半拱璧积木做的。

幼儿搭建出房子后，能有意识地选用不同形状的积木来表现门窗的造型，有的用两个半拱门做大门，有的用小曲面做拱形的窗户，还有的用小方块间隔做窗户。有的幼儿会一边搭建一边观察同伴的作品，有的幼儿则直接模仿同伴做一样的大门。幼儿有非常丰富的创意变化，如把半拱门平放，两两组合表现出不一样的窗户。

活动延伸

1. 区域游戏：在积塑材料拼插区，鼓励幼儿表现出家里的小物品，如花篮、台灯、小书架等，放在搭建的小房子里。

2. 环境创设：在儿童海报中以图文形式呈现幼儿的拼搭过程和作品。

关键经验

1. 尝试用架高或围合的方法搭建小房子，能用多种形状的积木表现门和窗户。

2. 会使用比较合适的语言，描述门窗的不同造型特征。

3. 喜欢用积木搭建小房子，能按需要拿取积木。

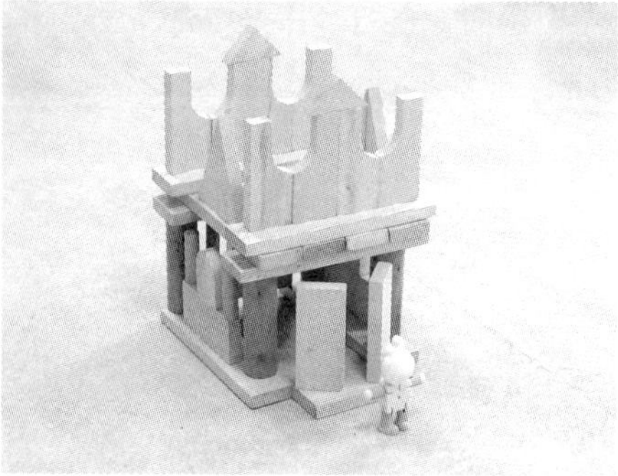

图 6-25　小房子（五）

图 6-26　小房子（六）

图 6-27　小房子（七）

图 6-28　小房子（八）

活动十　小别墅

活动背景

幼儿能运用垒高、架高的方法搭建房子，并尝试用不同形状的积木表现门、窗的造型和屋顶，但整体比较小。有幼儿提出自己家里还有小院子，院子里有花草、桌椅、秋千等设施。本活动中，幼儿迁移围合的建构经验，表现出带院子的别墅。

材料准备

各种带栅栏的、结构丰富的别墅图片，各种清水积木等，上一次建构作品的照片。

活动描述

1. 欣赏上一次活动作品。

教师：上次小朋友们的房子搭建得特别漂亮，哪里最特别呢？表现的是房子的什么部分？

小鱼儿：我搭的房子窗户最漂亮，因为是用半拱门积木搭的，窗户是半圆形的，很漂亮。

2. 欣赏漂亮的别墅。

教师：这座房子和我之前搭建的房子有什么不一样的地方？房顶、窗户、门、外围栅栏有什么不一样？

小米：这是个别墅，它有个小院子，这座别墅的屋顶是半圆形的。

教师：这座别墅是由几座小房子组合连接在一起的？

幼儿发现这座别墅是由一个大大的正方形房子和一个小的长方形房子连在一起组成的。

教师：别墅里有小院子吗？院子里面有什么？栅栏有什么用？

玉米：我家住的就是别墅，别墅里面有桌子、椅子，还有我的玩具，栅栏很漂亮，可以把坏人拦在外面。

教师：用哪些积木可以表现出美美的栅栏？

岩岩：可以用小圆柱和小三角做栅栏，给别墅围一个美丽的院子。

3. 幼儿建构别墅。

教师：在搭别墅的时候，我们需要注意什么？

沁宝：要把积木对整齐，这样别墅就不会倒了。

岩岩很快用双倍块积木搭建了一个方形的两层房子，并且分别用小方块和大半圆做窗户和屋顶，然后他在侧面用双倍块积木围合了一个长方形的房子，在上面用矮圆柱和基本块架了一个小方形的二层楼，用小拱璧围合成一个圆弧顶。他找来小圆柱和小拱形积木，间隔着围院子，在院子中间，用细方柱和小三角做一把遮阳伞，用两个小半圆围合成椅子，放在遮阳伞周围。

曦曦搭好了小别墅，他拿了许多小方块积木，在房子周围围了一个大大的院子，他想了想，取来了半拱门当大门，用小方块做了两把椅子和一把遮阳伞放在院子中间。

4. 欣赏交流建构作品。

教师：我们一起来参观这些漂亮的别墅吧！请你们说一说，最喜欢哪座别墅？哪座别墅的造型最特别？栅栏最有特色？

活动延伸

1. 区域游戏：在建构区提供多种别墅的图片，鼓励幼儿尝试将不同形状的房子组合成别墅，并用多种辅助材料丰富、美化小院子。

2. 晨间谈话：欣赏和交流间隔的栅栏和间隔排列的物体，感受间隔排列的美感。

关键经验

1. 发现别墅的多样性，会使用多种形状的房子进行组合搭建，表现其顶、窗的不同造型。

2. 在观察中发现物体间隔的美，尝试用积木表现间隔排列的栅栏。

3. 感受别墅的建筑美。

图 6-29 小别墅（一）

图 6-30 小别墅（二）

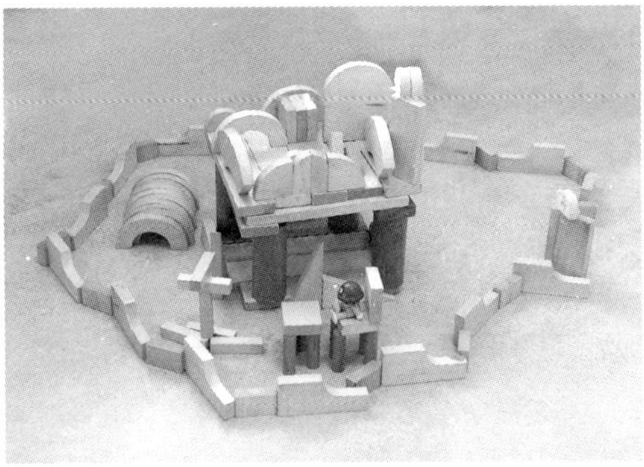

图 6-31　小别墅（三）

图 6-32　小别墅（四）

线索描述

线索二　有趣的娃娃家

在娃娃家游戏中，“爸爸不带娃娃，自己出去玩了”的问题，引发幼儿对爸爸妈妈分工合作的讨论，“应该谁带娃娃”“怎么当好爸爸妈妈”成了他们想当好小大人的头等大事。通过讨论形成的共识，增加了幼儿的责任感和使命感；幼儿对“家”的经验日渐丰富，不仅想为娃娃家搭建大门，还想搭建厨房、客厅、卫生间。“在哪里玩娃娃家”的讨论中，他们尝试将娃娃家搬到户外，分割出不同的房间，找来各种碳化积木、纸筒、纸砖、泡沫垫等材料，在操场上搭建娃娃家并游戏起来。

“没有桌子怎么办？”“在哪里给娃娃洗澡？”他们用身边的轮胎尝试搭建桌腿，用纸板装饰桌面，在卫生间搭建洗手台和沐浴房，用玩具拼插淋浴用品，想出了各种解决方法，将生活经验完全融入游戏中，充分发挥了材料的作用和价值。

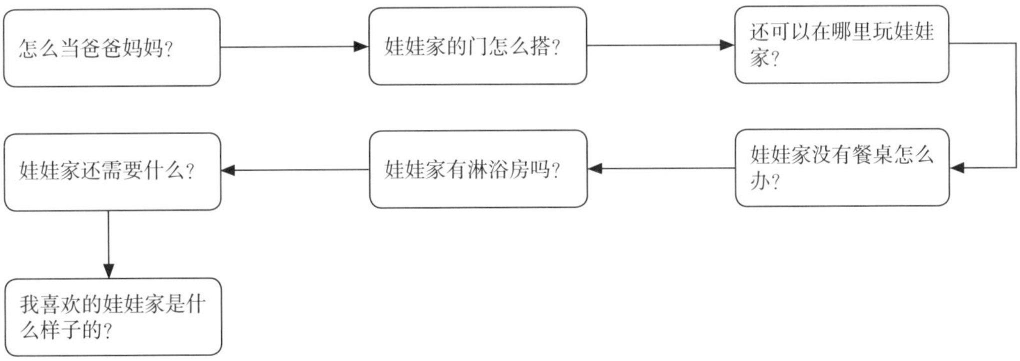

活动一　扮家家

活动背景

在娃娃家游戏的分享中，幼儿提出了“爸爸不带娃娃，自己出去玩了”的问题，这引起了大家的交流，他们扮演爸爸妈妈，体会家人是如何照顾自己、陪伴自己的。本活动中，幼儿通过学唱歌曲，进一步了解爸爸妈妈要做的事情，用动作模仿生活中的爸爸妈妈。

材料准备

娃娃家玩具，《扮家家》音乐，装扮父母的表演道具（领带、项链等）。

活动描述

1. 熟悉音乐，模仿爸爸妈妈的动作。

教师：这是领带和项链，爸爸平时带什么？妈妈平时带什么？

教师：我们跟着音乐，学学爸爸戴领带、穿大皮鞋走路的样子。

教师：我们跟着音乐，学学妈妈梳头发、抹口红、穿高跟鞋走路的样子。

教师引导幼儿做一做爸爸妈妈的动作，看谁扮演的爸爸妈妈最像。幼儿把日常观察到的爸爸妈妈的表情、语言和动作都表现出来，还真惟妙惟肖。

2. 学唱歌曲，讨论问题，学习《扮家家》歌曲。

教师：娃娃家的爸爸出去玩了，不带娃娃，这样做对吗？

教师：爸爸妈妈在家会怎么陪娃娃？

牛牛：爸爸陪我玩，妈妈陪我讲故事。

教师：爸爸妈妈在家里是怎么照顾娃娃的？我们一起来唱一唱。

教师：歌曲里面爸爸妈妈在做什么？我们一起来做一做爸爸妈妈的动作。

教师带领幼儿跟着音乐一起边做动作边演唱。

3. 创编歌词。

教师：爸爸妈妈平时除了炒小菜在家还做什么？我们把它编进歌曲里。

曦曦：我的爸爸会踢足球。

琳琳：我的妈妈会画画。

教师：我们把爸爸踢球、妈妈画画编进歌曲里来唱一唱。

幼儿在创编歌词的过程中，发现爸爸妈妈在家里会陪伴宝宝游戏和学习、照顾宝宝的生活，爸爸妈妈一直爱着宝宝。在教师的帮助下，幼儿尝试用创编的语言替换歌词，分别将创编的“讲故事”“去郊游”“做运动”等歌词唱进歌曲里。

活动延伸

区域游戏：表演区提供《扮家家》音乐和扮演爸爸妈妈的道具，鼓励幼儿创编出更多的歌词和动作，创作出属于自己的歌曲；在娃娃家角色游戏中，鼓励幼儿在扮演爸爸妈妈的时候，带娃娃讲故事、去郊游、做运动，丰富游戏内容。

关键经验

1. 能跟随熟悉的音乐演唱歌曲，模仿爸爸妈妈的动作。

2. 能在教师的帮助下尝试替换部分歌词。

3. 愿意和同伴一起扮演爸爸妈妈，玩有趣的娃娃家游戏。

附：歌曲

扮家家

活动二　有用的大门

活动背景

在娃娃家游戏中，幼儿都是直进直出，一天发生了“东西丢失”的案件，他们提出要给家搭个门，这样就安全啦。本活动中，幼儿通过思考和尝试，选择合适的材料和方式搭建大门。

材料准备

各种形状的积木、纸砖、大塑料玩具、泡沫垫、万能工匠玩具等。

活动描述

1. 谈话讨论大门的样子。

教师：自从上次“东西丢失”后，岩岩就为娃娃家搭了一扇门，我们一起来看一看。

岩岩：我搭了一扇门，我从上面跨进去，就走到娃娃家里面了，再从上面跨出来，就出来了。

东东：门太矮了，还要弯着腰跨过去。

幼儿发现大门很高，人可以从下面走过去的，有大大的门框。

2. 用多种材料尝试做大门。

教师：我们用什么材料来做大门呢？

教师：这里有许多纸砖、彩色玩具、积木和万能工匠玩具，请小朋友去试一试，怎么样给娃娃做一个又漂亮又安全的大门。

岩岩选用泡沫垫连接，他接长了两块做底，先连接左边的门框，再连接右边的门框，但门框会倒。于是他又连接了两块泡沫垫，做成了一个中空长方形的大门。他非常高兴地指给老师看并说："我的大门建好了。"

吉米用纸砖做大门，他把三块纸砖竖着向上垒了一个纸砖柱，在旁边又垒了一个，他手拿纸砖准备往上架的时候，发现两个竖放的纸砖柱间隔距离大，纸砖放不上去。

小米用彩色的塑料玩具做门，她将两个塑料玩具垒高，拼出两个门柱后，又表现门头并连接下面玩具在一起，在移动这扇门的时候，玩具脱落了掉在地上。老师帮助她用胶带进行了加固，她非常高兴地将拼好的大门放到娃娃家门口。

幼儿分别选择各种材料做大门，其中，使用泡沫垫和彩色塑料玩具的幼儿成功完成，使用纸砖的幼儿在架门框时发现材料不够长，无法架上去。

3. 讨论分享。

教师：请你说一说，自己建的大门是用什么材料怎么搭建的？

教师：你最喜欢哪一个大门？为什么？

教师：吉米的大门没有顶怎么办？怎么帮助他来解决这个问题？

大川：可以用长长的积木放在上面做门的顶。

九九：可以请老师帮忙，用胶带把纸砖粘在一起，粘成一个长条架在上面。

幼儿分享自己搭建的大门，并开动脑筋，帮助同伴解决搭建中的问题。

活动延伸

1. 区域游戏：将幼儿搭建的大门应用在娃娃家游戏中，鼓励他们表现出更加牢固、美观的大门。

2. 晨间谈话：交流有趣的大门和门锁的话题，感受门的多种多样。

关键经验

1. 尝试选用各种建构材料，迁移垒加、拼接的方法搭建高大又牢固的大门。

2. 喜欢承担一些小任务，并为自己的成果感到高兴。

图 6-33　大门（一）

图 6-34　大门（二）

图 6-35　大门（三）

图 6-36　大门（四）

活动三　户外娃娃家

活动背景

幼儿知道家由很多房间组成，每一个房间都有不同的作用，在参与娃娃家游戏的过程中，也尝试搭建大门、围墙等，区分出厨房用品和客厅用品，但走廊空间比较狭小，分隔房间的场地受限，他们表示想到户外搭建娃娃家，玩娃娃家的游戏。本活动中，幼儿利用户外更加开阔的空间，尝试用丰富的各种材料表现出房子里的家具、大门、围墙等物体。

材料准备

碳化积木、纸砖、海报筒、泡沫垫等，娃娃家玩具、各房间家具的小标记。

活动描述

1. 提出问题，谈话讨论。

教师：走廊太小，没办法建造各种房间，怎么办？

曦曦：到外面去玩。

教师：这个办法好，外面有好大的场地，用什么材料来围合房间呢？

小小：用积木围一个房间。

岩岩：用泡沫垫子搭一个房间。

讨论：娃娃家需要几个房间？

九九：要有厨房，还要有厕所。

牛牛：要有客厅吃饭的地方，还要有娃娃睡觉的房间。

在讨论中，幼儿明确户外娃娃家里有客厅、卧室、厨房和卫生间等房间，还有大门，他们思考可以选择碳化积木来搭建家具，用纸砖和海报筒围合出不同的房间，给娃娃搭一个漂亮的家。

2. 给娃娃建一个有房间的家。

幼儿在户外自由选择材料，进入娃娃家进行搭建游戏。

曦曦拿来了中空的碳化积木块，把它放在地上，在它的左边和右边分别放上两块小中空碳化积木，又拿了一块大积木铺平，如此垒加出三层的衣柜，最后用薄长板在上面加顶。幼儿分别按房间选择不同的家具标记进行搭建。

3. 交流分享，进行游戏。

幼儿欣赏娃娃的新家，说一说有几个房间，各有哪些设施，然后一起玩娃娃家的游戏。

活动延伸

1. 区域游戏：在角色区提供更多的纸砖、海报筒、泡沫垫以及户外碳化积木材料，鼓励幼儿到户外搭建娃娃家，拓展娃娃家的空间，丰富游戏经验；在美工区用画纸、笔把自己搭建的娃娃家画下来。

2. 户外游戏：利用户外搭建的娃娃家家具和用品进行游戏，感受在自己创造的环境中游戏的快乐。

关键经验

1. 尝试用大型户外建构材料，按标记搭建出不同房间的各类家具、围墙、大门等设施。

2. 乐意与同伴分享自己的搭建想法。

3. 感受与同伴共同搭建娃娃家、玩娃娃家游戏的快乐。

图 6-37　书桌椅

图 6-38　床和床头柜

图 6-39　沙发和茶几

图 6-40　衣柜

活动四　美美的餐桌

活动背景

在户外搭建中，幼儿发现在户外的娃娃家没有固定的桌子，他们尝试找材料当桌子，可是桌面都很小，放不下几样玩具，“没有桌子怎么办？”的问题，引起了大家的讨论，师幼共同收集材料，找来了大纸板，用纸板做桌面是个好主意，可是纸板不美观，他们决定用涂鸦、印压的方法绘画餐桌布。

材料准备

各色颜料，方形大纸板。

活动描述

1. 讨论绘画内容。

教师：上一次，我们在搭建娃娃家的时候，没有桌子，小朋友找来了大纸板，我们怎么把纸板桌面装饰得更漂亮呢？你想画什么？

小小：我想画花。

葡萄：我想画爱心。

玲玲：我想画人。

2. 讨论绘画的方法。

教师：颜料怎样使用？

曦曦：用笔刷直接在桌面上画。

冉冉：可以先用黑色的笔把想画的画下来，然后用颜料涂颜色。

九九：也可以用棉签蘸颜料画，还可以选一些玩具，用我们以前印画的方法来画。

3. 分组绘制桌面。

教师鼓励幼儿选择自己喜欢的方式进行绘画，教师注意观察幼儿使用的绘画方式和材料。

4. 欣赏作品。

教师：一起来看看有趣可爱的餐桌吧！

教师：给你的桌面起一个好听的名字吧。

小满：我们的桌子叫小花桌子。

大川：我们的桌子叫爱心桌子。

活动延伸

区域游戏：在美工区继续设计、制作桌面，将桌面放置晾干，作为娃娃家游戏材料，积极参与娃娃家游戏。

关键经验

1. 能根据自己的想法，选择相应的绘画工具和材料，用简单的线条和色彩装饰桌面。

2. 体验自己制作游戏材料的快乐。

活动五　娃娃家的淋浴房

活动背景

在生活中，幼儿使用过沐浴球、花洒等淋浴工具，可是娃娃家没有淋浴房，怎么办呢？本活动中，幼儿通过仔细观察，尝试用各种积塑材料表现生活中的淋浴工具，感受自己动手创造的快乐。

材料准备

淋浴工具的图片，万能工匠、雪花片、布娃娃等。

活动描述

1. 谈话讨论娃娃的需求。

教师：在娃娃家游戏中，小娃娃想洗澡怎么办？小朋友们，你们平时洗过淋浴吗？是怎么洗的？

葡萄：是站着洗澡的，上面有一个水龙头。

曦曦：对，我家也有，像下雨一样，有很多水。

2. 观察淋浴工具。

教师：我们一起来看看，水是从哪里流出来的？

小满：水是从这个大大的圆形里出来的。

教师：对，这是花洒，像一个圆圆的盘子。看看下面还有什么？

糯米：下面有一个开关，一开，水就出来了。

教师小结：花洒主要是由管道、花洒头、开关组成的。

3. 讨论搭建的材料。

教师：娃娃家的小娃娃很久没有洗澡了，我们来做花洒，帮助小娃娃洗个香喷喷的澡吧。可以用什么材料来做呢?

冉冉：可以用雪花片来做。

曦曦：可以用我们玩的万能工匠玩具。

4. 建构淋浴工具。

冉冉用万能工匠的红管、T 字接头连接上红齿轮，高兴地说“一个大花洒”，接着，把“花洒”举起来放在头顶上，“洗澡啰！”

轩轩用黄轮和黄管接长后，用蓝管和黄轮连接最下面的黄轮，让淋浴器能站起来。接着，在最上面用蓝管、T 字接头和黄齿轮做了一个花洒。他又拿了一个 T 字接头和小孔片，旋转小孔片“打开水龙头”，他看了看黄齿轮做的花洒，找来大树叶元件，把树叶上的孔套在黄齿轮的齿上，围了一圈，做了一个正在淋水的花洒。

5. 欣赏作品并游戏。

幼儿在拼插花洒时，通常最先连接长管，然后拼插底座，让花洒站起来，最后制作花洒头的材料和连接件。其中，有个幼儿巧妙地用绿树叶做花洒上流出的水，很形象。幼儿用自己做的花洒，给小娃娃洗澡。

活动延伸

1. 区域游戏：在娃娃家角色游戏中，在卫生间布置淋浴房，将拼插的淋浴工具放在淋浴房里，帮小娃娃洗澡。

2. 环境创设：将制作的花洒放在作品展台上，供大家欣赏。同时将幼儿制作的过程记录下来，展示在儿童海报中。

关键经验

1. 能仔细观察生活中花洒等淋浴工具的基本结构。

2. 在观察图片的基础上，尝试使用各种积塑材料拼插出淋浴工具。

3. 喜欢建构活动，感受为娃娃洗澡游戏的乐趣。

图 6-41　花洒（一）

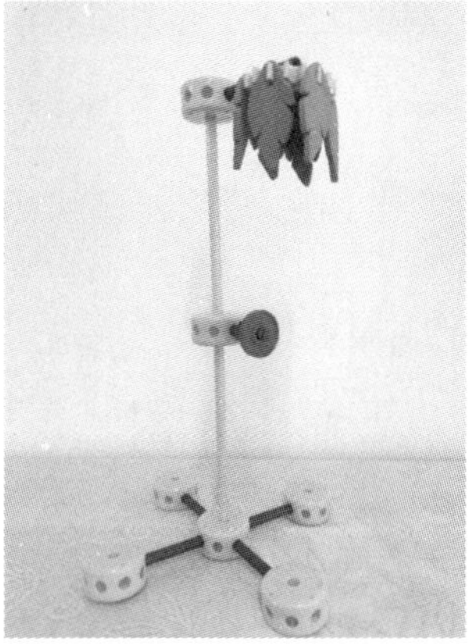

图 6-42　花洒（二）

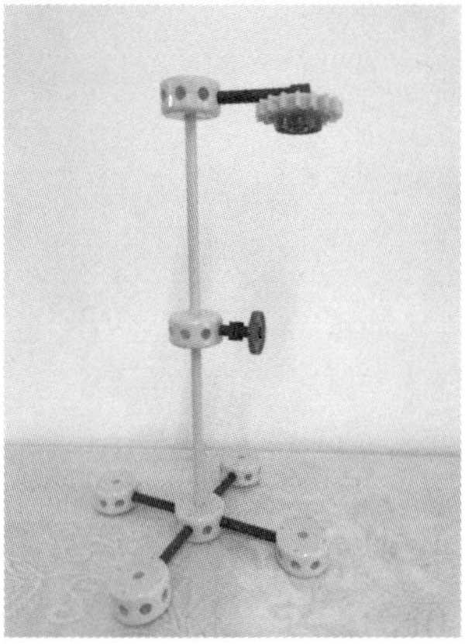
图 6-43　花洒（三）

图 6-44　花洒（四）

活动六　娃娃家的用品

活动背景

幼儿在日常桌面建构游戏中，会使用材料拼插勺子、碗等餐具和卧室里的台灯、花盆、相框等用品，娃娃家里还需要什么呢？本活动中，幼儿尝试用各种拼插材料，将拼插活动与游戏需求结合起来，尝试表现出家里的电话、台灯等物体。

材料准备

雪花片、万能工匠等积塑拼插玩具。

活动描述

1. 提出问题，尝试解决。

教师：小朋友在玩娃娃家的时候，想要什么玩具啊？

冉冉：我想要一个电话，可以给妈妈打电话。

牛牛：我想要一个相框。

沁宝：我想要一个篮子，给娃娃买菜。

教师：那娃娃家没有怎么办？

幼儿：我们来拼插一个。

教师：这个办法好，可以自己用玩具来做。

2. 讨论建构的材料和方法。

教师：我们用什么玩具来做娃娃家里需要的用品呢？

吉米：用雪花片。

教师：还可以用什么？

轩轩：万能工匠玩具。

3. 幼儿参与建构游戏。

教师：我们活动室里有这么多材料，你想用什么材料都可以，在做的时候，如果遇到了困难，可以请老师帮忙，也可以自己动脑筋解决。

沁宝首先选择的是雪花片，她先用蓝色的雪花片，拼了一个长条，接着转弯拼了一个长条，最终围合成一个长方形，她把长方形竖着放在桌面上，但它很快就倒下来了。她又拼了两个短条，斜插在相框的后面作支撑，相框就站起来了。

吉米用长红管和黄轮接长，在下面用蓝管和黄轮做支架，然后用长软管连接最上面的黄轮，在软管的另一边放上黄齿轮，黄齿轮掉了下来，他接着套上黄齿轮，并加了一个小孔片，落地台灯就做好啦！

4. 展示作品并放置在娃娃家。

幼儿拿着自己的作品介绍，说一说拼的是什么，怎么使用。

小米：我拼的是一个相框，里面可以放照片。

幼儿在选材时，通常选择自己熟悉也便于表现的万能工匠和雪花片。他们用万能工匠表现最多的是放在床头的小台灯，也有落地大台灯和电话机，还用雪花片拼插出了相框和电话机等。

活动延伸

环境创设：将幼儿拼插的用品放在娃娃家的窗台上展示，方便幼儿游戏时使用。鼓励幼儿将日常拼插的娃娃家用品，放在自己的作品展示台上展览。

关键经验

1. 能根据自己的游戏需要，创造性地表现出相框、电话、台灯等日常生活用品的主要特征。
2. 体验自己动手，将建构作品用于游戏的快乐。

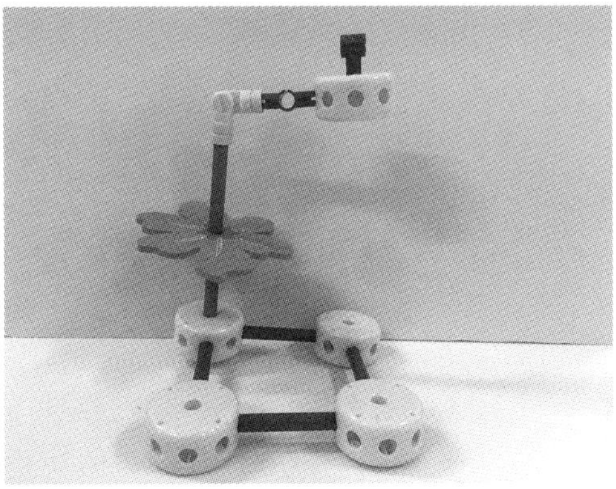

图 6-45　娃娃家台灯

图 6-46　娃娃家相框

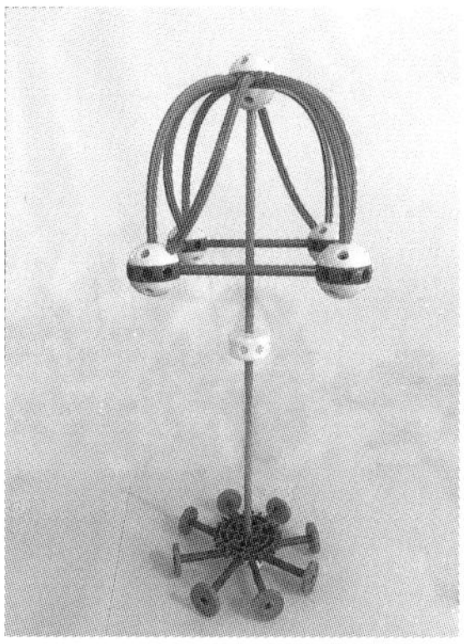

图 6-47　娃娃家落地灯

图 6-48　娃娃家电话

活动七　我们的娃娃家

活动背景

幼儿在户外娃娃家游戏中，用各种材料尝试搭建房间里的各种家具，有了初步的房间概念，在天气良好的情况下，他们最喜欢到户外玩娃娃家的游戏。本活动中，幼儿继续用多种材料表现房间、家具及各种用品，用于自己游戏的需要。

材料准备

各种户外轮胎、碳化积木、纸筒、纸砖、泡沫垫、纸板桌面等材料，幼儿拼插好的娃娃家用品等。

活动描述

1. 对户外搭建娃娃家的想法。

教师：你想要什么样的户外娃娃家？你希望娃娃家有几个房间？有什么家具？

小满：我想要一个客厅、娃娃睡觉的房间，还有厨房、卫生间，还有一扇大门。

吉米：我想要四个房间，有小床、洗手台、桌子，还有衣柜。

2. 讨论建构材料。

教师：你想用什么材料搭建房间？

九九：我想用纸砖围成一个房间。

教师：用什么材料搭建家具？

大川：可以用轮胎搭建桌子，用碳化积木搭建柜子。

3. 讨论房间里的活动。

教师：在厨房里做什么？

轩轩：在厨房烧饭给娃娃吃。

教师：在客厅做什么呢？

大川：可以看电视、玩玩具。

教师：在卫生间做什么呢？

琳琳：给娃娃洗澡。

4. 建构娃娃家。

幼儿按照自己的想法和游戏的需要搭建娃娃家。

轩轩用中空的长方体碳化积木作厕所的盥洗台，他在上面放了一个小中空的碳化积木作水池，用细长的积木放在后面当水龙头。接着，用大长方中空积木作抽水马桶，后面放上一个积木做水箱和背靠板。他在积木筐中找来找去，找到了一个大曲面，放在地上和另一个大曲面拼一拼，拼出了半圆，接着拼出了一个空心圆。他高兴地把四块圆弧形拿到厕所，围合成一个圆，作坐便器的坐垫，说："这是坐的地方。"

5. 欣赏并游戏。

幼儿一起欣赏娃娃家的各个功能区域或房间，进行娃娃家游戏。

活动延伸

1. 区域游戏：将幼儿日常拼插的作品，放在角色区的娃娃家游戏中使用。

2. 晨间谈话：在角色游戏的结束分享中，鼓励幼儿将自己的搭建过程、遇到的问题、解决的办法表达出来，引发大家讨论。

关键经验

1. 根据自己的想法，用各种材料进行房间的围合和组合，体验自主合作搭建娃娃家游戏带来的快乐。

2. 能在不同的房间，使用适合的家具、物品进行游戏。

图 6-49　户外娃娃家（一）

图 6-50　户外娃娃家（二）

图 6-51　户外娃娃家（三）

图 6-52　户外娃娃家（四）

四、关键经验

- 关键经验
  - 健康
    - 情绪稳定、愉快，喜欢在户外进行各类游戏活动。
    - 能连续行走和搬运材料，增强手臂力量和耐力。
  - 语言
    - 喜欢和熟悉的人交流，能用简短、清楚的语言表达自己的建构想法。
    - 能安静地倾听别人说话，理解简单的指令。
    - 愿意欣赏简单的故事，理解小猪盖房子的过程，体验作品所表达的情绪情感。
  - 社会
    - 认识自己的家人及与自己的关系，体会到自己是家庭的一员，感受到家庭生活的温暖，爱父母和长辈。
    - 想加入同伴游戏时，能友好地提出请求，愿意和同伴分享玩具，体验共同玩娃娃家游戏的快乐。
    - 能根据自己的兴趣选择游戏，喜欢承担一些小任务。
    - 在成人的提醒下，能根据游戏的需要，遵守制定的游戏规则。
  - 科学
    - 对各种房子、房间内的各个设施能仔细观察，发现它们明显的特征和主要用途。
    - 尝试用各种建构材料拼插出娃娃家游戏中的设施和物品，如大门、淋浴房等。
    - 知道房子的组成部分，尝试用架高、连接、排列、围合等建构方法搭建各类家具、房屋，表现出房子的门、窗、墙、顶和院子等细节部分。
    - 感知和发现周围物体的形状是多种多样的，区分出它们的大小、多少、高矮等量方面的特点，并能用相应的词来表示。
  - 艺术
    - 尝试用简单的线条和装饰，表现出家具、物品的主要特点。
    - 能跟随熟悉的音乐，用动作模仿生活中的爸爸妈妈，进行生活情境的创编和表演。
    - 能一句一句地唱歌，根据生活中的经验，在成人的帮助下尝试替换部分歌词。

项目七
快乐餐厅

一、项目缘起

中国有句俗话：民以食为天。商场里、公园里常常都设有各种餐厅，幼儿也常常跟着爸爸妈妈在餐厅吃饭，品尝着各种小吃、点心、菜肴。在一次娃娃家的游戏中，乐乐萌生了到餐厅吃饭的想法，她对“爸爸”说：“今天我们带宝宝到外面吃饭吧！”这个想法得到了其他幼儿的热烈响应，大家一起为开展餐厅游戏的事情准备了起来。

幼儿想开一家什么样子的餐厅呢？他们通过亲身体验、阅读绘本，发现餐厅里不仅有各种桌椅、餐具，还有各类服务人员。幼儿运用多种材料尝试搭建桌椅和餐具，并逐步解决了大小比例和多样性的问题。他们还一起讨论餐厅服务人员的工作，知道工作内容有点餐、送餐、结账，甚至还把餐厅开到了户外，让快乐餐厅游戏更加有趣、丰富。

二、发展线索

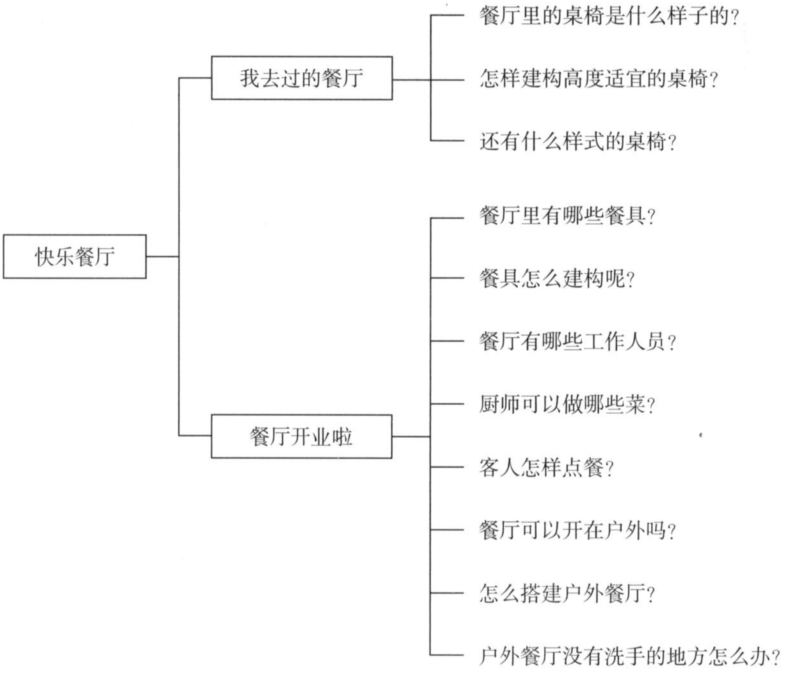

三、具体活动

线索描述

线索一　我去过的餐厅

在本线索中，幼儿围绕餐厅的结构与搭建用餐区的桌椅，展开多次的探索与实践。他们认识桌椅、搭建桌椅，探索桌椅适宜的比例，观察它们不同的样式和功能，并不断地与建构作品进行互动、游戏。

活动一　小小餐厅

活动背景

餐厅到底是什么样子的？幼儿和家人一起再次走进餐厅进行观察和了解，为开展餐厅游戏做准备。通过阅读《河马美食店》绘本，幼儿再一次加深了对餐厅的认识和理解。本活动中，幼儿围绕餐厅的种类、设施、餐具进行分享交流，整合相关经验。

材料准备

幼儿就餐的照片，《河马美食店》绘本图片。

活动描述

1. 教师讲述《河马美食店》的故事。

幼儿通过故事了解到用餐的动物越来越多，河马发现餐厅太小了，已经不能满足客人们的用餐需要了。河马想到了把餐厅的桌椅变多、把餐厅装扮得更漂亮的办法，满足客人的需要。

2. 围绕故事里餐厅的变化进行讨论。

教师：河马餐厅有什么变化？

在观察绘本画面后，幼儿发现河马又增加了很多的桌椅、桌布、沙发、菜单，还有花等。

3. 谈话分享自己最喜欢的餐厅，通过讨论丰富对餐厅的认知经验。

幼儿拿出自己去餐厅吃饭的照片，介绍自己去过的餐厅，对餐厅的种类、设施、餐具进行分享。幼儿去过的餐厅除了用筷子吃饭的餐厅，还有用刀叉的西餐厅，以及可以自己煮一煮、涮一涮的火锅餐厅。幼儿可以根据自己的喜好选择去不同的餐厅用餐。

活动延伸

1. 区域游戏：在美工区提供各种餐具、桌椅等的底图，供幼儿进行涂色游戏，进一步丰富幼儿对餐厅里各种设施、餐具的认知。

2. 晨间谈话：围绕餐厅里的环境布置和餐具进行交流。

3. 家园共育：和爸爸妈妈一起到自己喜欢的餐厅用餐，体验、观察餐厅设施与环境。

关键经验

1. 仔细观察，发现餐厅里有各种餐具、家具等物体。

2. 喜欢听故事，能根据画面说出餐厅的设施，愿意表达自己所看到的事物，分享在餐厅就餐的感受。

3. 运用蜡笔等绘画工具和材料给餐厅内的餐具、家具底图按轮廓涂色。

附：绘本故事

河马美食店

大河马决定开一家美食店，因为他的胃口总是那么好。他相信，在未来的日子里，美食店的生意一定会非常红火。他在自己家的门口挂了一块大大的金字招牌：河马美食店。

河马美食店的厨师是河马，服务员是河马，结账的也是河马。没关系，河马有的是力气，什么活都可以干。

大清早，大河马站在店门口，热情地招呼过路的动物。不过，大家都不清楚大河马的做菜手艺，不愿意第一个尝试。看着有些沮丧的大河马，小白兔决定试一试。大河马很快用鲜艳的红蘑菇为小白兔做了一碗蘑菇鲜汤。可是，小白兔没喝几口，就捂着肚子大喊“疼死我了，疼死我了”。大河马赶紧打120，让救护车将小白兔送到医院去了。自此以后，河马美食店再也没有客人来了。大河马对着自己的锅说：“锅啊锅，我想吃美味鱼肉。”说完自己烧了一条鱼吃了起来，边吃边说：“不错，不错。”吃完又自己付钱给自己。这下，河马美食店，连顾客也是河马自己了。小白兔的身体康复了，又路过河马美食店，看见自说自话的大河马，独自吃着美味的大餐，就走了进去。

“对不起，小白兔，我，我不是故意的。”大河马以为小白兔来找他算账，连忙道歉。“没关系，我已经好了。这也怪我自己，我应该知道红蘑菇是有毒的。”小白兔原谅了大河马。“可你得赔偿我一些损失。”小白兔调皮地说。“这是应该的。可我一点钱都没有，我的店一直没有生意。”大河马发愁了。“我不要你赔钱，我要你赔我一碗蘑菇鲜汤。”小白兔开心地说。“你，你不怕再中毒了？”大河马几乎不敢相信自己的耳朵。小白兔伸长舌头说：“谁让我是贪吃的兔子呢？”大河马激动得不知怎么办好，一个劲儿地说：“有，有，一百碗都有，你等着。”他把篮子顶在头顶上，游到对面的小岛，那儿长满了蘑菇。大河马专挑棕色的蘑菇，采了满满一篮子，洗得干干净净，然后放在锅里煮。一会儿，香味从大铁锅里飘了出来，大河马为小白兔盛了满满一大碗，小白兔尝了一口说：“啊，味道好极了。”

小花猫闻到了香味，咽着口水自言自语地说：“小白兔中过一次毒，她敢喝，我也敢了。”他要了一碗鱼汤，河马做的鱼汤可鲜啦！小花猫开心得“喵喵”叫。胃口最大的大象先生也来了，大河马做了一大锅的美食给他吃；胃口小的仓鼠小姐来了，大河马为她做世界上最小的饼，切最细的草丝。

大河马的菜做得可口极了，现在河马美食店的客人越来越多了，大河马整天忙里忙外的。不过没关系，大河马有的是力气呀！

活动二　认识小桌子、小椅子

活动背景

桌子和椅子是餐厅里随处可见的家具，也是幼儿学习、游戏时的必需品。幼儿发现小桌子和小椅子原来是一对好朋友，除了用来就座，还可以用来玩各种有趣的游戏。本活动中，幼儿通过游戏进一步认识桌子、椅子的特征，养成轻拿轻放的使用习惯。

材料准备

小桌子、小椅子、地垫。

活动描述

1. 玩游戏，引起幼儿的兴趣。

游戏：穿越隧道。教师将桌子连成一排，并盖上大块布，幼儿玩穿越隧道的游戏。

2. 了解小桌子的特征和作用。

幼儿通过游戏了解到小桌子是有高度的，由桌面、桌腿组成，通过集体数一数知道桌子有四条腿，是有一定高度的。他们知道桌子不仅可以用来吃饭、画画、看书，还能用来玩穿越隧道的游戏。

3. 认识小椅子的特征和作用。

教师：小桌子有一个好朋友，你们猜猜是谁呢？

幼儿通过猜测知道小椅子是小桌子的好朋友。

通过自主观察，幼儿了解到椅子由椅背、椅面、椅腿组成，有四条腿。使用桌子时常常也会使用椅子，桌椅是人们休息、工作时的必需品。

4. 和椅子玩游戏，调动幼儿兴趣。

将椅子围成圈，数量比幼儿人数少 1，玩抢椅子的游戏。

5. 知道爱护桌椅的方法，和桌椅做朋友。

了解爱护桌椅的办法。学会和桌椅做朋友，使用时要轻拿轻放。

活动延伸

1. 区域游戏：在美工区提供桌椅底图、蜡笔，让幼儿顺着一个方向给小桌子、小椅子涂色；也可提供废旧的小椅子、颜料和排笔，让幼儿大胆地给小椅子上色。

2. 日常活动：引导幼儿在使用桌椅时要轻拿轻放，并能用正确的方法搬小椅子。

关键经验

1. 了解椅子的基本特征和功用，用适中的声音回应老师提出的简单问题。

2. 愿意用多种工具和材料，涂画自己感兴趣的餐厅用具和设施。

3. 喜欢和桌椅玩游戏。

活动三　小桌子、小椅子（一）

活动背景

上一次活动中，幼儿对小桌子、小椅子的特征和作用进行了了解，他们知道桌椅是必备的家具，在日常生活中随处可见，应该爱惜。他们提出了建构桌椅的想法。本活动中，幼儿积极探索，尝试用清水积木表现出桌椅的典型特征。

材料准备

桌面小型清水积木，桌子、椅子实物。

活动描述

1. 观察桌子，回顾桌子的特征。

教师：教室的桌子是什么形状的？桌腿在桌子的什么地方？

通过观察，幼儿了解到教室桌子的形状有正方形还有长方形，都有四个角，每个桌角下面有一条腿，每条腿一样高。

2. 观察椅子，回顾椅子的特征。

教师：教室的椅子是什么形状的？有什么特征？

幼儿知道椅面是正方形的，椅面上有椅背。

3. 讨论桌椅的搭建方法。

教师：桌子怎样搭建？桌腿和桌面可以用什么形状的积木搭呢？

幼儿通过观察，发现双倍块可以拼搭桌面，桌腿可以用方柱块和小圆柱。

教师：椅子怎样搭建？椅腿用什么形状的积木来拼搭？椅面和椅背呢？

幼儿通过观察，发现椅面可以用小方块拼搭，椅腿可以使用小方柱和方柱块还有小圆柱拼搭。

4. 幼儿参与搭建游戏。

东东使用一个小方块和四个小方柱拼搭成一张小桌子。小方柱不能完全与四个角对齐。教师引导其观察桌腿的位置并再次尝试。

小蓝使用一个小方块和四个小圆柱拼搭成椅面，接着将两个小方柱放置在椅面上，再横着放一个小三角，形成椅背。

5. 分享作品。

幼儿介绍自己的作品。东东用小方块和四个小方柱拼搭小桌子。小蓝使用小方块和小圆柱拼搭小桌子。圆柱形做椅腿，而椅背用了多种形状做装饰。

活动延伸

1. 区域游戏：在美工区用简单的线条绘画小桌子、小椅子。

2. 日常活动：进一步观察教室的桌椅，感受桌椅的高度比例。

关键经验

1. 能仔细观察桌椅的形状和组成结构。

2. 尝试选用适宜的积木元件搭建桌椅，表现出桌椅面、腿、背等典型特征。

3. 能用直线和色彩来表现日常生活中熟悉、简单的桌椅，感受绘画的乐趣。

图 7-1　小椅子（一）

图 7-2　小椅子（二）

图 7-3　小桌子（一）

图 7-4　小桌子（二）

活动四　小桌子、小椅子（二）

活动背景

幼儿在第一次尝试用清水积木表现桌椅后，对其结构特征比较熟悉，但在物体比例上出现了一些问题，如桌子、椅子一样大，甚至有椅子比桌子还要大。桌子和椅子到底谁高谁矮呢？本活动中，幼儿通过细致观察，针对桌椅的比例大小问题进行讨论，尝试用合适的材料和方式表现高度匹配的桌椅。

材料准备

上一活动中幼儿搭建的桌子、椅子的照片，桌子、椅子实物。

活动描述

1. 幼儿回顾上一次搭建的桌椅照片，围绕桌椅的大小比例进行讨论。

在观察搭建作品的照片时，幼儿发现桌椅的高度是相同的。但在实际生活中，桌椅的高度是不同的。教师引导幼儿再次观察实物，发现桌子比椅子高，这样坐得才更舒服。

2. 讨论搭建时表现桌椅不同高矮的方法。

在讨论选择什么高度的积木搭建桌腿和椅腿时，幼儿提出桌子用大圆柱搭，椅子要用小圆柱搭。椅腿要比桌腿短，在积木的选择上也要注意高度。

3. 幼儿参与搭建游戏。

东东先拿了两块基本块在地上拼摆成一个正方形，接着拿了四根小圆柱，用架高铺平的方法，将之前在地面上拼摆好的正方形挪到小圆柱上搭好桌面。此时他发现两个基本块中间有缝隙就调整了距离，使之靠拢，并将小圆柱对齐桌面的四个角，桌子完成了。接着他又找到两根小圆柱，将一块正方形架在小圆柱上形成椅面，接着在椅面的边上又放了一块立起来的正方形，可以看出是椅背。因桌椅用的是同一种圆柱形，因此高度一致。教师引导幼儿观察，他将椅腿的小圆柱换成小正方，并说这张椅子比桌子矮。

4. 欣赏和讨论幼儿作品。

教师围绕幼儿搭的桌面的形状以及桌椅的高矮比例请幼儿进行介绍与分享。淡淡说她的桌子比椅子高。芳芳说她的椅子有半圆形的靠背，比桌子矮。一一说她的桌椅和家里的一样，桌子比椅子高。

活动延伸

1. 区域游戏：在建构区引导幼儿运用多种积木元件拼搭不同形状的桌面，寻找高矮合适的积木表现桌腿，进一步关注在建构中的桌椅大小的比例问题；在美工区提供不同形状的桌椅造型底图、纸、笔，幼儿进行涂涂画画，进一步感知桌椅的形状。

2. 环境创设：将幼儿画的桌椅、建构的作品和在搭建中出现的问题及解决方法布置在儿童海报中。

关键经验

1. 通过观察，会用“×× 比 ×× 高，×× 比 ×× 矮”的语言进行描述。

2. 进一步感知桌椅的特征，选择用合适高度的积木元件，表现出高矮匹配的桌椅。

3. 体验搭建出高度适宜桌椅的成就感。

图 7-5 小桌子、小椅子（一）

图 7-6 小桌子、小椅子（二）

图 7-7　小桌子、小椅子（三）

图 7-8　小桌子、小椅子（四）

活动五　小桌子、小椅子（三）

活动背景

在上一次的搭建游戏中，幼儿尝试解决了桌椅高低不同的问题，进一步明确了配套桌椅的高矮比例。可是在搭建完，有的幼儿想去坐一坐，发现搭建的椅子根本坐不下，坐上去就都倒塌了，大部分作品都比较小。本活动中，幼儿关注餐桌餐椅的多样性与功用性，继续探索搭建更多大造型的桌椅。

材料准备

幼儿就餐时的餐厅图片，清水积木。

活动描述

1. 观察图片，了解桌子和椅子的不同样式。

幼儿了解到桌子和椅子的面有不同形状，有圆形、正方形，还有长方形。

2. 了解桌椅的不同作用。

通过欣赏餐桌餐椅的图片，幼儿发现桌椅的功用是不同的。人多就要坐大圆桌和长条桌，人少可以坐小方桌。

3. 讨论如何搭建餐厅的桌椅。

幼儿尝试根据不同人数用餐搭大小不同的桌椅，并提出搭建的桌椅的高度要让自己觉得舒服。如果要搭建的是大桌子可以邀请同伴一起搭。

4. 幼儿参与搭建桌椅游戏。

丹丹对来来说："我们一起搭大桌子吧！"来来点点头。丹丹拿了两块四倍块过来，来来看到后就跑过去拿来两根大圆柱。丹丹将大圆柱放在四倍块下面的两边，他们继续搭建了另一组并靠靠紧，形成了四条腿的桌子。老师："你们可以坐下来吗？"丹丹蹲下来看看，说："不行，太小了、太矮了。"接着来来又拿了两根大圆柱，将原来的圆柱垒高，再放上四倍块。两个人蹲下来，把手放在桌上，笑着说："好啦好啦，够啦！"

5. 欣赏和讨论作品。

教师围绕桌椅的大小比例请幼儿进行分享和讨论。乐乐介绍自己搭建了一个大圆桌和圆形的椅子。丝丝搭建了方形的桌子和方形的椅子。

活动延伸

1. 区域游戏：在建构区引导幼儿搭建完作品后，可以尝试坐一坐，看是否牢固和舒适。

2. 户外游戏：引导幼儿思考，除了使用清水积木，还可以使用什么材料进行替代来表现出更大一些的桌椅，人坐上去也更加舒服一些。

关键经验

1. 感知桌椅的功用和多样性。

2. 简单组合运用不同形状的积木元件，建构出更大、造型独特的桌椅。

3. 愿意与同伴一起参加建构游戏，初步体验合作的乐趣。

图 7-9　小桌子、小椅子（五）

图 7-10　小桌子、小椅子（六）

图 7-11　小桌子、小椅子（七）

图 7-12　小桌子、小椅子（八）

线索描述

线索二　餐厅开业啦

在本线索中，幼儿主要围绕搭建餐厅这个核心，在游戏中探索发现开餐厅的条件和准备工作，展开了一次次的实践和尝试。他们运用清水积木、碳化积木、纸砖、轮胎、万能工匠等多种材料多次尝试表现出餐厅的各种设施、餐具等，还了解了餐厅里服务人员的工作内容，讨论制作了点菜单，玩起了有趣的餐厅游戏。

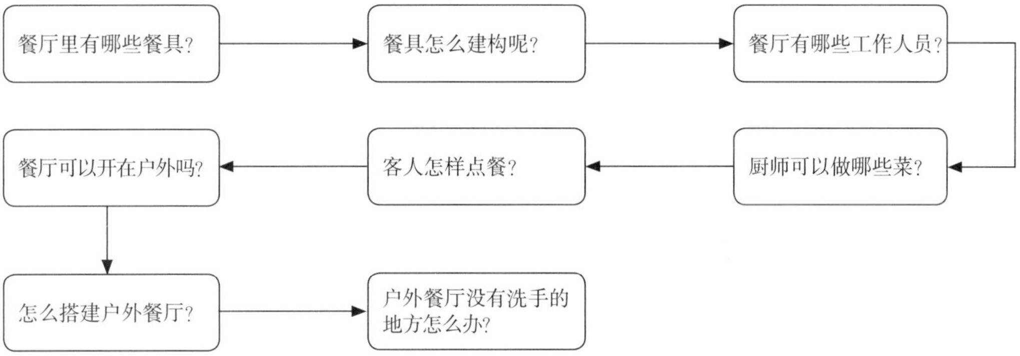

活动一　漂亮的餐盘

活动背景

餐厅开业只有桌椅这些家具当然是不行的，幼儿提出还需要好看的餐盘。本活动中，幼儿用常见的美工材料装饰餐盘，让餐盘更美观，为游戏做好准备。

材料准备

幼儿收集的纸盘、贴纸、蜡笔、超轻黏土等。

活动描述

1. 欣赏图片，进一步了解各种各样的餐盘样式。

通过观察餐盘的图片，幼儿发现有各种不同图案的餐盘很漂亮，教师和幼儿围绕餐盘的花纹展开讨论。幼儿在讨论观察中发现了餐盘的花纹图案的排列方式，有的图案在餐盘中间，有的图案围绕在餐盘边上，还有的是由两种图案间隔排列组成的。

2. 讨论材料和装饰的方法。

教师：可以用什么材料装饰？你打算怎么装饰？

3. 幼儿装饰纸盘。

乐乐用红色和蓝色的超轻黏土搓成圆形，用一个红一个蓝的方式排列压在纸盘的周围。凡凡用小苹果的贴纸顺着纸盘贴一圈，在中间贴了一个大大的贴纸。奇奇用油画棒在纸盘上画出彩色的圆点。

4. 分享展示作品。

可可说他是用红色点点来装饰纸盘边上的。嘟嘟介绍自己是用蓝色和红色的超轻黏土做成小圆球，间隔围在纸盘边上的。奇奇介绍自己是用彩色油画棒画的彩色点点来装饰纸盘的。

活动延伸

1. 区域游戏：在美工区继续提供超轻黏土、贴纸、纸盘等材料，引导幼儿用不同材料装饰纸盘；在数学区投入相关游戏材料，引导幼儿发现间隔排序的规律，尝试按规律排列。

2. 家园共育：家长带领幼儿收集、欣赏各种餐盘，了解其图案样式。

关键经验

1. 仔细观察餐盘，发现餐盘的花纹是多种多样的，乐于用绘画、粘贴等艺术方式装饰餐盘。

2. 通过欣赏餐盘，发现餐盘花纹的空间位置、排列方式的特征。

3. 乐于向同伴展示，并尝试用语言简单介绍自己装饰的盘子。

活动二　餐具（一）

活动背景

餐盘有了，当然还少不了其他餐具。在日常的游戏中，幼儿发现“食物”都比较大，而现成的一些塑料餐具和锅铲又有点小，他们希望能有大一些的餐具。本活动中，幼儿运用观察、设计，使用建构的方法来解决餐具的实用性问题，感知建构在游戏中的有趣和有用。

材料准备

各种积塑玩具，碗、锅铲等餐具。

活动描述

1. 谈话讨论，围绕碗、锅铲等餐具的造型展开讨论。

幼儿发现碗是半圆形的，有底，碗的周围有的高，有的平一点。锅铲有长长的柄，铲面有点平，形状像正方形。

2. 出示不同的积塑玩具，讨论各种餐具的建构材料。

大部分幼儿都表示想使用雪花片进行尝试。

3. 幼儿尝试自由拼搭。

幼儿在拼搭碗底时不知道如何表现，教师通过提问引导幼儿迁移拼搭小花的经验，他们发现碗底有点像一朵小花，然后在“花瓣”上继续向上延伸拼搭，就会表现出碗的造型。幼儿在拼搭锅铲时呈现长条和正方形的结合，但在尝试使用时，锅铲一下就散掉了。教师引导幼儿观察锅铲散掉的原因，探索拼插牢固的方法。

4. 介绍和分享作品。

幼儿介绍自己的作品，分享自己拼搭的餐具。

可可用雪花片拼插出椭圆形的碗。

豆豆用雪花片拼插了一个锅铲。

东东用大雪花拼插出一个雪花形的小碗。

一一用方块玩具围合拼搭了方形的小碗。

活动延伸

1. 区域游戏：在建构区提供多种桌面积塑材料，引发幼儿尝试搭建餐具的兴趣，进一步探究各材料的特性。

2. 日常活动：幼儿介绍作品展示区的建构作品，互相学习，丰富经验。

关键经验

1. 了解常见餐具的典型特征。

2. 迁移原有经验，选用适宜的材料表现出碗、勺、铲的特征，积极思考在建构中出现的问题。

3. 乐意介绍自己的建构作品，感受成功的快乐。

图 7-13　餐具（一）

图 7-14　餐具（二）

图 7-15　餐具（三）

图 7-16　餐具（四）

活动三　餐具(二)

活动背景

幼儿在游戏中使用上一次拼搭的餐具——小碗时，发现薯条和面条总是会从小碗里漏出来。这是为什么呢？针对以上问题，本活动中，幼儿在拼搭碗时注意将缝隙大的地方进行细节处理，缩小缝隙，并且尝试寻找更为合适的材料建构小锅、小碗。

材料准备

漏东西的碗，完整的碗，各种积塑材料。

活动描述

1. 谈话讨论，围绕漏东西的小碗进行观察，讨论原因。

幼儿观察两个拼插的碗，一个是完整的，一个是漏的。他们发现了漏东西的原因：这个小碗的碗底只有竖着拼搭的部分，横向的部分都是空的；有的地方是斜插的，改变了方向，露出很大的空缺。

2. 讨论改进的方法。

有的幼儿提出要使用雪花片把空的地方拼插满，拼插的时候要顺着一个方向从同样的插口拼插。

教师：还有什么材料也能拼插出碗、锅呢?

3. 幼儿尝试建构。

东东选择雪花片拼插好小花后，开始顺着斜上的方向拼插长条，再从长条的第二个雪花片进行连接，有的斜上，有的直上，还有的向斜下方插。教师拍下照片放在电子屏上，请幼儿观察发现问题。立刻就有幼儿发现了方向的问题，他们明确表示要从统一插口向相同的方向横向延长连接，就可以弥补碗的缝隙。

4. 幼儿继续尝试自由拼搭，解决作品的缝隙问题。

5. 介绍和分享作品。

幼儿介绍自己的作品，分享自己拼搭的餐具。

辰辰使用雪花片拼插出一个圆形小碗和一把勺子。丝丝使用贝旺玩具拼插出一个有把手的小锅。嘟嘟使用蓝色和红色的小太阳玩具间隔拼插出一个椭圆形小碗。祺祺使用宝高玩具拼搭出一个方形的火锅。

活动延伸

1. 区域游戏：在建构区提供多种桌面积塑材料，引发幼儿对颜色的认知，学习运用两种颜色有序拼插餐具。

2. 环境创设：在建构区展示各种碗的实景图片，将幼儿拼插的作品及建构过程中出现的相关问题制作成儿童海报。

关键经验

1. 拼插雪花片时能顺着一个方向延长拼插，促进手眼协调的能力。探究乐高等其他材料的可能性。

2. 能用简单的语言口齿清楚地介绍自己拼插的餐具。

图 7-17　餐具（五）

图 7-18　餐具（六）

图 7-19　餐具（七）

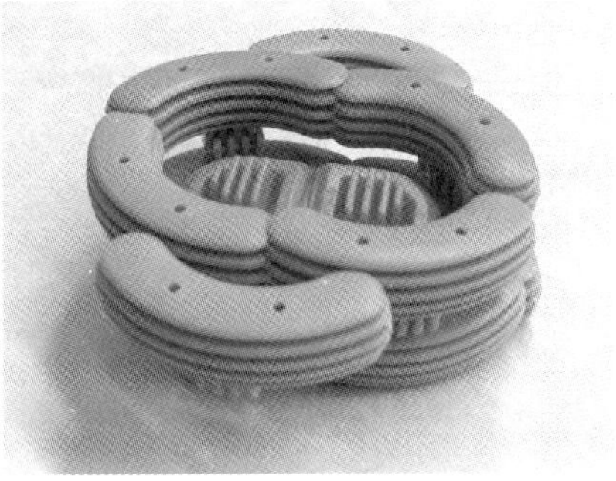

图 7-20　餐具（八）

活动四　餐厅里的工作

活动背景

幼儿对于开餐厅的准备工作有一定的认知，自己探索尝试完成了桌椅、餐具的拼搭。餐厅只有桌椅、餐具等材料肯定不行，还需要服务人员。本活动中，幼儿围绕餐厅里的工作人员和工作内容进行讨论，了解餐厅里各岗位工作人员的工作内容。

材料准备

餐厅工作人员工作的图片。

活动描述

1. 谈话讨论，围绕餐厅里的工作人员展开讨论。

教师：餐厅里有哪些工作人员？

幼儿说出餐厅里有服务员、收银员、厨师，初步知道他们的基本工作内容。

2. 围绕工作人员的工作位置和内容进行讨论。

教师出示工作人员图片，提问：他们都做了些什么事情呢？

幼儿说到服务员要在门口请顾客进来，还要给顾客点菜、端菜；厨师要在厨房烧菜煮饭，准备食物；收银员要在收银台收钱。

3. 幼儿扮演服务员、客人、收银员、厨师，尝试表现他们的语言和工作内容。

一一扮演服务员，东东扮演客人，祺祺扮演收银员，弯弯扮演厨师。东东坐在桌前，一一说："你要吃什么？"然后把菜单递给东东。东东说："一个鸡腿，一杯可乐。"厨师从箱子里拿出一个杯子，又拿了一个鸡腿放在锅里用铲子翻一翻，然后盛在盘子里，端过来递给东东。其他幼儿表示不对，应该一一去端。接着东东一会儿就吃完了，准备走。其他幼儿说："还没付钱。"这时东东对祺祺做了一个付钱的动作，就转身了。

通过讨论，幼儿发现服务员应该使用礼貌用语接待顾客，顾客也要用礼貌用语回应；要在玩游戏前准备好"钱"，按菜单价格去付钱等问题，进一步明确游戏中的交往方式。

活动延伸

1. 区域游戏：在餐厅的角色游戏中，幼儿提出卖珍珠奶茶等饮料的需求，教师提供纸黏土、纸杯等材料支持他们做珍珠奶茶，尝试体验餐厅各工作人员的工作。

2. 晨间谈话：引导幼儿讨论餐厅游戏中的问题，大家讨论找出解决的办法，教师用简图方式做记录。

关键经验

1. 通过讨论，了解餐厅里的工作人员和他们的工作内容。

2. 知道在餐厅用餐的礼仪，能用适当的语言表达在用餐中的需要，尊重服务人员的劳动。

3. 了解珍珠的形状，使用纸黏土等材料制作珍珠奶茶。

活动五　我是小厨师

活动背景

厨师可以做出丰盛可口的饭菜，他是餐厅里最重要的工作人员。那么厨师会做哪些菜呢？本活动中，幼儿通过学习儿歌、替换儿歌部分内容的方式，将自己的生活经验和美好愿望迁移到厨师工作中。

材料准备

《小小厨师》歌曲。

活动描述

1. 谈话讨论，围绕餐厅里的厨师的工作展开讨论。

幼儿能围绕自己喜欢吃的菜和游戏中的"菜"说出厨师会炒鸡蛋、炸鸡腿、煮面条。

2. 倾听儿歌，理解儿歌内容。

幼儿在欣赏一遍儿歌后，能够说出儿歌中的部分语言。花花说切萝卜，菲菲说煮青菜、炒肉丝、炸鸡腿。教师和幼儿一起玩接龙儿歌游戏，教师说前一句，幼儿说后一句，并反复交换角色进行游戏。在游戏中，幼儿逐渐熟悉儿歌的内容。

3. 喜欢念儿歌，替换儿歌部分内容。

幼儿集体朗诵儿歌后，根据已有经验，进行替换菜名的游戏。小泽说切土豆，丹丹说炒鸡蛋，蓝蓝说煮饺子，一一说炸鸡翅，在你一言我一语中，创造出新的儿歌内容。幼儿高兴而又大声地朗诵新的儿歌内容。

活动延伸

1. 区域游戏：在美工区提供相应材料，引导幼儿给菜肴涂上漂亮的颜色，能顺着一个方向来回涂；在小舞台的角色区提供头饰、服装、话筒等道具，引导幼儿表演儿歌《小小厨师》。

2. 家园共育：家长帮助幼儿熟悉、了解常见的做菜方式和菜肴名称。

关键经验

1. 能听懂短小的儿歌，喜欢跟读韵律感强的儿歌。

2. 结合生活经验，尝试为简单、熟悉的儿歌创编新的内容进行替换。

3. 进一步感知厨师的工作，能为自己创编儿歌感到自豪。

附：儿歌

小小厨师

小小厨师真能干！
切萝卜、煮青菜，
炒肉丝、炸鸡腿。
会做的饭菜真不少！

活动六　我来点菜

活动背景

幼儿在玩餐厅游戏进行点菜时，发现只能看食物点菜。其实在生活中，他们发现爸爸妈妈都是在点菜单上点菜看价格，这样就能知道可以吃哪些食物和它们的价格了。本活动中，幼儿学习使用菜单点菜，通过点数 5 以内的雪花片来解决点菜付钱的问题。

材料准备

餐厅里的各种食物模型，菜单，点卡 1—5、数卡 1—5，雪花片。

活动描述

1. 教师出示餐厅的各种食物模型，幼儿了解食物并讨论自己喜爱的食物。

2. 观察点卡和数卡，尝试点数。

教师出示点卡 5，幼儿通过观察点数，说出总数。

3. 通过观察菜单上的点卡，了解食物的价格。

教师出示菜单。幼儿选择菜单上的一种食物图片，观察价格表上点子的数量，说出这种食物的价钱。

4. 游戏：去餐厅点餐。

在游戏中提供雪花片替代钱币，每个幼儿领取 5 元钱（5 个雪花片），到餐厅看菜单点菜。通过点数食物旁边价格表上的点子，付相应数量的雪花片，进行点菜买食物的游戏，并描述买到的食物及价格。

5. 分享评价。

幼儿互相检查买到的食物和用去的钱币是否正确。

活动延伸

1. 区域游戏：在数学区提供点卡和小动物、饼干等卡片，根据小动物身上的点卡数量喂小动物吃饼干。

2. 日常活动：观看用餐礼仪的小视频并讨论，知道用餐时保持桌面整洁。

关键经验

1. 能手口一致地点数 5 以内的数量，并能通过点卡说出商品价格。

2. 能根据点卡数与雪花片数量进行匹配。

3. 感受数的意义和数学在生活中的应用。

活动七　设计菜单

活动背景

幼儿在点菜活动中，发现了菜单的重要性以及菜单的具体内容，因此也很想为班级的餐厅设计菜单，这样玩游戏时就更加方便了。本活动中，幼儿通过欣赏菜单、集体讨论，设计、制作菜单。

材料准备

菜单的图片，菜的图标，纸、笔、油画棒若干。

活动描述

1. 谈话讨论菜单。

教师：你们去饭店是怎样点菜的？菜单是什么样子的？

有的幼儿说菜单上有很多文字；有的幼儿表示菜单上有菜的图片，自己会选；还有的幼儿说上面有数字，表示价格。

2. 围绕菜单讨论，观察发现菜单的各种组成部分。

幼儿观察菜单图片，发现菜单除了菜的图片、文字，还有一些标志、花边。有幼儿发现菜单上还有饭店的名字。

3. 设计餐厅菜单。

幼儿围绕自己为班级餐厅设计菜单展开讨论，明确餐厅的食物，教师提供菜肴小图标，幼儿进行选择并贴在菜单上。

幼儿共同讨论班级餐厅的食物的价格。有幼儿提出不会写数字，通过讨论大家决定用点的数量来表示。

幼儿设计、制作菜单。

4. 分享展示菜单。

幼儿展示自己设计制作的菜单，介绍菜单里的内容。

活动延伸

1. 区域游戏：在美工区提供各类食物图片和实物，幼儿进行涂色、绘画，作品可以用于菜单图标的制作。

2. 日常活动：幼儿投票评选大家最喜爱的菜单。

关键经验

1. 通过粘贴菜肴图标、画点卡、绘画简单图案的方法尝试制作菜单。

2. 在集体中表达自己设计菜单时的想法。

3. 感受菜单在生活、游戏中的应用。

活动八　户外餐厅（一）

活动背景

幼儿对餐厅的用具、角色都有了初步的认识，并且有在室内开展餐厅游戏的经验。有的幼儿在参加过草坪婚礼后，提出把餐厅搬到户外去的想法。本活动中，幼儿围绕户外餐厅开在哪里、餐厅设施如何摆放等问题进行讨论，为户外餐厅开张做好准备。

材料准备

笔、纸，户外场地照片。

活动描述

1. 观察场地。

师幼来到户外，共同寻找合适的地点，围绕应该找什么样的地方开餐厅展开讨论。幼儿发现操场很大，可以放很多桌子。教师和幼儿一起讨论桌椅摆放的位置和数量，通过用和桌子一样大的纸板进行摆放，发现可以放三张桌子。

2. 回顾户外场地，讨论餐厅里各个设施的位置。

观察户外场地照片，教师和幼儿共同讨论餐厅大门、厨房、收银台的位置，教师画出相应的图标。

3. 幼儿绘制布局图。

幼儿按照自己的想法，用简单的线条将相应的位置绘画下来。

4. 欣赏分享。

幼儿分享自己的设计想法。乐乐说中间要放三张桌子，每张桌子旁边放两张椅子。一一说餐桌旁边要有厨房，要长长的。东东说一进门就有一张桌子是收银台。

师幼讨论出比较合理的班级户外餐厅游戏布局图，共同选出最佳方案，后期按照布局图来摆放户外餐厅游戏的各类材料。

活动延伸

1. 区域游戏：在美工区提供纸板、颜料、排笔、蜡笔等材料，引导幼儿装饰桌面。

2. 户外游戏：充分利用户外材料，尝试用万能工匠、轮胎等材料表现桌椅。

关键经验

1. 对整体设施的摆放有初步的空间认识，用简单的线条绘画布局图。

2. 乐于表达自己的想法与大家分享。

3. 喜欢用美工和建构的方式制作、搭建有关户外餐厅游戏的材料。

活动九　户外餐厅（二）

活动背景

幼儿对户外餐厅已经有了初步的计划，通过投票选择了一个最终方案，并在日常活动中尝试使用其他材料表现桌椅，他们发现万能工匠中的黄轮和轮胎可以作为桌椅搭建的材料。本活动中，幼儿围绕前期计划，拿取相关户外材料搭建桌椅、收银台等设施，完成户外餐厅的建构。

材料准备

整体布局图，万能工匠、纸板、纸砖、轮胎。

活动描述

1. 回顾布局图。

教师出示整体布局图，幼儿回忆餐厅需要搭建三套桌椅，一张厨房操作台、收银台等设施。

2. 集体讨论搭建的人数，明确搭建的内容。

幼儿和老师一起通过讨论，确定建构桌椅、厨房、收银台的人数，幼儿自由选择建构的内容。

3. 参与户外搭建游戏。

成成和小芳、松松、坤坤搭建桌椅。成成去拿了黄轮，松松、坤坤和小芳也一起去拿，一下子拿了好多。教师提醒幼儿思考：桌腿需要几个黄轮呢？小芳坐在两个黄轮上，然后说："要比椅子高，1、2、3，3 个。"松松将三个黄轮垒高。坤坤和小芳也一起垒高三个。接着小芳去筐里拿来画好的桌板放在上面，坤坤在旁边看了看将黄轮往桌角移，一会四个角都移好了。坤坤又将一边垒高两个黄轮。他们使用万能工匠完成了一张方形的桌子，并在一边垒高一个没有椅背的椅子。其他小组按照计划出现了用两个轮胎架高搭建桌子的情况。还有幼儿用碳化积木搭建厨房的操作台。最终幼儿在户外场地中间完成了三套桌椅，分别为一套万能工匠桌椅、两套轮胎桌椅。场地左边是厨房操作台，右边是轮胎垒高的收银台。最边上还有用纸砖垒高的四层的大门。

4. 相互欣赏各自搭建的设施，并进行介绍。

祺祺说他们三个人的方桌是用万能工匠拼搭的。糖糖说他们搭的桌子是用两个轮胎垒高的。飞飞说他们是用碳化积木来搭建厨房的。

5. 幼儿游戏。

幼儿在自己建构的户外餐厅进行游戏。

活动延伸

区域游戏：在建构区提供万能工匠等材料，幼儿尝试搭建烧烤架，丰富游戏内容；在角色区继续搭建户外餐厅的场景进行游戏，体验户外餐厅的自由与快乐。

关键经验

1. 根据布局图，运用多种户外材料搭建桌椅、大门、收银台等餐厅内的家具或设施。
2. 愿意倾听、接受同伴及教师的建议，共同完成户外餐厅游戏场景的搭建。
3. 喜欢大自然，感受户外建构游戏的乐趣。

图 7-21　户外餐厅（一）

图 7-22　户外餐厅（二）

图 7-23　户外餐厅（三）

图 7-24　户外餐厅（四）

活动十　餐厅里的洗手池

活动背景

在幼儿的不断尝试下，户外餐厅已经开业了。但在游戏中，有顾客提到吃饭前要洗手，餐厅里没有洗手池。本活动中，幼儿围绕洗手池的形状、结构进行讨论，尝试用多种材料搭建，解决没有洗手池的问题。

材料准备

洗手池的图片，万能工匠、碳化积木、废旧材料、纸砖等。

活动描述

1. 围绕洗手池的图片进行观察、讨论。

教师：洗手池是什么样的？还有什么造型的洗手池？

幼儿发现洗手池是高的，有方的，有圆的，还有水龙头。

2. 交流建构材料和方法。

幼儿围绕可以使用什么材料来表现水池和水龙头的话题展开讨论。

幼儿在观察过室外材料后，认为碳化积木、纸砖可以用来围合水池，万能工匠、报纸筒可以架高水池。水龙头可以用碳化积木里的圆柱等小积木进行表现。

3. 幼儿结合自己的想法尝试搭建。

祺祺用轮胎架高放一个纸箱。小鹏用纸砖架高，到第五个时总是倒，教师引导他数一数伸手做洗手姿态可以碰到第几个纸砖，他发现三个就够了。接着他拿来一个纸箱放在上面，里面用两根圆柱架高，顶端放一个半拱门积木，完成了搭建。

4. 介绍、分享作品。

乐乐用纸砖围合成长方形的水池，用万能工匠拼搭了水龙头。小辉用纸砖围合成圆形水池。当当和奇奇用碳化积木和箱子盖架高搭建出大型洗手池。

活动延伸

1. 区域游戏：在建构区提供多种积塑材料，幼儿尝试拼搭肥皂盒、纸巾盒等物品。

2. 日常活动：引导幼儿注意饭前便后要洗手，在餐厅游戏时也要注意卫生。围绕“餐厅还可以增加的设施”的话题进行讨论和交流。

关键经验

1. 通过观察、讨论，了解洗手池的主要特征。

2. 尝试组合各类材料搭建洗手池，探究洗手池保持平稳的方法。

3. 能养成良好的个人卫生习惯，勤洗手，注意清洁。

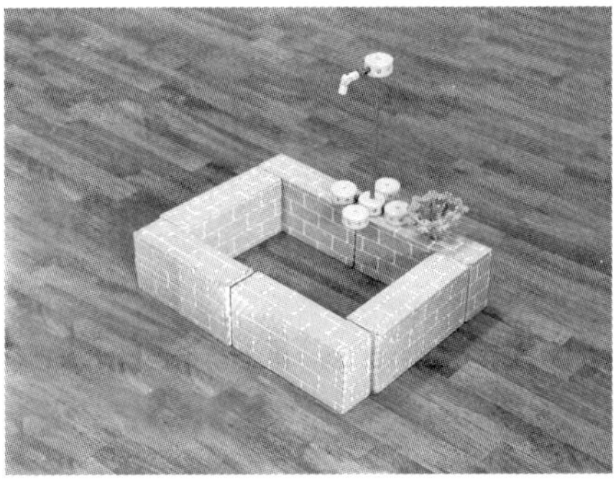

图 7-25　洗手池（一）

图 7-26　洗手池（二）

图 7-27　洗手池（三）

图 7-28　洗手池（四）

四、关键经验

- 关键经验
  - 健康
    - 能爬过隧道，愿意参加手膝爬等与桌椅有关的游戏。
    - 通过拼插等活动，将各材料元件之间插紧，促进手眼协调能力。
    - 养成良好的个人卫生习惯，勤洗手，注意清洁。
  - 语言
    - 喜欢听故事，会根据画面说出餐厅的设施，愿意表达自己所看到的事物，分享在餐厅就餐的感受。
    - 在餐厅游戏中能使用礼貌用语为顾客点餐，与同伴互动。
    - 通过观察，会用“××比××高，××比××矮”的语言进行描述。
    - 乐于向同伴展示，并尝试用简单的语言介绍自己的作品。
    - 结合生活经验，尝试为简单、熟悉的儿歌创编新的内容进行替换。
  - 社会
    - 知道在餐厅用餐的礼仪，能尊重工作人员的劳动。
    - 能通过搭建游戏初步感受合作的快乐。
    - 了解餐厅里的工作人员和他们的工作内容。
  - 科学
    - 能仔细观察餐厅，发现餐厅里的餐具、家具等物体，了解其基本特征。
    - 通过实地参观、摆放，感知桌椅、操作台、大门等设施在餐厅里的空间位置。
    - 迁移原有经验，简单组合运用各类建构材料，尝试搭建餐厅里多样的桌椅、餐具等物体，表现其典型特点。
    - 在建构游戏中，探究保持稳定、连接紧密的搭建方法，发展初步的探究能力。
    - 通过手口一致地点数菜单上5以内的点卡说出商品价格，并将点卡与雪花片数量进行匹配。
  - 艺术
    - 仔细观察餐盘，发现餐盘的花纹是多种多样的，乐于用绘画、粘贴等艺术方式表现餐盘。
    - 乐于参加绘画活动，能自由选择颜色，运用多种工具涂画餐盘、桌布、桌椅等餐厅内的用品和设施，体验大胆涂色的快乐。
    - 大胆尝试手工活动，尝试用黏土运用团、捏的方式制作珍珠奶茶。
    - 喜欢唱歌，能用自然的声音唱简单的歌曲。

项目八
春天的公园

一、项目缘起

公园是人们休闲的好去处，它的每一个场所、每一个建筑、每一棵植物，都是幼儿认识自然、感知世界的途径。春天来了，幼儿走进公园赏春，开展有趣的春游活动。“老师，这是什么花？”“这个小桥有三个桥洞哦！”“亭子的角为什么翘翘的？”公园里美丽的花朵、各式的小桥和亭子引起了他们的关注。

幼儿通过观察、讨论，进一步了解了公园里的桥、亭子的作用和样式，并尝试用各种建构材料表现它们，运用组合的方式呈现出公园全景。在娃娃家游戏中，他们提出要带娃娃去公园逛逛，在公园里玩有趣的游戏，将娃娃家游戏与建构游戏巧妙地结合起来，体验着在公园里玩耍的愉悦。

二、发展线索

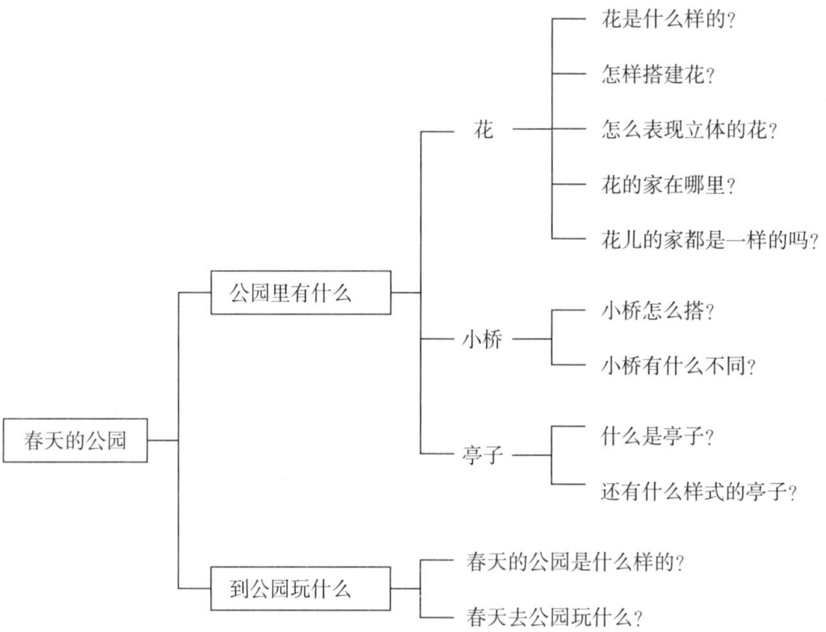

三、具体活动

线索描述

线索一　公园里有什么

在本线索中，公园里的花、桥、亭子给幼儿留下了深刻的印象，他们围绕这些真实的景物进行实践和探索。幼儿运用讨论、绘画等方式了解花的特征，运用积木、积塑等材料表现各种各样的花，搭建牢固的小桥和形态各异的亭子，逐步在探索中认识、了解公园。

分支一　花

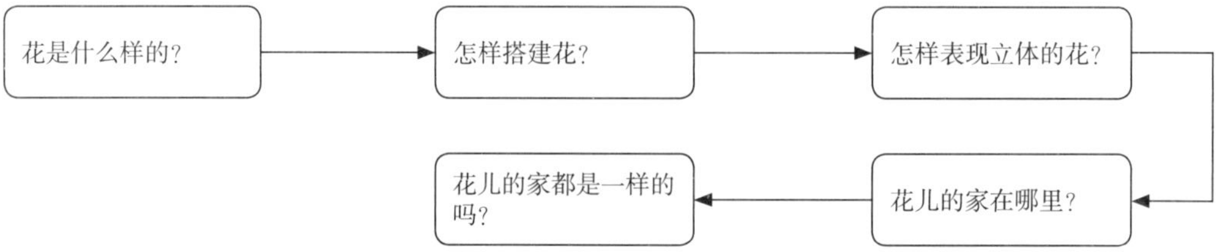

活动一　美丽的花

活动背景

幼儿对公园里的花、幼儿园里的花很感兴趣，他们被花的颜色、外形、香味所吸引，喜欢立足观赏花儿，说说有哪些花，是什么样子。本活动中，幼儿运用看、闻的方式观察花，了解花的外形特征和组成部分，表达对花的喜欢。

材料准备

班级自然角的花，各种花的图片。

活动描述

1. 讨论幼儿园里的迎春花。

幼儿讨论园门口开放的迎春花，发现迎春花是黄色的、小小的、一串一串的。

2. 观赏长寿花，了解花的外形特点。

幼儿观察、讨论发现长寿花闻起来香香的；长寿花有大大的、绿绿的叶子；花朵长在花茎顶端，由花瓣和花心组成；花瓣是红色的、小小的，像红宝石一样一粒粒的。

3. 欣赏多种花朵的图片，了解花朵颜色、外形的多样性。

幼儿欣赏每张图片上花朵的颜色和外形，观察并发现：花都有花茎、花朵、叶子，每种花的颜色和外形都不同，花的颜色是五颜六色的，形态各异。其中，桃花花朵小，颜色多为白色、红色和粉红色三种；郁金香的花朵长在茎的顶端，花朵大，有很多种颜色；玉兰花有白色的、紫红色的，花朵大，有香味，花先开放，叶子后长。

活动延伸

1. 区域游戏：在科学区的自然角，幼儿观察有花苞的植物的生长、变化，不定期给植物浇水，尝试做一做简单的记录。

2. 日常活动：幼儿在户外散步时，观察幼儿园内的花的颜色及外形特征。

3. 家园共育：家长带领幼儿在公园里观察花的颜色及外形特征。

关键经验

1. 发现花朵颜色、外形的明显特征，能用看、闻等多种方式观察和了解其主要特征。

2. 愿意在同伴面前表达自己对花朵的观察和发现，口齿清楚。

3. 喜欢接触大自然，对公园、幼儿园里的各种花卉感兴趣。

活动二　爱笑的花

活动背景

幼儿认识、表现了多种多样的花，喜爱花的情感越发浓厚，但也出现了摘花的现象。应该怎样爱护花儿？本活动中，幼儿通过对故事内容的理解，懂得爱护植物、珍爱自然。

材料准备

故事《爱笑的小花》，舒缓的音乐，小花图片。

活动描述

1. 教师出示爱笑的小花图片，幼儿欣赏花的外形特征。

乐乐说它的颜色好看；东东说它是红色的，他喜欢红色；小美说它在笑。

教师：这是一朵美丽的、爱笑的小花。

2. 幼儿倾听故事，理解故事内容。

教师匀速讲述故事《爱笑的小花》，针对故事中的人物和对话进行提问，幼儿回忆道，故事中出现了小朋友天天看见花想去采，外公阻止了他，于是天天没有采花。

教师、幼儿共同回顾故事前半段内容：天天想采花，外公说："你不采她，花儿总是对你笑，你一采下来，花儿就哭了。"于是天天没有采花。

教师：天天回家对外婆说了什么？

教师、幼儿共同回顾故事后半段内容：天天说花儿"对我一直笑"。

教师：外婆为什么说天天也是一朵爱笑的小花？

幼儿讨论、讲述：天天没有采花，花儿喜欢他就对他笑，天天爱护花，像花一样美。

3. 幼儿再次倾听故事，懂得爱护植物、珍爱自然。

教师播放舒缓的音乐，再次完整讲述故事。

教师：怎样爱护公园的花？

幼儿讨论并讲述，知道要爱护植物，不随意采摘花儿。

活动延伸

家园共育：家长带领幼儿到公园玩耍时，引导幼儿爱护植物，不随意采摘，对幼儿爱护植物的好行为给予肯定和鼓励。

关键经验

1. 能听懂短小的故事，能根据故事内容，用简单的语言讲述天天不采花、爱护花儿的行为。

2. 初步理解花儿是自然中的一部分，是我们的朋友。

附：故事

爱笑的小花

公园里有朵花，真好看，看见小天天，总是笑眯眯的。天天问花儿："你叫什么名字？"花儿只是笑，不说话。天天伸出小手，要采这朵花。外公摆摆手说："天天别采！你不采她，花儿总是对你笑，你一采下来，花儿就哭了。"天天不想看见小花对他哭，天天没有采。这时，小花笑得更可爱了。她成了天天的好朋友。天天回家以后，告诉外婆："公园里有一朵花，对我一直笑，一直笑。”外婆说：“天天也很乖，你也是一朵爱笑的小花。”

活动三　花儿朵朵

活动背景

幼儿对花的特征有了初步了解，他们想运用绘画的方式记录下自己对花的观察和发现。本活动中，幼儿在尝试画圆的基础上，初步学习沿着花心画花瓣的方法，表现花朵的特征。

材料准备

各种花的图片，勾线笔、水彩笔、油画棒等材料，花园底图。

活动描述

1. 欣赏一张花朵图片，了解花的组成。

幼儿观察并讲述花的各部分名称：花由花茎、叶子、花朵三部分组成；花朵由花瓣和花心两部分组成。

2. 欣赏不同花朵的图片，对比观察花瓣的不同。

教师：这些花的花瓣一样吗？

幼儿观察发现：每种花的花瓣都不同，有的花瓣是细长形的，有的花瓣是半圆形的，有的花瓣是短短的，有的花瓣是长长的……

3. 出示花园底图，幼儿尝试进行添画。

教师：花园里开了很多花，有的花朵花瓣还没有完全开放，请你们找到它们，帮助它们把花瓣添画完整。

幼儿尝试用添画的方式来表现花朵。

4. 鼓励幼儿在花园中尝试绘画完整的花朵造型。

活动延伸

区域游戏：在美工区，教师提供花朵底图、彩纸、胶棒、勾线笔、白纸、纸黏土、剪刀等材料，引导幼儿自选材料，运用撕贴、剪贴、绘画、泥工等方式制作各种各样的花。

关键经验

1. 对花朵的外形特征感兴趣，并能发现不同花朵花瓣形状的明显特征。

2. 喜欢涂涂画画，能用简单的线条画花，能自主选择合适的材料，运用撕贴、剪贴等多种方式制作各种各样的花。

3. 喜欢大自然中形态各异的花，感受其中的变化和美。

活动四　各种各样的花(一)

活动背景

幼儿认识了花的基本结构，知道花由花心和花瓣组成，了解了花瓣外形的多种多样，他们提出可以用积木来搭建花。本活动中，幼儿尝试运用积木建构的方式，表现花朵的基本特征。

材料准备

幼儿用多种材料表现的花朵美工作品，积木。

活动描述

1. 欣赏幼儿用多种材料表现的花朵美工作品，了解花的外形特征。

幼儿观察发现有的花瓣是圆的，有的花瓣是尖尖的，有的花瓣是长长的，有的花瓣是宽宽的；有的花瓣小，有的花瓣大……

2. 讨论：花朵的搭建方法。

教师：上次有小朋友提出用积木搭建花朵，先搭什么？再搭什么？

幼儿讨论后发现可以先搭建花心，再搭建花瓣，花瓣围绕花心。

教师：你想用什么形状的积木表现花瓣？

圆圆说想用小曲面；乐乐说想用小半圆形；可乐说想用小长方形。

3. 幼儿自主选择合适的积木搭建喜欢的花。

幼儿自主搭建，教师重点引导幼儿搭建花瓣时尽量选择同一形状的积木，花瓣围绕在花心周围，可以运用围合、垒加、排列、发散等方式表现花朵。

可可拿出多块小曲面，将每块小曲面的底端连接围合起来，自然形成中间空心的花心和向外发散的花瓣，建构了一朵花。

4. 欣赏幼儿搭建的各种各样的花朵造型。

活动延伸

1. 区域游戏：在建构区，提供小、中型清水积木和彩色积木，鼓励幼儿自主选择适合的积木，继续搭建更多造型的花。

2. 环境创设：将幼儿自主建构花朵的过程性照片和作品照片，布置在建构区环境中。

关键经验

1. 感知花瓣形状的多种多样，在搭建花朵的过程中，初步理解里外的空间位置。

2. 根据积木形状的明显特征，尝试运用围合、垒加、排列等方式，探索花朵的搭建方法。

3. 感受自主完成花朵建构作品的喜悦。

图 8-1　各种各样的花（一）

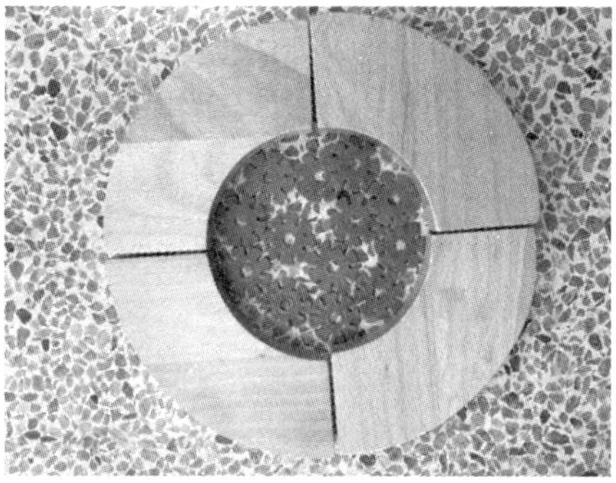

图 8-2　各种各样的花（二）

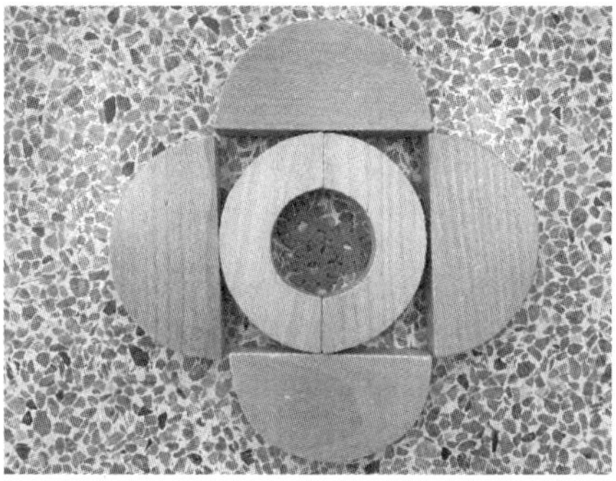

图 8-3　各种各样的花（三）

图 8-4　各种各样的花（四）

活动五　各种各样的花（二）

活动背景

幼儿用积木表现出花的花心、花瓣的基本特征后，发现用积木搭建的花都是躺在地上的，而万能工匠材料里有一个花造型的元件，于是他们想用积塑材料试一试，表现更多样的花。本活动中，幼儿选择合适的积塑材料，表现立体的花，体验建构材料的不同表现的花的造型、美感的不同。

材料准备

积木搭建的花的作品照片，不同花朵的图片，雪花片、万能工匠等桌面建构材料。

活动描述

1. 出示上一节活动作品照片，讨论出现的问题和解决办法。

教师展示上一节活动的建构作品照片，幼儿提出花搭建得很漂亮，可是这些花都是躺在地上的问题，他们提出用积塑材料试一试。

2. 讨论建构材料和搭建的方法。

教师：你们想选什么材料呢？想怎么插呢？幼儿迁移以往雪花片插小花的经验。他们还发现万能工匠材料中就有一种花的造型，只要拼插出花茎和叶子就可以了。

3. 欣赏更多种花的图片，拓展经验。

幼儿观察杜鹃花图片，讨论杜鹃花的外形，他们发现杜鹃花由花瓣和花心组成，花朵大，花瓣是尖尖的。

教师出示山茶花、桃花图片，幼儿通过观察发现桃花花朵小，花瓣是圆圆的，只有一层花瓣；山茶花花朵大，花瓣是圆圆的，有很多层。

4. 幼儿自选桌面建构材料拼插喜欢的花朵。

可乐拿出一片红色雪花片，又拿出若干橙色雪花片。她将橙色雪花片逐一插进红色雪花片外围，后将若干黄色雪花片逐一插进橙色雪花片，花朵拼插完成。

菲菲从万能工匠材料筐中拿出一个黄轮、一根蓝管、两片绿叶、一朵大花，她将蓝管插在黄轮中心孔洞中，将两片绿叶插进蓝管上，在蓝管顶端插上一朵红色大花，搭建出一朵站立的花。

教师鼓励幼儿用拼、插、围合等方法表现花朵，在拼插时把材料插紧不掉落。

5. 欣赏拼插的花朵。

幼儿将自己拼插的花朵摆放在一起，布置成展台，集体欣赏各种各样的花。

活动延伸

1. 区域游戏：在建构区提供积木、万能工匠、雪花片等各种材料，幼儿选择不同种类的桌面建构材料，拼插不同造型的花。

2. 环境创设：在展示柜上，将幼儿拼插好的花朵摆放在柜面上进行展览和欣赏。

关键经验

1. 知道花瓣是一层一层的，由小到大逐一垒加上去的。

2. 自主选择合适的桌面建构材料，运用拼、插、围合等技能拼插出各种造型的花。

3. 感受自主探索表现出各种样式花朵的喜悦与自豪。

图 8-5　各种各样的花（五）

图 8-6　各种各样的花（六）

图 8-7　各种各样的花（七）

图 8-8　各种各样的花（八）

活动六　花坛（一）

活动背景

幼儿表现了各种各样的花，这些花都放在哪里呢？花儿的家在哪里？家又是什么样的？他们开始探索花儿的家。本活动中，幼儿运用建构的方式，表现出花坛的主要特征。

材料准备

各种花坛的图片，雪花片等桌面建构材料拼插的小花，积木若干。

活动描述

1. 出示拼插的花朵，创设情境。

教师：小花在公园里迷路了，它的家在哪呢？它走啊走，看到了一个漂亮的鱼池，开心地跑过去说："我的家找到了。"小鱼说："这不是你的家，鱼池是小鱼的家。我们俩的家很像，你的家里住的是小花，我的家里住的是小鱼。"小花伤心地离开了。

2. 欣赏多张花坛图片，了解花坛的外形的多样性。

幼儿欣赏并讲述：花的家是花坛，在花园里。花坛有多种形状，如圆形、长方形、半圆形等。

3. 讨论、制订建构计划。

教师：你想搭建什么形状的花坛？想用什么形状的积木？

幼儿讲述自己喜欢的花坛形状、想用的积木类型。

教师：在围合花坛时，怎样才能不让土漏出来呢？

个别幼儿选择喜欢的积木围合成花坛，其余幼儿观察该花坛是否有镂空。果果选择了四块四倍块积木，将其逐一围合成正方形花坛；可可选择了四块小曲面，将每一块小曲面平放在地，几块小曲面两端逐一连接、围合成了花朵形状的花坛。

教师：围合花坛时，将积木连接紧密，如果选择大曲面等有镂空的积木形状，将积木平放，避免出现镂空，这样围合起来的花坛，土就不会漏出来。

4. 幼儿建构花坛。

幼儿自由选择喜欢的积木形状，围合搭建花坛。教师重点观察引导幼儿将花坛搭大一点，积木连接的时候要紧密，不要出现镂空部分。

乐乐拿出四块双倍块，将其首尾连接围合成长方形，再把用雪花片拼插好的花朵摆放进花坛内。

5. 幼儿欣赏各种各样的花坛。

活动延伸

1. 户外活动：幼儿观察幼儿园内的花坛形状、花坛边上的装饰，尝试用笔进行简单的绘画。
2. 家园共育：家长带领幼儿观察公园里的花坛形状及花坛边上的装饰。

关键经验

1. 感知、发现花坛形状是多种多样的。
2. 能注意花坛明显的形状特征，并用清楚的语言进行描述。
3. 用围合的方式搭建花坛；通过调整积木摆放位置，表现密实的花坛，不漏土。

图 8-9　花坛（一）

图 8-10　花坛（二）

图 8-11　花坛（三）

图 8-12　花坛（四）

活动七　花坛(二)

活动背景

幼儿根据自己的想法选择积木，用围合的方法搭建了花坛，但去公园观察时，他们发现公园里的花坛造型其实是多种多样的，有长方形、杯子造型等，花坛周围用砖头、栅栏进行了围合。本活动中，幼儿在观察花坛围合的造型和围合方式的基础上，自主选择合适的积木，尝试用间隔排列的方法围合出多种形状的花坛，表现出花坛的多样性。

材料准备

幼儿用积木搭建的花坛作品照片、间隔排列式的花坛图片，积木若干，用多种桌面建构材料拼插的小花若干。

活动描述

1. 了解前期花坛建构作品的材料和搭建方法。

教师出示幼儿搭建的花坛作品照片，提问：上次小朋友们为花园搭建了很多花坛，让花儿们住进了新家。我们一起来看一看，大家搭建的花坛是什么样的？

幼儿观察并讲述用大曲面围合的是圆形花坛、用四倍块和双倍块围合的是长方形花坛等，每种花坛用的都是同一种形状的积木。

2. 了解花坛的装饰方法。

教师出示间隔排列式的花坛图片，提问：这是上次大家在公园里看到的花坛，它是什么样子的？可以用什么形状的积木搭建？怎样排列呢？

幼儿讲述自己的观察，他们发现每个花坛可以选择两到三种形状的积木，用间隔排列的方法，将积木围合成花坛，这样的花坛更美观。

3. 制订建构计划。

幼儿讲述自己想搭建的花坛外形及想选择的积木形状。可可说想用小曲面和小长方搭建花朵造型的花坛；东东说想用大三角和基本块搭建长方形的花坛；米粒是想用双倍块围合成花坛，再用枪形积木在顶端进行装饰。

4. 幼儿自主建构花坛。

幼儿自主选择积木搭建花坛，教师鼓励幼儿选择两种形状的积木进行搭建，重点引导幼儿在围合花坛时，注意积木摆放的位置，不出现镂空部分，让花坛不漏土。

菲菲拿出小三角、小长方积木若干，将两种形状的积木间隔排列围合成圆形的花坛，然后把用雪花片拼插好的花朵摆放在里面，即完成了花坛的搭建。

5. 欣赏各种各样的花坛，将小花种进花坛里。

活动延伸

区域游戏：在美工区提供水彩笔、彩色纽扣、彩纸、胶棒、花坛底图，幼儿自主选择材料，用绘画、粘贴贴纸等方式装饰花坛。

关键经验

1. 通过观察欣赏，进一步了解花坛造型的多样性。

2. 感知积木不同的形状特征，并选择合适的积木，尝试运用间隔围合的方式表现出多样的花坛。

3. 感受花坛的造型美，经常涂涂画画装饰花坛，并乐在其中。

图 8-13　花坛（五）

图 8-14　花坛（六）

图 8-15　花坛（七）

图 8-16　花坛（八）

分支二　小桥

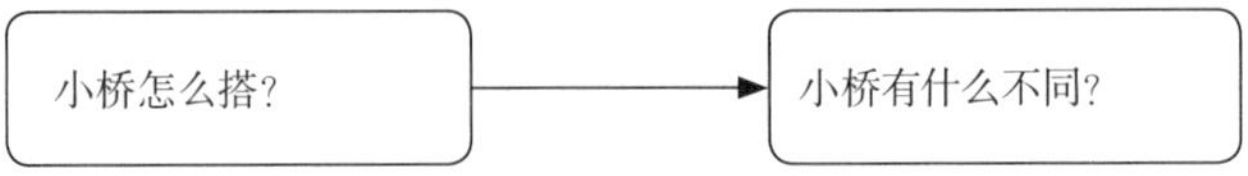

活动八　小桥（一）

活动背景

公园里，到处都是小桥流水，幼儿在小桥上走着、玩着，非常开心。他们在玩耍中观察、了解小桥，提出搭建小桥的想法。小桥怎么搭？本活动中，幼儿探索用建构的方式表现小桥的基本特点。

材料准备

小桥图片，平衡桥，玩具小鸭，用积木搭好的桥，用平衡木和万能工匠材料搭建好的桥，积木若干，EVA 材料，音乐《鸭子上桥》。

活动描述

1. 通过演唱歌曲，感受小桥在生活中的作用。

师幼演唱歌曲《鸭子上桥》，教师拉着玩具鸭子在用各种材料搭好的桥上走。

教师：鸭子走到了哪里？

幼儿发现鸭子走在桥上面。

2. 观察小桥图片，了解桥的结构特点和造型的多样性。

教师：上次我们也走上了桥，你们还记得吗？教师出示幼儿在公园里走在桥上、在桥上玩耍的照片。教师：桥是什么样子的呢？这是桥的哪里？

幼儿发现桥由桥墩、桥面、斜坡、栏杆四部分组成。

3. 制订桥的建构计划。

教师：我们在搭建桥的时候，先搭什么？再搭什么？

师幼讨论后，发现桥的搭建顺序是桥墩—桥面—斜坡—栏杆。

教师：你想选择什么积木做桥墩？一座桥有几个桥墩？同一座桥的桥墩有什么共同特点？

幼儿讨论并讲述，教师帮助总结经验：桥可以用圆柱或基本块积木做桥墩，一座桥的桥墩一样高。

教师：可以用什么积木做桥面？什么积木做栏杆？

幼儿讨论并讲述，他们发现可以用双倍块、四倍块积木做桥面，桥面要宽一些。可以用半圆形、小正方等小积木做栏杆。

4. 幼儿建构桥。

幼儿自选合适的积木搭建小桥。在搭建过程中，教师重点引导幼儿探索用多种方法搭建高高的桥墩，如：将多个相同的小积木垒高搭建桥墩；将圆柱摆放在两端做桥墩；将基本块竖起摆放做桥墩等。幼儿先在左右两端搭建好桥墩，再将四倍块或双倍块积木平放在两个桥墩上，用架空的方法搭建桥面。

5. 游戏：鸭子上桥。

教师播放歌曲《鸭子上桥》，幼儿将玩具鸭子摆放到搭建好的小桥上行走。

游戏后，教师引导幼儿观察所建构的小桥的稳定性和结构的完整性。

活动延伸

家园共育：请家长带领幼儿到公园观察、了解更多桥的形状特点。

关键经验

1. 能仔细观察、发现桥洞和桥墩的明显特征。
2. 了解桥的搭建顺序，能选择合适的积木表现桥的基本特征。
3. 喜欢接触大自然，对生活中的桥及其造型感兴趣。

图 8-17 小桥（一）

图 8-18 小桥（二）

图 8-19 小桥（三）

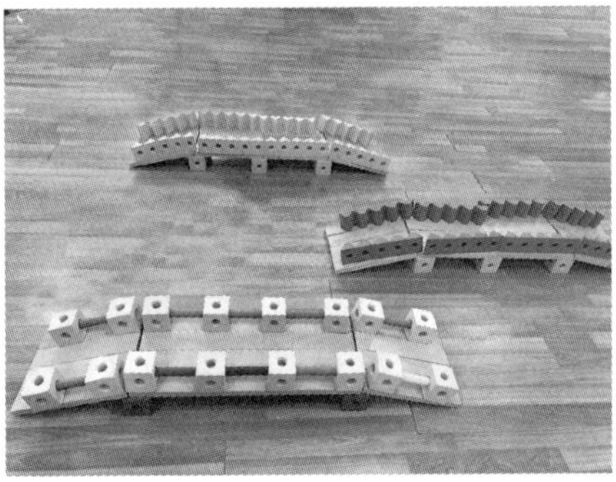

图 8-20 小桥（四）

活动九 小桥（二）

活动背景

幼儿通过观察、讨论，了解到桥由桥墩、桥面、斜坡、栏杆四部分组成，并用积木搭建的方式表现了桥的基本特征。桥有不同的外形和功能，经过观察，幼儿发现每种桥的栏杆、桥洞都有不同的特点。本活动中，幼儿通过观察发现桥的多种造型，并用合适的积木搭建多种多样的桥。

材料准备

幼儿用积木搭建出基本结构的小桥作品照片，多种多样的小桥图片，玩具小鸭，音乐《鸭子上桥》，清水积木，EVA 材料。

活动描述

1. 出示幼儿搭建的小桥照片，回顾桥的特点及搭建方法。

教师：这是你们用积木搭建的桥，是什么样子的？是用什么方法搭建的？

教师引导幼儿观察、讲述：桥由桥墩、桥面、斜坡、栏杆四个部分组成。可以用圆柱、相同形状的小积木垒高，或变换积木摆放的方向等方式搭建桥墩，用架空的方法搭建桥面。

教师：怎么搭建才更让小桥稳定、牢固？

幼儿结合经验，发现积木一定要对整齐。

2. 欣赏多种桥的图片，了解桥栏杆、桥洞的多样性。

教师：这些桥有什么不同？

幼儿讨论并讲述各种桥的不同。乐乐说桥洞数量不同，有的桥只有一个桥洞，有的桥有三个桥洞；小美说桥洞大小不同，有的大有的小；菲菲说桥的栏杆造型不同，有的栏杆是直直的，有的栏杆中间是一节一节的；东东桥说桥上面的设施不同，有的桥上有路灯；小可说桥的宽窄不同。

教师：每种桥在栏杆和桥洞的造型上有不同的特点。有一个桥洞的是单孔桥，有多个桥洞的是多孔桥。桥不同，桥面的宽窄也不同。

3. 幼儿尝试建构不同造型的桥。

幼儿自主选择合适的积木搭建桥。教师重点观察、引导幼儿采用多种形状的小积木装饰栏杆。

美美拿出双倍块，将其长边着地做桥墩，两座桥墩相对摆放，将四块四倍块平铺在桥墩上搭建出了宽宽的桥面，后拿出多块小正方，将其摆放在桥面两侧做栏杆。在搭建好的桥下面，可可将四块小曲面积木分别摆放在左右两侧做桥洞，他说他的桥有两个桥洞。

4. 讨论多个桥洞、宽宽的桥面、好看的栏杆的搭建方法。

幼儿讨论：选择大小合适的大曲面或小曲面积木，用前后对称的方式搭建桥洞。想要搭出宽宽的桥面，可以增加桥墩数量；或用基本块、双倍块做桥墩，用铺平的方式进行搭建。选择一两种小积木，用高矮排序、长短排序等方法搭建出来的栏杆更好看。

5. 幼儿再次调整桥的搭建，用绘画的方式记录自己的建构作品。

6. 游戏：鸭子上桥。

教师播放歌曲《鸭子上桥》，幼儿将玩具鸭子摆放到搭建好的小桥上行走。

欣赏同伴建构的桥，反思作品的稳定性及特色。

活动延伸

晨间锻炼：幼儿自主选择平衡凳、万能工匠、轮胎等材料进行组合，搭建出各种各样的桥，在各种桥上进行走、钻、爬等体能游戏。

关键经验

1. 用多种感官和动作探索桥的多种造型。

2. 尝试迁移经验，运用不同的积木和搭建方法表现出多种造型的桥面、栏杆，关注作品的整齐性、美观性。

3. 能在用平衡木、万能工匠搭建的窄桥上行走一段距离。

图 8-21　小桥（五）

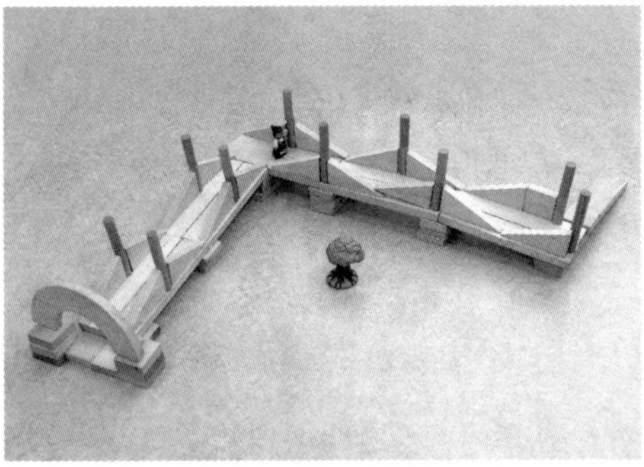

图 8-22　小桥（六）

图 8-23　小桥（七）

图 8-24　小桥（八）

分支三　亭子

什么是亭子？ → 还有什么样式的亭子？

活动十　亭子（一）

活动背景

在公园里走累了、玩累了，我们可以到哪里休息？幼儿发现公园里有亭子。通过细致观察，他们了解了亭子的基本特征，为建构亭子做了较好的经验准备。本活动中，幼儿了解了亭子的基本结构，并尝试选择合适的积木搭建亭子。

材料准备

四角亭的图片，积木。

活动描述

1. 讨论公园中方便人们休息的设施。

幼儿讨论：乐乐说走累了可以坐在椅子上休息；可可说可以坐在草地上休息；菲菲说可以坐

到亭子里休息，因为亭子有顶，可以遮风挡雨，很方便，很实用。

2. 欣赏四角亭的图片，观察、了解亭子的特征。

幼儿观察发现亭子由底座、柱子、顶、飞檐四部分组成。亭子的柱子在底座四周，有飞檐，顶是尖尖的。幼儿点数柱子和飞檐数量发现，四角亭有四根柱子、四个飞檐。

3. 讨论亭子的搭建方法。

幼儿讨论发现搭建亭子时可以按由下往上的顺序搭建，即底座—柱子—顶—飞檐。

教师：怎样表现出亭子各部分的特征？

幼儿迁移前期建构桌椅的经验，讨论用铺平的方法搭建亭子的底座，再将柱子摆放在底座的四角；可以用大三角、半拱门表现亭子的飞檐和尖顶。

4. 建构亭子。

幼儿自主选择合适的积木搭建亭子。东东拿出四块双倍块将其平铺成正方形，拿出四块高圆柱摆放在正方形四个角的位置，将六块双倍块用架高、铺平的方法搭建顶，大三角摆放在顶的四个角做飞檐，最后用四块半拱门积木放置在顶的正中间形成尖角，搭建出一座亭子。

教师重点观察和引导幼儿，搭建柱子时，尽量将圆柱摆放在底部边缘的四个角的位置。

5. 欣赏作品。

师幼共同欣赏幼儿搭建好的亭子，观察哪座亭子搭建比较整齐、牢固。

活动延伸

家园共育：家长带领幼儿到公园玩，寻找、观察更多种类的亭子。

关键经验

1. 仔细观察亭子，并发现其明显特征。
2. 迁移建构经验，搭建出亭子的底座、柱子、顶、飞檐等主要部分。
3. 能手口一致地点数四角亭柱子和飞檐的数量，并用清楚的语言进行描述。

图 8-25　亭子（一）

图 8-26　亭子（二）

图 8-27　亭子（三）

图 8-28　亭子（四）

活动十一　亭子（二）

活动背景

幼儿了解到亭子由底座、柱子、顶、飞檐几部分组成，并用积木建构的方式表现出了亭子的基本特征。他们发现在公园里看到的亭子是不一样的，还有哪些造型的亭子呢？他们由此展开了讨论。本活动中，幼儿通过实际参观、图片观察，了解亭子的多种造型并尝试表现出来。

材料准备

幼儿搭建亭子的作品图片，长亭、方亭、圆亭的图片，清水积木、EVA 积木若干，玩具小人若干。

活动描述

1. 欣赏多种造型的亭子图片，了解长亭、方亭、圆亭的基本特点。

幼儿观察后讲述：长亭的外形是长长、宽宽的，底座是长方形的；方亭的底座是正方形的，它们都有四根柱子、四个飞檐。圆亭的底座和顶都是圆形的。

2. 幼儿尝试建构不同造型的亭子。

幼儿自选材料搭建喜欢的亭子造型，教师重点观察引导幼儿搭建适宜的形状表现亭子的底座。

菲菲拿出四块四倍块，将其平铺在地搭建了一个正方形的底座，后拿出八个大圆柱，将其两两垒高摆放在底部四角，将两块四倍块架高各自摆放在两个大圆柱顶端，后将四块四倍块积木平铺在顶端。拿取四块大三角，分别斜放在顶的四个角做飞檐，将一个大圆柱摆放在顶中心位置，在顶端摆放了两个小三角。菲菲搭建好了一座方亭。

3. 分享和交流长亭、方亭、圆亭的搭建经验。

幼儿交流分享时介绍：搭建长亭时可以先用平铺四倍块的方法搭建长方形的底座，再在四个角的位置架高柱子和顶；方亭的底座需要将积木平铺成正方形，圆亭的底座可以用大曲面积木连接成圆形。

4. 游戏：亭下乘凉。

幼儿将玩具小人摆放到亭子里乘凉休息，与建构作品互动游戏。

活动延伸

1. 区域游戏：在建构区幼儿自选牙膏盒、纸板、清水积木等材料，组合搭建出各种各样的亭子。

2. 环境创设：将幼儿收集到的亭子图片、搭建的亭子建构作品照片进行展示，帮助幼儿回顾在建构中出现的问题和尝试结果，制作儿童海报。

关键经验

1. 能对各种各样的亭子仔细观察，发现方亭、圆亭、长亭、六角亭、八角亭等的明显特征。

2. 在第一次建构亭子的基础上，尝试运用多种小型建构积木，表现出多样的亭子。

3. 在讲述对亭子的观察和发现时，说话自然，声音大小适中。

图 8-29　亭子（五）

图 8-30　亭子（六）

图 8-31　亭子（七）

图 8-32　亭子（八）

线索描述

线索二　到公园玩什么

进入公园玩耍、游戏是幼儿非常开心的事情。那玩什么？在哪里玩呢？幼儿开始了进一步的探索。他们运用建构的方式组合搭建公园里的桥、亭子等，表现完整的公园造型，并将建构游戏与自主游戏相结合，在公园里走一走、捞小鱼、放风筝，感受在公园里玩耍的愉悦感。

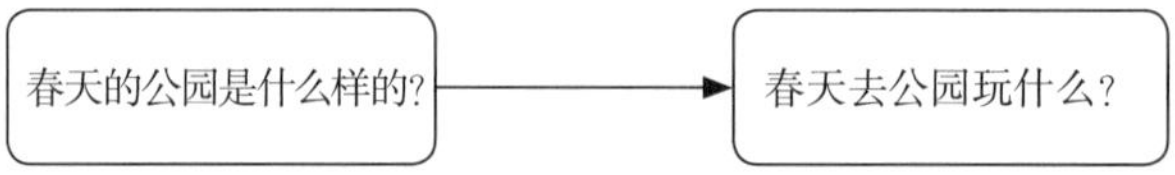

活动一　公园（一）

活动背景

幼儿对公园内的各个场景有了基本了解，能自主选择合适的积木表现公园里的花坛、小桥、亭子的基本特点。大大的、完整的公园是什么样的？亭子、小桥、花坛在公园的什么位置？幼儿萌发出表现完整公园的想法。本活动中，幼儿运用布局、积木搭建的方式表现出完整的公园造型。

材料准备

公园图片，花坛、小桥、亭子图片，积木若干、EVA 材料。

活动描述

1. 共同讨论公园里的景物。

教师：你和爸爸妈妈一起去公园玩的时候，看到公园里有什么？

幼儿讲述自己在公园里看见的人和物：公园里有花坛、小桥、亭子等设施，还有很多人在游玩。

2. 欣赏公园图片，了解公园的各设施组成部分。

幼儿观察发现公园里有小桥、亭子、花坛等，它们分散在公园各处。

教师出示花坛、亭子、小桥图片，幼儿自选想搭建的公园设施的图片，将其摆放在教室空地上，确定搭建位置，教师引导幼儿注意图片之间距离拉大。

3. 幼儿自主建构公园。

幼儿自选合适的积木进行搭建。在搭建过程中，教师观察幼儿的搭建位置，对于距离较近的位置及时做出调整。

菲菲拿出两个圆柱，将其相对摆放在地上，将四倍块积木摆放在顶端，后用相同方法在对面位置搭建摆放了圆柱和四倍块。她拿出一块双倍块，将其平放在两块四倍块上面，后移动圆柱位置，让两块四倍块之间的距离与双倍块长度相吻合。后拿出多块双倍块平铺在四倍块顶端做桥面。她拿出双倍块摆放在桥面一端圆柱上做斜坡，将中圆柱、小圆柱、小正方、双倍块进行组合，在桥面另一端搭建了台阶。后拿出小曲面在桥面上依次摆放做栏杆。她搭建了一座一侧是斜坡、一侧是台阶的桥。

4. 参观公园。

幼儿参观搭建好的公园，并向同伴讲述自己搭建的作品。

活动延伸

1. 区域游戏：在美工区提供纸、笔，请幼儿制订在户外建构公园的游戏计划。

2. 户外游戏：幼儿自主选择大型万能工匠材料、轮胎、平衡木、攀登架等各类锻炼材料，并组合摆放，设置高低不同的小桥，进行走、爬等体能锻炼。

关键经验

1. 自由选择各类建构材料，按照公园布局图分别搭建出花坛、小桥、亭子等物体。

2. 喜欢用笔涂涂画画，用简单的线条表现出公园的景物。

3. 能在较窄、高低不同的小桥上行走一段距离，保持身体平衡。

图 8-33　公园（一）

图 8-34　公园（二）

图 8-35　公园（三）

图 8-36　公园（四）

活动二　公园（二）

活动背景

幼儿通过场地布局、搭建，了解了公园的整体布局和风貌，并运用建构的方式搭建出花坛、小桥、亭子。到搭建好的公园里进行游戏，是幼儿非常喜欢的游戏内容，也是他们体验成就感的途径之一。于是他们要求更换建构的场地和材料，真正在桥上走一走，带娃娃去野餐。本活动中，幼儿运用大型户外材料来搭建公园里的花坛、小桥、亭子，并自主选择喜欢的角色，将建构游戏与自主性游戏相结合，进行了逛公园的游戏。

材料准备

公园建构计划图（包含桥、花坛等各个建筑），幼儿搭建的公园作品照片，操场，户外碳化积木，幼儿根据计划自备的花、玩具娃娃等辅助材料。

活动描述

1. 欣赏幼儿搭建的公园作品照片，讨论想在公园里玩的游戏。

幼儿说道：想在桥上走一走、看一看；想带着娃娃家的宝宝一起到公园晒晒太阳；想去公园里赏花……

2. 出示公园建构计划图，讨论想用什么材料搭建公园。

乐乐说想用碳化积木在操场的各个位置搭建公园的桥、花坛、宝宝休息的地方。可可说想用平衡凳做桥，小朋友可以真的在桥上走。菲菲说想用攀登架搭建花坛，用雪花片拼插花朵，供游人观赏。

3. 户外建构：公园。

幼儿自主选择想搭建的内容，在拿取材料时，如果材料过大过重，可以寻求同伴和老师的帮助。教师重点观察、引导幼儿。

可可从筐中拿出两块半圆形碳化积木，将两块积木末端连接成直线，后拿出六块半圆形碳化积木，两块一连接，用八块碳化积木围合成方形的花坛，后从筐中取出雪花片拼插的花朵摆放在里面，可可的花坛搭建完成。

幼儿搭建完成后，将准备的花、玩具娃娃等辅助材料摆放到相应的建构作品上。

4. 游戏：逛公园。

幼儿在搭建好的公园内进行娃娃家、钓鱼、餐厅等游戏，教师鼓励幼儿到同伴所搭建的地方与同伴进行游戏互动。

活动延伸

户外游戏：幼儿用碳化积木、拱桥、平衡木、轮胎等大型材料组合搭建公园里的小桥和亭子等，将娃娃家、钓鱼、绘画等更多适宜的内容融入户外游戏中。

关键经验

1. 尝试用各种户外建构材料，根据布局图感知所建构的设施的位置，表现出公园里的亭子、小桥、花坛等景物。

2. 在教师的提醒下，遵守公园游戏的规则，知道爱护自己和同伴的作品。

3. 乐意在所建构的公园里开展娃娃家、钓鱼、餐厅等游戏，并乐在其中。

图 8-37　公园（五）

图 8-38　公园（六）

图 8-39　公园（七）

图 8-40　公园（八）

活动三　美丽的风筝

活动背景

幼儿喜欢在公园里玩，通过观察他们发现，春天在公园里放风筝的人特别多，风筝高高挂在天上。他们最喜欢驻足观看，边看边说着各个风筝的名称和造型，于是自己也萌发了做风筝的想法。本活动中，幼儿通过观察、操作，运用绘画、撕贴画、刮画等方式表现各种漂亮的风筝。

材料准备

风筝底图，多种风筝的图片，刮画纸、小棒、彩纸、胶棒、蜡笔、白纸等。

活动描述

1. 创设情境，引发制作风筝的兴趣。

教师：在公园玩耍时，我们常看到一种漂亮的玩具在天上飞。它是谁？它有哪些造型？

幼儿讲述自己在公园里看到的风筝造型和名称，如蝴蝶、燕子、金鱼风筝等。

2. 出示各种风筝图片，了解风筝的不同造型和颜色。

教师：这些是什么风筝？它们是什么样子的？

幼儿观察并讲述：有蝴蝶、小鸟、蜻蜓、小燕子等风筝，它们是彩色的。

教师：风筝身上有什么图案？有什么颜色？

幼儿欣赏、讨论并讲述：风筝身上有很多线条、圆点等，多种线条和点组成了美丽的图案。每只风筝身上的图案和颜色是对称的，五彩缤纷。

3. 介绍美术材料，了解材料的使用方法。

教师出示刮画纸、小棒、彩纸、胶棒、蜡笔、白纸等材料，引导幼儿讨论材料的使用方法：绘画、刮画、撕贴画。

绘画：用简单的线条、点，绘画组合成图案，表现风筝，并涂色。

刮画：用小棒在刮画纸上刮画出多种线条、点等图案，表现风筝。

撕贴画：自选喜欢的颜色，将其撕成各种形状、造型，并用胶棒粘贴、组合，表现风筝。

4. 制作风筝。

幼儿自选喜欢的材料在风筝底图上用绘画、刮画、撕贴画的方式表现风筝，教师重点观察引导幼儿合理使用材料，用简单的线条表现风筝身上的图案。

5. 欣赏各种各样的风筝。

活动延伸

1. 区域游戏：在美工区提供彩色纽扣、彩纸、纸绳、胶棒、剪刀、水彩笔等，幼儿自选材料和工具，用多种形式制作风筝。

2. 晨间锻炼：教师提供给幼儿用塑料袋、绳子、彩纸等制作的风筝，幼儿拉着风筝线向前奔跑，进行放风筝的游戏。

关键经验

1. 能用简单的线条、色彩，运用绘画、刮画、撕贴画等方式表现各种各样的风筝。

2. 能在宽阔的场地上带着风筝向前快跑 15 米左右。

3. 能用“五颜六色”“五彩缤纷”等词语形容风筝身上丰富的色彩。

活动四　放风筝

活动背景

幼儿了解了风筝有蝴蝶、小鸟、老鹰、蜻蜓、小燕子等各种造型，漂亮的风筝最喜欢在天空飞来飞去。怎样才能把风筝放到天上呢？本活动中，幼儿积极探索用走、跑等将风筝飞上天的多种方法，感受放风筝的快乐。

材料准备

幼儿用塑料袋自制的风筝，黄轮和黄杆拼插的柱子，音乐。

活动描述

1. 播放音乐，进行活动热身。

幼儿跟随教师一起合乐做热身运动，教师带领幼儿做四肢的热身运动。

2. 幼儿自主探索：怎样让风筝飞起来？

可可右手抓握风筝线末端，快速向前奔跑，风筝飞了起来；菲菲站在原地，右手抓握风筝线末端，高举右手左右摆动风筝；可乐右手抓握风筝线末端，在操场绕圆圈跑。

幼儿分享让风筝飞起来的方法：快速奔跑能让风筝飞起来。

3. 参与游戏：放风筝。

幼儿手握风筝线末端，从操场一端出发，快速向前奔跑到终点，让风筝飞起来。教师引导幼儿在奔跑时控制跑的速度，避免摔倒。

4. 参与游戏：放风筝比赛。

幼儿 8 人一组，分别站在两端，每组最前面一位幼儿手持风筝快速向前跑，当跑到柱子后，将风筝交给本队对面的第一位幼儿手中，直至本小组幼儿全部跑完，最先跑完的一组为胜。

5. 播放舒缓的音乐，幼儿做放松运动。

幼儿跟随教师一起合乐做放松运动，重点做四肢的放松动作。

活动延伸

区域游戏：在建构区尝试选择多种多样的建构材料，表现不同造型的风筝；在语言区边操作拼插的风筝、花朵、玩具娃娃等材料，边用简单的语言讲述与风筝相关的语句或故事。

关键经验

1. 能在宽阔的场地上带着风筝向前快跑 15 米左右。

2. 能感受与同伴共同参与体育游戏的乐趣。

3. 能用简单的语言讲述与风筝有关的语句或简单故事。

四、关键经验

- 关键经验
  - 健康
    - 能在较窄、高低不同的平小桥上行走一段距离，保持身体平衡。
    - 能在宽阔的场地上带着风筝向前快跑 15 米左右。
    - 喜欢参加体育活动，在成人的提醒下注意安全。
  - 语言
    - 愿意在同伴面前表达自己对花朵、亭子、小桥的观察和发现，说话自然，音量大小适中，口齿清楚。
    - 能听懂短小的故事，能根据故事内容，用简单的语言讲述天天不采花并爱护花儿的行为。
    - 能用“五颜六色”“五彩缤纷”等词语形容风筝身上丰富的色彩。
  - 社会
    - 初步理解花儿是自然中的一部分，是我们的朋友。
    - 为自己能搭建出公园里的建筑物感到高兴。
    - 在教师的提醒下，能遵守公园游戏的规则，知道爱护自己和同伴的作品。
  - 科学
    - 喜欢接触大自然，对生活中的花、桥、亭子等多样的造型感兴趣。
    - 用看、闻等方式，观察发现花朵的颜色、外形特征，感知花瓣形状的多种多样、是一层一层、由小到大逐一垒加的。
    - 发现花坛形状是多种多样的，尝试用积木等桌面建构材料，综合运用围合、垒加、排列，拼、插等方式搭建花、花坛。
    - 对各种各样的亭子能仔细观察，发现方亭、圆亭、长亭、六角亭、八角亭等的明显特征，用清楚的语言进行描述。
    - 根据布局图，迁移原有经验，运用多种建构材料搭建公园里的花坛、小桥、亭子等建筑物，注意作品的整齐度。
    - 能手口一致地点数四角亭柱子和飞檐的数量，并说出总数。
  - 艺术
    - 喜欢涂涂画画，用简单的线条、色彩表现各种各样的花、风筝、公园等。
    - 能自主选择合适的材料，运用刮、撕、剪、贴等多种方式表现各种各样的花。
    - 喜欢大自然中形态各异的花坛、亭子等建筑物，感受其中的变化和美。

项目九
运动器械本领大

一、项目缘起

好动是幼儿的天性，他们喜欢各种有趣的体育游戏。在游戏中他们会用到各种运动器械，有攀登架、梅花桩、单双杠、云中漫步……真是花样繁多，他们玩得不亦乐乎。运动不仅能起到锻炼身体的目的，而且还能让幼儿获得愉悦的运动体验，为今后的健康生活打下良好的基础。

在本项目中，幼儿一起玩转各种类型的运动器械，他们通过做调查、听故事了解运动器械，用绘画、建构的方式表现运动器械，尝试着解决秋千、跷跷板的轴动问题，还用平衡板、轮胎、碳化积木等大型材料建构出真正可以用来运动的器械，亲身体验着不同的运动方式，开启了一段器械运动的奇幻旅程！

二、发展线索

- 运动器械本领大
  - 寻找身边的运动器械
    - 运动器械有哪些？
    - 运动器械有什么用？
    - 你最喜欢什么运动器械？
  - 我和运动器械玩游戏
    - 攀登架
      - 攀登架都有哪些样式？
      - 怎样让攀登架站立起来？
    - 跷跷板
      - 跷跷板什么样？
      - 怎么拼插跷跷板呢？
      - 怎么拼插出能上下摆动的跷跷板？
    - 秋千
      - 秋千可以怎么玩？
      - 如何让秋千来回荡？
    - 跨跳栏
      - 跨跳栏用什么材料搭建能玩起来？
      - 跨跳栏可以怎么玩？
    - 平衡桥
      - 平衡桥是什么样子的？
      - 各种各样的平衡桥怎么搭？
      - 怎样才能站在平衡桥上不倒呢？

三、具体活动

线索描述

线索一　寻找身边的运动器械

在各种运动游戏中，幼儿由衷热爱器械类运动，他们喜欢在地垫上爬一爬，在平衡板上走一走，在圆圈上跳一跳，拿着方向盘跑一跑……幼儿把自己寻找到的运动器械和体验感受同大家分享，发现运动器械不仅种类丰富，而且都有各自的功能，他们还用绘画的方式表达自己对运动器械的认识。

运动器械有哪些？ → 运动器械有什么用？ → 你最喜欢什么运动器械？

活动一　好玩的运动器械

活动背景

幼儿最喜欢去地方的一定是幼儿园里、小区里的运动场，因为那里有丰富多样的运动器械，大家都迫不及待地和同伴、老师分享着自己的发现。本活动中，幼儿在亲身体验和实地调查的基础上，知道常见运动器械的名称和玩法，感受运动器械的多样性。

材料准备

幼儿园操场上的运动器械和社区里的运动器械图片。

活动描述

1. 观察幼儿园里的小型运动器械。

在其他班级进行晨间锻炼时，幼儿进行观察。他们发现幼儿园里有平衡桥、竹梯、滑板车、跨跳栏、轮胎、海绵垫等各种小型运动器械。

2. 观察幼儿园里的大型运动器械。

在共同观察中，幼儿发现幼儿园里还有大型的滑滑梯、攀登架、荡桥等运动器械，不仅好玩还能锻炼身体。

3. 了解社区里的运动器械。

教师：你们还在社区里找到了哪些运动器械？我们一起来看一看。

幼儿发现了高低杠——它有很多种玩法，用手抓住横杠把身体撑在上面，可以增加手臂力量；扭腰器——脚站在圆圆的盘子上扭动身体，可以锻炼腰部肌肉；蹬力器——坐在椅子上用脚蹬，让小椅子向后移动来锻炼腿部肌肉。社区的运动器械还有攀登架、跷跷板等。他们通过观察运动器械的特点和运动方式，逐渐发现社区里的运动器械各不相同，这些器械可以帮助锻炼身体的各个部位。

4. 参与游戏“猜一猜，说一说”。

教师：这么多运动器械，你们都认识了吗？我们来玩一个“猜一猜，说一说”的游戏。教师说出运动器械的特征，幼儿猜测出它的名称。

活动延伸

1. 日常活动：在日常的散步和观察中，引导幼儿说说看到的运动器械的名称。

2. 家园共育：鼓励幼儿在离园后，和爸爸妈妈一起到社区、公园里的运动器械上玩一玩，感受运动器械所锻炼到的身体部位，喜欢锻炼身体。

关键经验

1. 发现幼儿园、社区、公园里都有各种运动器械，了解常见运动器械的名称和特点。

2. 能动作比较协调地使用常见的运动器械。

3. 喜欢参与小型运动器械类的体育活动。

活动二　运动好处多

活动背景

幼儿都有参加体育运动的经验，他们提到自己的家人也常常到小区广场、健身馆运动，于是对为什么大家都要运动感到好奇。本活动中，幼儿通过故事了解运动的好处，从而更加主动地参与各项运动。

材料准备

幼儿参加各种运动的图片，故事《爱运动的小白兔》。

活动描述

1. 讲述故事《爱运动的小白兔》。

教师：你们知道哪个小动物最爱运动吗？教师讲述《爱运动的小白兔》的故事。

教师：以前小熊的身体怎么样？

肉松：小熊穿得很多，却生病了。

教师：小兔子为什么没有生病？

双双：小兔子锻炼身体，就不生病了。

教师：锻炼身体可以让我们的身体肌肉很有力量，不容易生病。

2. 讨论喜欢的运动项目和所锻炼的身体部位。

教师：你最喜欢什么运动？

冉冉：我喜欢走平衡木。

教师引导幼儿学一学走平衡木的动作：把手臂伸直，眼睛看着前面，一步一步向前“走”。

曦曦：我喜欢玩跨跳栏。

教师：可以跨过去，还可以跳过去。

教师引导幼儿一边说一边做“跨”和“跳”的动作。

教师：这个山洞是怎么过去的？（钻）这块垫梯子怎样才能过去呢？（爬）幼儿发现钻过去的时候要低头、弯腰、弯腿。爬的时候手和脚踩在梯子的横杠上，手抓牢梯子向上爬，锻炼手臂的力量。在进行每一项运动器械游戏时，我们的脚、腿、腰、手臂都可以得到锻炼，让身体更加健康。

3. 运动中的安全。

教师：刚才小朋友说了很多自己喜欢的运动，但有些运动会有点危险，你们感到危险了吗？

哪里危险？

幼儿说出从很高的地方往下跳、攀爬到很高的地方可能会产生危险，在运动的时候要学会保护自己，危险的运动反而会伤害我们的身体。

活动延伸

晨间谈话：引导幼儿交流自己周末参加的运动项目，继续丰富对运动的经验，激发参与运动的兴趣。

关键经验

1. 懂得运动的好处，了解正确的运动方法，不做危险的事情。

2. 愿意参加讨论，正确使用“走”“跳”“爬”“跨”“举”“钻”等词汇和用简短的语言进行交流。

附：故事

爱运动的小白兔

作者：佚名

有一只小懒熊天天爱睡懒觉，每天吃了睡睡了吃，它的邻居是小白兔，每天早上早早起床锻炼身体。每天小兔子经过小熊的窗下，总会喊上一句：“小熊，我们一起锻炼身体吧。”小熊每次都说：“我还要睡一会，你先锻炼吧。”

天气渐渐变冷了，小熊穿上了厚厚的棉衣，小兔穿的没有小熊多，每天依然是蹦蹦跳跳，小熊却生病了。小熊问小兔：“你穿这么少都不生病，我穿这么多却还是感冒，怎么回事呀？”小兔说：“你天天不锻炼身体，身体抵抗力就差了，以后我们天天一起锻炼，保管你身体好起来！”从此以后，小熊就和小兔一起锻炼身体，小熊的身体也好起来了！

活动三　我喜欢的运动器械

活动背景

幼儿通过观察和体验，已经知道常见运动器械的名称和外形特征，想运用绘画的方式把它们表现出来。本活动中，幼儿进一步仔细观察运动器械，用简单的线条表现出物体的基本特征。

材料准备

纸、蜡笔，运动器械的图片。

活动描述

1. 回忆运动器械的种类。

教师：我们在操场上、小区里锻炼身体，都用了哪些运动器械呢？

幼儿表述出竹梯、跨跳栏、单双杠、秋千、梅花桩等。

2. 观察运动器械的特点。

教师：竹梯是什么样子的？

冉冉：梯子是长长的，中间还有很多横条。

教师：跨跳架是什么样子的？

岩岩：有黄轮还有管子，中间连接在一起。

幼儿发现运动器械各种各样，有的是单独一个的，有的是可以几个组合在一起的。

3. 绘画运动器械。

教师鼓励幼儿大胆绘画，把自己喜欢的、观察到的运动器械表现出来。小满在纸上画了一个圆圈，接着圆圈后面画了一条短线、一个圆圈，形成哑铃状。最后在两个圆圈下面画出了支撑架，完成了跨跳架。

4. 欣赏同伴的作品。

教师：一起来看看，你们都画了哪些运动器械？

教师和幼儿共同欣赏，进一步感受各运动器械的特征。

活动延伸

1. 区域游戏：在美工区用牙签和油泥制作小型运动器械并展示；在建构区用各类积塑玩具拼插出常见的运动器械。

2. 环境创设：作品展示，供幼儿之间互相学习、欣赏。

关键经验

1. 用简单的线条表现出常见运动器械的主要特征。

2. 乐意用语言介绍自己所绘画的运动器械。

3. 运用搓、插等方式用油泥、小棒等材料制作简单的运动器械。

线索描述

线索二　我和运动器械玩游戏

幼儿尝试和各种运动器械玩游戏，他们挑选出自己喜欢的攀登架、跷跷板、秋千、跨跳栏和平衡桥，尝试用桌面玩具来拼拼插插，感受自己创造的乐趣。怎么让攀登架站起来？跷跷板怎么才能上下摆动？秋千能来回荡吗？他们不断改进作品，尝试解决问题。这些运动器械能玩起来吗？幼儿来到操场上，迁移拼插桌面运动器械的经验，表现出不同高度的跨跳栏进行钻、跨的游戏，寻找各种户外材料搭建平衡桥，逐渐实现了自己的想法。

分支一　攀登架

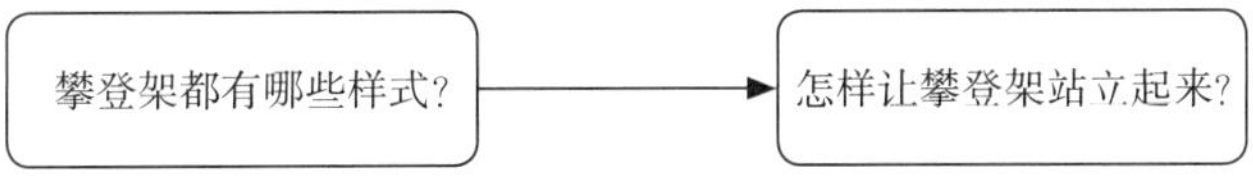

活动一　攀登架

活动背景

攀登架是幼儿在幼儿园里玩得最多、看得最多的游戏器械。攀登架有哪些样式呢？可以用什么积塑材料拼插出来？本活动中，幼儿寻找合适的材料，表现出攀登架的主要特征，体验创造的乐趣。

材料准备

万能工匠材料（黄轮、关节、大字接头、各色长、短软管等），雪花片，直立式和三角式攀登架的图片。

活动描述

1. 猜测谜语，引起幼儿活动兴趣。

教师：你们玩过猜谜语的游戏吧，请你们猜一猜这是种什么运动器械——像是瓜棚架，不攀登，不结瓜，专给娃娃爬。

琳琳：攀登架。

2. 观察图片，发现攀登架的结构特点。

教师出示直立式攀登架的图片。

教师：这种攀登架是什么样子的？

牛牛：这个攀登架很高。

教师：支架是什么样子的？

糯米：长长的、直直的。

教师：中间的横杆呢？

皮皮：也是直直的。

教师出示三角式攀登架的图片。

教师：这种攀登架的支架是什么样子的？

大川：像一个三角形，上面是尖尖的。

教师：那横杆呢？

小米：横杆是直直的、短短的。

通过观察，幼儿发现攀登架分为直立式攀登架和三角式攀登架，两种攀登架都有横杆、支架和底座。区别是三角式攀登架的支架像一个三角形。

3. 讨论搭建攀登架的方法和材料。

教师：攀登架的支架有的是直的，有的是三角形的，可以用什么材料拼插呢？怎么表现呢？

玉米：各种长短管、黄轮、蓝轴等。

教师：栏杆可以用哪些材料表现呢？

吉米：短管、绳子等。

教师：底座可以用怎么表现？

肉松：各种底板、黄轮等。

教师：先搭哪里比较合适呢？

幼儿发现可以先搭建支架，再表现横杆，最后搭建底座进行固定。

4. 建构攀登架。

教师：快去动手搭建你最喜欢的攀登架吧！在拼插攀登架的时候，要把各部分拼插紧密，这样才更牢固。

岩岩用长红管，在上面串上T字接头，再接上关节和T字接头，他在T字接头上套上了另一根长红管，接着在长红管上又串上T字接头和关节，并连接了三排，一个像梯子一样的攀登架就做好了。

5. 欣赏作品，分享交流。

教师：我们一起来看看，拼插这些攀登架用了哪些材料？搭得牢固吗？

岩岩：我用的是T字接头，在上面接上关节，把另一边接上攀登的长杆，很牢固。

冉冉：我用雪花片做攀登架，在中间再用雪花片接上，只要插紧就不会掉了。

教师和幼儿一起玩手指游戏“爬呀爬”，用手指在攀登架上玩攀爬的游戏。

活动延伸

1. 区域游戏：在建构区用多种积塑材料拼插出各种造型、功能的攀登架。
2. 环境创设：将幼儿搭建的攀登架建构作品在作品展示区展览。

关键经验

1. 知道攀登架的类型和主要组成部分。
2. 能选择合适的建构材料，表现出攀登架的基本造型。
3. 感受万能工匠、雪花片等积塑材料的可变性和趣味性。

图 9-1　攀登架（一）

图 9-2　攀登架（二）

图 9-3　攀登架（三）

图 9-4　攀登架（四）

活动二　攀登架站起来啦

活动背景

幼儿在用攀登架进行游戏时，发现攀登架只能平放在桌上，如果竖着放就会倒下来，雪花片做的攀登架也是这样。如何让直立的攀登架站起来呢？本活动中，幼儿尝试用增加支撑物、改装成三角形支撑架、更换材料等方法，让攀登架站起来。

材料准备

雪花片，万能工匠玩具等。

活动描述

1. 提出问题，引发讨论。

教师：我们上一次用万能工匠和雪花片做的攀登架，能站起来吗？

小米：我做的攀登架只能放在桌上，要用手扶着。

冉冉：我用雪花片做的攀登架站不起来，会倒。

吉米：我用万能工匠做的三角形的攀登架能站起来。

2. 讨论让攀登架站起来的方法。

教师：怎样让攀登架站起来？你有什么好办法？

牛牛：拿一个积木放在攀登架后面，就不会倒了。

大川：可以在下面再插一点雪花片。

琳琳：在红管下面放一个黄轮。

吉米：还可以把它做成三角形的攀登架。

幼儿开动脑筋，想出了各种各样的方法，有的是增加支撑底座，有的是改装成三角形支撑架。这些方法管用吗？幼儿进行尝试。

3. 拼插站起来的攀登架。

希言选用万能工匠拼插攀登架，她先用长红管和T字接头、关节插了一个攀登架，接着又插了一个一模一样的攀登架。接着她用关节元件把两个攀登架的顶部相连，攀登架站了起来，她高兴地说：我的攀登架站起来啦！

4. 分享建构作品。

教师：请小朋友来说一说，你是用什么方法让你的攀登架站起来的。

活动延伸

1. 区域游戏：在建构区尝试多种方法让攀登架站起来，如增加底部面积或利用元件搭建支点等。

2. 环境创设：鼓励幼儿为自己以往的建构作品（小动物、小花等）搭建支撑架让其站立起来，丰富班级环境。

关键经验

1. 充分利用材料元件，尝试增加支撑面的方法，让攀登架等建构作品站立起来。

2. 乐于尝试一些小任务，通过学习同伴或请教老师等方法解决问题。

3. 用简单的语言、动作表达自己解决问题的方法。

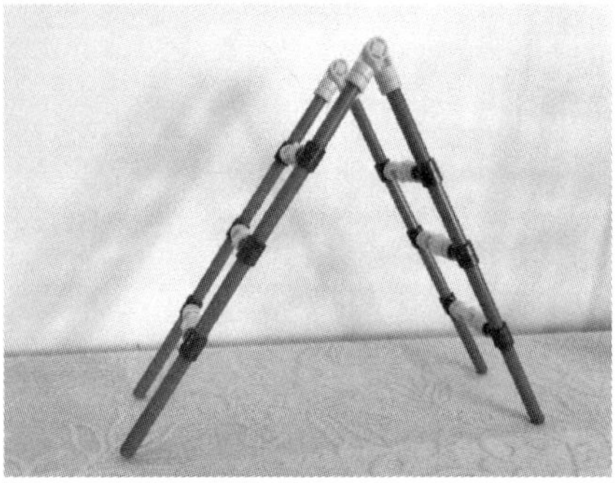

图 9-5　能站立的攀登架（一）

图 9-6　能站立的攀登架（二）

图 9-7　能站立的攀登架（三）

图 9-8　能站立的攀登架（四）

分支二　跷跷板

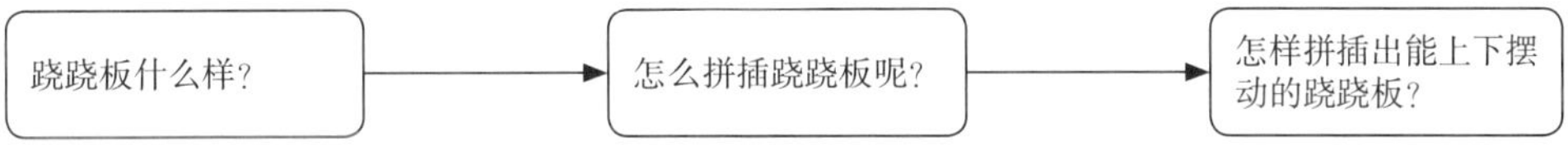

活动三　跷跷板

活动背景

幼儿在社区玩运动器械时，最喜欢的就是和小伙伴一起跷跷板，感受两人一上一下摇动的乐趣。本活动中，幼儿通过学唱歌曲《跷跷板》，感受在音乐中音高的变化和跷跷板上下摆动的特点一致。

材料准备

歌曲《跷跷板》及伴奏，图谱，玩游戏用的道具。

活动描述

1. 谈话引出跷跷板游戏内容。

教师：小朋友们，你们玩过跷跷板吗？跷跷板是怎样玩的？

吉米：我在楼下和小军哥哥玩过的。

大川：跷跷板有两个板凳，一人坐一边，用脚踩在地上蹬着玩的。

2. 做动作感受玩跷跷板游戏的快乐。

教师：跷跷板是一上一下摆动的，你们想不想玩啊？

小朋友分为左右两组，看教师手势，分别做起立和蹲下的动作，想象共同玩跷跷板的样子，感受跷跷板一上一下摆动的特点。

3. 学唱歌曲《跷跷板》。

教师：有一首歌曲也叫《跷跷板》，请你们听一听，歌曲里唱了什么？

幼儿说出歌词，教师出示相关图谱。

教师：这首歌曲里，有一个音乐台阶，每一步台阶都有不同的发音，当唱到“1234567 i”时，感觉跷跷板怎么了？唱到“i7654321”时，又怎么了？

幼儿发现唱到“1234567i”时，跷跷板抬上去了；唱到“i7654321”时，跷跷板下来了。幼儿发现音高的变化。

教师去掉部分图谱，带领幼儿继续熟悉歌词，演唱歌曲。鼓励他们用肢体语言进行歌曲表演。

活动延伸

区域游戏：在小舞台的角色游戏中演唱《跷跷板》的歌曲。

关键经验

1. 学唱歌曲《跷跷板》，感受音乐的音阶高低变化。
2. 能用肢体动作，表现出跷跷板上下交替运动的特点。
3. 对歌唱活动感兴趣，能主动、愉快地与同伴一起歌唱。

附：歌曲

跷跷板

活动四　好玩的跷跷板

活动背景

好玩的跷跷板可以用万能工匠等积塑材料搭建出来吗？本活动中，幼儿通过观察、思考和讨论，尝试用万能工匠材料中的各个元件表现出跷跷板的外形特征。

材料准备

跷跷板图片，幼儿玩跷跷板的视频，万能工匠材料（黄轮、关节、大一字接头、T字接头、各色长短软管等），玩具小人。

活动描述

1. 出示跷跷板的图片，观察跷跷板的结构特点。

教师：你们都玩过跷跷板，它是什么样子的？

肉松：跷跷板两边有小椅子。

教师：跷跷板的中间是什么样子的？

糯米：像一个小架子。

教师：这首儿歌说的就是跷跷板。跷跷板，跷跷板，两边一样远，支点立中间。

2. 讨论搭建跷跷板的方法。

教师：横杆长长的、直直的，可以用什么材料做呢？

玉米：可以用长长的红管，还有黄轮。

教师：支撑架可以怎么表现？

葡萄：用黄轮。

教师：座椅呢？

小米：用那个关节玩具。

教师：怎么才能把跷跷板的横杆和支撑杆连接在一起呢？

小鱼儿：可以用T字接头。

在讨论跷跷板如何拼插的过程中，幼儿迁移已有经验，想出在横杆的中间使用接头搭建一个支撑点，再将支撑杆与座椅进行连接的好办法。

3. 拼插跷跷板。

在搭建过程中，教师关注幼儿选用材料的目的性，引导幼儿寻找合适的接头元件将横杆和支撑杆连接在一起。在拼搭过程中，教师注意幼儿习惯的培养，提醒他们将管与轴连接紧密，感知面的连接与材料的牢固性有密切的关系。

4. 欣赏作品，分享交流。

幼儿选择用黄轮或蓝轴做底座，连接时他们尝试用T字接头、大十字接头、大一字接头等，感受管子与接头的几种不同连接方式，在跷跷板的座位表现中，能注意到左右对称的主要特点。

教师：我们一起带着玩具小人来玩一玩吧！幼儿与建构作品产生互动。

活动延伸

1. 户外活动：提供摇马玩具，幼儿感受一上一下的运动特点。

2. 家园共育：幼儿和爸爸妈妈、小伙伴一起玩一玩跷跷板，感受跷跷板游戏的快乐。

关键经验

1. 细致观察，进一步了解跷跷板的主要结构特征。
2. 选择合适的元件，将跷跷板的各组成部分进行连接，表现出它的基本造型。
3. 在操作中感受跷跷板的有趣，萌发对生活中好玩事物的探索欲望。

图 9-9　跷跷板（一）

图 9-10　跷跷板（二）

图 9-11　跷跷板（三）

图 9-12　跷跷板（四）

活动五　跷跷板，动起来

活动背景

幼儿在与建构作品互动的游戏中，发现跷跷板不能够上下移动，玩不起来。原来连接杆和底座固定拼插好后，连接杆无法上下移动，可以用哪些元件实现“动”的功能呢？本活动中，幼儿探索底座和连接杆的移动，选择合适的元件进行替换，通过不断的尝试和试错，体验跷跷板能动起来的快乐。

材料准备

万能工匠。

活动描述

1. 提出问题，讨论解决的方法。

教师：小娃娃玩了你们拼插的跷跷板，坐在上面却不能上下摆动起来，就像坐小椅子一样，怎样才让跷跷板动起来呢？你觉得要在哪些地方进行修改？

岩岩：需要让连接杆和底座的地方动起来的。

教师：底座的地方如何调整？用什么形状的玩具拼出来能动？

曦曦：蓝轴和红管能动起来。

冉冉：我发现，红管放在大十字玩具里也能动起来。

2. 建构能动起来的跷跷板。

幼儿在万能工匠材料中选择各种接头，尝试可以滑动的材料，再增加底座的支架，教师在幼儿的建构过程中给予鼓励和支持。

曦曦先用黄轮、蓝管连接关节和蓝管，搭建了一个底座。接着他找来蓝轴，拆开蓝管，装上蓝轴后再插紧，在蓝轴的左右两孔中，分别插上短红管和黄轮，用手来回让跷跷板动起来。之后他在玩具架里找了一下，拿着T字接头和绿叶片，装在黄轮的侧面做座椅，用手一上一下地玩起了跷跷板。

3. 分享作品。

教师：你的跷跷板动起来了吗？请你介绍向大家介绍一下，你是用什么材料让跷跷板动起来的。

活动延伸

1. 区域游戏：在美工区提供粗细吸管、卷纸筒等材料，鼓励幼儿用多种材料制作跷跷板。
2. 环境创设：在儿童海报中呈现幼儿建构跷跷板的过程性图片，关注幼儿解决问题的过程。

关键经验

1. 在前期的建构经验上，选择能够轴动的元件，拼插出可上下摇动的跷跷板。
2. 积极探索轴动的方法和材料。
3. 感受克服困难、解决问题之后的成功感。

图 9-13　跷跷板（五）

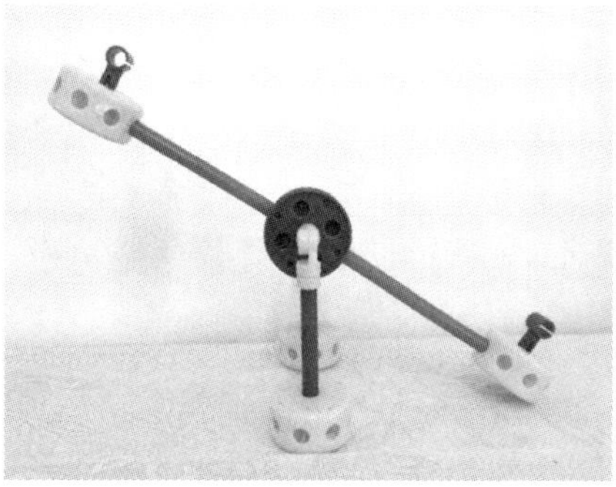

图 9-14　跷跷板（六）

图 9-15　跷跷板（七）

图 9-16　跷跷板（八）

分支三　秋千

活动六　好玩的秋千

活动背景

秋千也是幼儿非常喜欢的运动器械，他们喜欢坐在秋千上荡来荡去，感受身体移动的快乐。本活动中，幼儿通过念儿歌，了解秋千的样式和玩法，体验荡秋千运动的有趣。

材料准备

各种秋千的图片，幼儿玩秋千的图片、荡秋千的视频，配乐儿歌《荡秋千》。

活动描述

1. 观看幼儿荡秋千的视频。

教师：你们玩过小秋千吗？我们一起来看一看秋千是怎么玩的。

皮皮：秋千上有一个座位，会荡来荡去的。

教师：人们可以坐在小秋千上荡来荡去，非常有趣。

2. 讨论秋千的样式和玩法。

教师：你是怎么玩荡秋千的？

小米：我和爸爸一起荡秋千，我坐在秋千上，爸爸在后面推我。

教师：秋千是什么样子的？

皮皮：有架子、绳子和坐的地方。

3. 听儿歌《荡秋千》，感受荡秋千的快乐。

教师：我们一起来听听《荡秋千》的儿歌，跟着说一说。

4. 讨论玩荡秋千时的安全问题。

教师：荡秋千时要注意什么问题呢？

师幼小结：荡秋千时双手要抓牢绳子；在后面推小朋友的时候，不能用力太大，把秋千荡得太高；秋千的座椅来回荡的时候，小朋友应该离秋千远一点，保持一定的安全距离。

活动延伸

家园共育：请爸爸妈妈利用周末时间，带幼儿玩荡秋千游戏，提醒幼儿在荡秋千时注意安全。

关键经验

1. 喜欢念短小的儿歌，初步了解秋千的结构特点。
2. 知道荡秋千的正确方法，有一定的自我保护能力。
3. 感受和家人、同伴一起荡秋千的乐趣。

附：儿歌

荡秋千

作者：佚名

小朋友来荡秋千，一个两个排好队。
身子坐好小板板，双手紧抓绳两边。
秋千荡，秋千荡，看看有谁荡起来。
秋千荡，秋千荡，一起来锻炼胆量。
你快看，我比小树荡得高，
你快来，我来教你荡秋千。
你快看，一荡荡到柳树尖，
你快看，我是勇敢小宝宝。

活动七　荡来荡去的秋千

活动背景

在上次的活动中，幼儿使用万能工匠的蓝轴，拼插出可以上下移动的跷跷板。本活动中，幼儿借鉴该经验，表现出小秋千座椅来回荡的特点。

材料准备

万能工匠材料（黄轮、蓝轴、红片片、关节、大十字接头、各色长短软管、各种底板等），秋千图片。

活动描述

1. 观察秋千的结构特点。

教师：秋千的座椅挂在什么上面？

岩岩：上面有一个横杆，边上有两个三角形的架子。

幼儿观察不同秋千的图片，发现秋千各不相同的特点。

教师：这几个秋千的座椅是什么样子的？

肉松：有圆圆的，也有方方的。

教师：支架呢？

小米：在秋千的两边，像一个三角形。

教师：连在座椅上的绳子是什么样子的？

冉冉：直直的。

幼儿通过观察，发现秋千有很多样子，座椅的形状有方方的、圆圆的，秋千都有支架，在座椅的两边，连接绳是直直的，将座椅和支架连接在一起。

2. 讨论搭建秋千的方法。

教师：支架直直的，可以怎么表现呢？

吉米：用红管和黄轮连在一起，就可以做支架啦。

教师：座椅可以用哪些材料表现呢？

大川：可以用蓝轴、黄轮和红片片。

教师：怎么让座椅来回动起来？

葡萄：用蓝轴或者大十字接头。

在讨论中，幼儿逐渐清晰了秋千的拼插方法和材料，他们会迁移拼插攀登架的经验表现出秋千的支架，发现大十字接头和蓝轴材料中间有洞，可以将管子放进去解决秋千荡动的问题，材料上的孔洞也可以用于连接座椅和横杆。

3. 拼插秋千。

葡萄用红管和黄轮做了个支架，接着又做了一个一样的支架，用黄管把两个支架的黄轮连接在一起。然后她在蓝轴上接了一个小一字玩具，上面放一个小帽子和小娃娃头，在蓝轴的侧面装上 T 字接头和绿管，她想把座椅连接在支架上，就先把黄管拆下来，在中间加了一个蓝轴玩具，再把绿管连接在蓝轴上。

教师鼓励幼儿大胆尝试，使用不同的材料连接支架和拉绳。

4. 欣赏作品，分享交流。

幼儿介绍自己的作品，说说座椅是否可以荡起来，是怎么连接的。

幼儿大多使用蓝轴和大十字两种轴动材料，有的幼儿是看到同伴成功后，更换材料使秋千来回荡了起来。他们对自己完成作品感到非常开心，表达欲望比较强烈。

活动延伸

1. 晨间谈话：和同伴交流自己荡秋千的经历，表达自己荡秋千的感受。
2. 环境创设：将幼儿尝试拼插秋千的过程和想法记录下来，展示在儿童海报中。

关键经验

1. 知道秋千的多样性和主要结构特点。
2. 能迁移前期拼插的经验，选择适合的材料元件表现出可以荡起来的秋千。
3. 感受克服困难，让秋千荡起来的成就感。

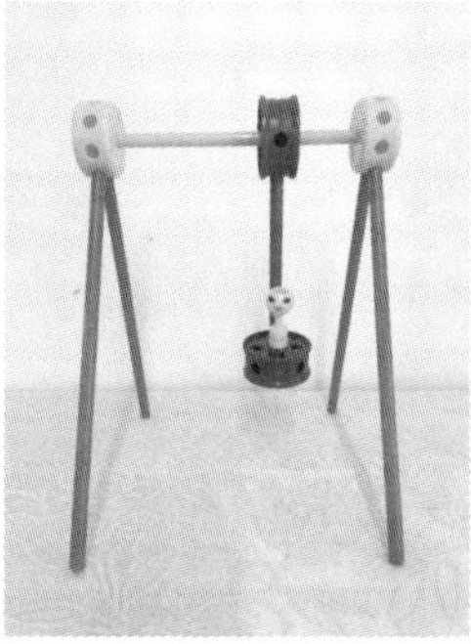

图 9-17　秋千（一）

图 9-18　秋千（二）

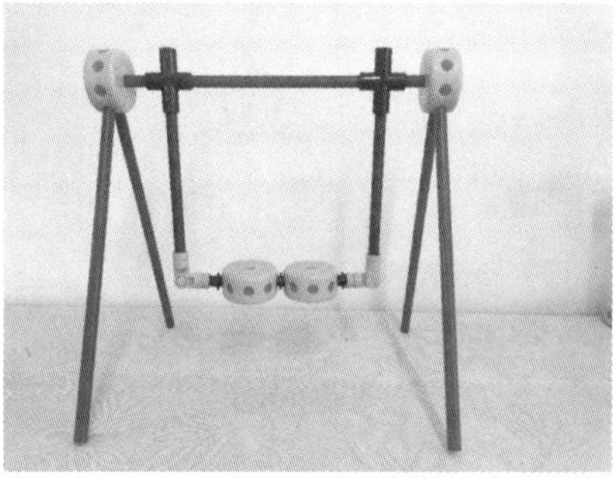

图 9-19　秋千（三）

图 9-20　秋千（四）

分支四　跨跳栏

跨跳栏用什么材料搭建能玩起来？ → 跨跳栏可以怎么玩？

活动八　能玩起来的跨跳栏

活动背景

前面的活动所表现的运动器械虽然动起来了，但是不能玩。幼儿提出想搭建出能玩的运动器械。于是他们再次对各种运动器械进行观察，发现跨跳栏可以试一试。本活动中，幼儿用各种户外建构材料表现出跨跳栏的特点。

材料准备

各种高度、宽度跨跳栏的图片，户外万能工匠的黄轮、各色管子、碳化积木等，户外运动场。

活动描述

1. 观察跨跳栏的特点。

教师：这是什么运动器械？

小小：跨跳栏。

教师：它们是什么样子的？

琪琪：中间有一个长长的杆子，边上有两个三角形的支架。

教师：你还见过什么样子的跨跳栏？

小满：有矮矮的跨跳栏，高高的跨跳栏。

教师：高高的跨跳栏和矮矮的跨跳栏，它们哪里不一样呢？

岩岩：下面的支架不一样，高高的支架下面的腿长，矮矮的支架下面的腿短。

2. 讨论建构的材料。

教师：选用什么材料搭出来的跨跳栏能玩呢？你准备怎么搭呢？幼儿提出用户外的建构类材料来试一试，班级的桌面积塑材料都太小了。

3. 尝试用大型万能工匠搭建跨跳栏。

岩岩拿了两个黄轮，他找了一根蓝管，插在黄轮的边上，又拿了一根红管，插在黄轮侧面的中孔上，他手扶着黄轮想让它站起来，但没有成功。他放下黄轮，拿来两根蓝管，插在另一个黄轮上，接着他把长长的红管插在另一个黄轮的中孔上，摆正蓝色的支架，让跨跳栏站起来。作品完成后，他开始玩起来，把腿抬得高高的，从跨跳栏上跨过去。

4. 和朋友一起跨一跨，玩一玩。

教师：你们搭建的跨跳栏可以玩起来了吗？我们把它放在运动场地上，一起来锻炼身体吧！

活动延伸

1. 晨间锻炼：鼓励幼儿设计适合自己身高的跨跳栏并游戏。

2. 户外游戏：试一试用其他的材料表现跨跳栏。

关键经验

1. 组合连接大型建构材料，表现出不同样式、高度的跨跳栏。

2. 能在拼插中克服困难，为自己完成作品感到高兴。

图 9-21　跨跳栏（一）

图 9-22　跨跳栏（二）

图 9-23　跨跳栏（三）

图 9-24　跨跳栏（四）

活动九　有趣的跨跳栏

活动背景

在上次的建构游戏中，幼儿对跨跳类游戏产生了非常大的兴趣，对把自己的建构作品用于体育锻炼中感到很满足。本活动中，幼儿使用高度不同的跨跳栏，思考它们的多样玩法来开展有趣的体育游戏。

材料准备

幼儿用户外万能工匠材料、碳化积木拼插的各种跨跳栏。

活动描述

1. 热身活动。

教师带领幼儿一起做举重、压腿和跨跳等热身动作。

2. 讨论、尝试跨跳栏的多种玩法。

幼儿发现大家前面搭建的跨跳栏各不相同，有的高、有的矮，有的长、有的短。

教师：这些不同的跨跳栏可以怎么玩呢？有什么不一样的玩法吗？请你们来试一试。

幼儿进行尝试实践，在游戏中，教师发现他们除了常规跳和跨的玩法，还有从跨跳栏上翻越、手扶住跨跳栏做俯卧撑等新玩法。

个别幼儿分享玩法和经验，其他幼儿再次尝试。

3. 循环游戏。

师幼共同将跨跳栏材料放在场地四周，围合成一个回字形的循环路线，幼儿围绕场地根据不同高度的跨跳栏材料做出相关的跨、跳、爬、翻等动作，进行综合循环游戏，感受一种材料多种玩法的趣味。

4. 放松活动。

拍拍手臂、拍拍腿，放松放松身体。

活动延伸

1. 晨间锻炼：幼儿布置跨跳栏的循环游戏路线，继续进行一物多玩的游戏。

2. 户外游戏：用梯子组合、大型万能工匠组合材料搭建支撑架，将轮胎用布条、粗绳悬挂在横杠上，表现出可以真的用来荡的秋千，玩秋千。

3. 家园共育：幼儿将跨跳栏的不同玩法记录在儿童记录本中，讲给爸爸妈妈听。

关键经验

1. 探索不同高度跨跳架的多种玩法。

2. 能比较协调地完成跨、跑、跳、爬等动作，动作基本正确。

3. 能用自己的语言表达用跨跳栏锻炼身体的多种玩法。

图 9-25　跨跳栏（五）

图 9-26　跨跳栏（六）

图 9-27　跨跳栏（七）

图 9-28　跨跳栏（八）

分支五　平衡桥

平衡桥是什么样子的？ → 各种各样的平衡桥怎么搭？ → 怎样才能站在平衡桥上不倒呢？

活动十　有趣的平衡桥

活动背景

平衡类游戏也是幼儿喜欢的游戏，他们喜欢在直直的或是弯弯的，有一定高度的平衡桥上走来走去。本活动中，幼儿整合关于平衡桥的经验，发现平衡桥是多种多样的，进一步锻炼平衡能力。

材料准备

各种各样平衡桥的图片。

活动描述

1. 出示平衡桥图片，引发讨论。

教师：这是什么运动器械？

小满：这是我们在幼儿园玩的平衡桥。

教师：它是什么样子的？

琳琳：平平的，有一点高，小朋友可以在上面走。

教师：这个平衡桥是什么样子的？

曦曦：这个平衡桥是弯弯的，小朋友像爬梯子一样爬上去，然后脚换一个方向，坐着走下来。

教师：那在我们的生活中还有哪些平衡桥呢？

玉米：这是三个平衡桥连起来的，有的高有的矮，上面有直直的木板。

幼儿通过观察并结合自己的生活经验，发现平衡桥的造型各不相同，有的是长长直直的，有的是圆弧形的，还有高低不平组合式的平衡桥。

2. 了解平衡桥的作用。

教师：为什么它们的名字都叫平衡桥？

在讨论中，幼儿发现在平衡桥上走能锻炼平衡能力，平衡能力好的人不容易摔跤、走路姿态更挺拔，还能做许多有难度的动作。

3. 体验平衡类游戏。

幼儿在教师搭建的平衡桥或大型平衡类游戏器械上走一走、玩一玩，体验平衡类游戏的乐趣。

活动延伸

1. 体育游戏：投放不同形式的平衡类游戏器械，鼓励幼儿大胆尝试。

2. 晨间谈话：幼儿分享自己玩平衡游戏时保持身体平衡的方法。

关键经验

1. 了解平衡桥的多样性等特点。

2. 感受平衡游戏的乐趣，提高自己的平衡能力。

活动十一　搭建平衡桥

活动背景

幼儿在认识了各种各样的平衡桥，参与了平衡类游戏后，也想用户外材料拼搭平衡桥。本活动中，幼儿迁移搭建桥的经验，组合运用各种户外建构材料，表现出各种样式的平衡桥，注意桥的稳固性。

材料准备

各种户外碳化积木、海报筒、万能工匠玩具等，大的平衡板，梯子、小椅子。

活动描述

1. 讨论建构计划。

教师：你想搭建一座怎样的平衡桥？准备用什么材料？

大川：我想搭一座有高有低的平衡桥，用碳化积木来搭。

曦曦：我想搭一座弯弯的平衡桥，用万能工匠玩具搭。

幼儿描述出自己想搭建的不同高度、样式的桥，所选用的材料也比以前丰富了一些。

2. 搭建平衡桥。

小米拿来中空的碳化积木放在两边，上面加上一个长长的碳化积木板，在前面继续延长搭了一组，组合成长长的平衡桥。

吉米搬来小椅子，他把小椅子排成一长排，然后在前面转弯，搭了一座L形的长长的平衡桥。

岩岩和曦曦两个小朋友合作搭，他们把大型万能工匠的蓝轴放在地上，然后两个人一起合作把长长的梯子抬过来架在两个蓝轴上面，接着在另外两个蓝轴上放了一块平平的木板，搭了一座梯子加木板的平衡桥。

3. 走走平衡桥，发现建构中的问题。

教师：你们的平衡桥搭好了吗？一起来走一走、玩一玩。

教师：在玩的时候感觉走在上面怎么样？有没有需要调整的地方？

幼儿分享游戏感受，发现有的平衡桥有点晃。结合自己的经验，发现平衡板要架在整个底座上面，不能只架一点点，这样才会更加牢固。

4. 调整平衡桥。

幼儿调整自己建构的平衡桥，让平衡桥更加牢固、平稳。

5. 分享、游戏。

教师：走一走，看看谁的平衡桥最结实。

幼儿自由走一走自己和同伴搭建的平衡桥，感受摆放位置与牢固之间的关系。

活动延伸

1. 体育游戏：进行单脚跳和倒退走、闭眼走等平衡游戏练习，增强平衡感。
2. 晨间锻炼：增加难度，如在平衡板上放障碍物、减小平衡板的面积等，增加游戏的趣味性。

关键经验

1. 大胆使用材料，运用连接、延长的建构经验搭建平衡桥。
2. 游戏时发现搭建中存在的问题，调整建构作品，使其更加稳固。
3. 感受自创平衡游戏的有趣。

图 9-29　平衡桥（一）

图 9-30　平衡桥（二）

图 9-31　平衡桥（三）

图 9-32　平衡桥（四）

活动十二　我会走平衡桥

活动背景

幼儿对于与自己的建构作品产生互动特别开心，他们还想玩各种有趣的平衡类游戏，也特别乐于挑战不同的难度。本活动中，幼儿积累走平衡桥的经验，探究保持身体平衡的方法。

材料准备

直线、变形平衡木，大块积木、弧形塑胶板、沙包、硬纸板、大雪花片若干，食物若干。

活动描述

1. 热身运动。

进行慢走、慢跑、快跑、慢跑、慢走的热身和队列练习。

2. 故事导入，探讨走平衡桥保持身体平衡的方法。

教师：一场大雨把小河上的桥冲走了，热心的小熊给大家架起来一座平衡桥。可是小兔子胆子小不敢过桥，你们先来试一试，看看有什么好办法教教小兔过桥，好吗？

幼儿尝试过桥，师幼共同探讨在过桥时身体保持平衡的办法。

小满：要眼睛看着地，一步一步向前走。

小小：要把手臂伸平，眼睛向前看。

牛牛：走的时候，可以把腰弯一点。

幼儿发现在过桥时保持身体平衡的方法：手臂伸平，眼睛向前看，整个脚掌着地，一步一步慢慢走，身体向前弯一点。还可以通过增加足底接触面积、降低重心和手臂伸直等方法保持平衡。

3. 走不同难度的平衡桥。

教师：这里有一些高矮、宽窄不同的平衡桥，有障碍物的平衡桥，你们能顺利过桥吗？快去试一试吧！

在游戏中，教师发现有的幼儿敢于挑战有难度的桥，而有的幼儿则挑选简单的平衡桥参加游戏，平衡能力差异较大。在必要时教师扶着幼儿走，增加他们的胆量。

4. 游戏：送食物。

根据幼儿情况，选择中间难度的平衡桥进行游戏。幼儿分别穿过树林，走过平衡桥给小兔子送食物。在游戏中进一步提高身体的平衡能力。

5. 放松活动。

教师：让我们一起拍拍手臂、拍拍腿，让身体放松一下。

活动延伸

1. 体育游戏：继续提供高低、宽窄不同的平衡桥，发展幼儿的平衡能力。

2. 日常活动：在餐前欣赏体操单杠运动员的表演，感受平衡运动的魅力。

关键经验

1. 能在高矮不同、宽窄不同、有障碍物的平衡桥上行走一段距离，保持身体平衡。
2. 迁移经验，探索保持身体平衡的方法。
3. 敢于挑战有一定难度的任务。

四、关键经验

- 关键经验
  - 健康
    - 初步掌握最基本的走、跑、跨、爬等身体活动要领，动作较协调。
    - 知道常见运动器械的名称和玩法，感受器械锻炼的好处和锻炼的部位。
    - 探索不同高度跨跳栏、平衡桥等小型器械的多种玩法。
    - 喜欢参与小型器械的锻炼游戏，情绪愉悦。
    - 在成人的提醒下注意安全，不做危险的事情。
  - 语言
    - 正确使用“走”“跳”“爬”“跨”“举”“钻”等有关运动的词汇和简单的句子描述出常见运动器械的特征。
    - 愿意参与关于运动器械话题的讨论。
    - 喜欢并听懂短小的儿歌和故事，口齿清楚。
  - 社会
    - 愿意和同伴一起友好地进行锻炼游戏。
    - 在成人的提醒下，不争抢、独霸玩具，遵守游戏活动的规则。
    - 喜欢承担、挑战一些小任务，为自己顺利完成任务感到高兴。
  - 科学
    - 迁移前期经验，运用各类建构材料进行架高接插，表现出常见运动器械的基本特征。
    - 尝试利用大型户外材料，建构出可以用于锻炼的器材并进行游戏。
    - 探索运用轴动元件，让运动器械动起来的方法。
    - 在运动中感知上下、里外、前后的空间位置关系。
    - 通过体验、观察，知道常见运动器械的名称和特点。
  - 艺术
    - 能用简单的线条画出常见小型运动器械的特征。
    - 运用搓、插等方式用油泥、小棒等材料制作简单的运动器械。
    - 学唱歌曲，感受音乐的音阶高低变化。
    - 能用肢体动作，表现出跷跷板上下交替运动的特点。

项目十
滑滑乐

一、项目缘起

滑梯是一种常见的大型玩具，小班的幼儿特别喜欢在滑梯上爬一爬、滑一滑，当他们从滑梯上“嗖”地滑下来时，会开心地和老师说：“滑滑梯像坐飞机一样。”“我变成了一只会滚的皮球。”通过“滑”的动作，他们感受到了滑梯的有趣和内心的愉悦。

幼儿在幼儿园、公园、小区里，甚至在家里都找到了各种好玩的滑梯，它们的滑道各不相同，有直的、弯曲的，还有旋转的滑道。他们在画滑梯、折滑梯的过程中，进一步感知了滑梯的构造，开始逐步尝试用建构的方式表现出多样的滑梯，并进一步探索搭建出可以真正“滑”起来的滑梯。他们在故事里为小动物们找滑梯，在音乐中尝试用身体动作表现滑梯，还在实验操作中观察小球、水流的滑道，发现高度与滑速之间的关系。他们一起约定玩滑梯的规则，逐步建立起初步的安全意识。

二、发展线索

- 滑滑乐
  - 有趣的滑梯
    - 滑梯是什么样子的？
    - 怎样画滑梯？
    - 纸可以折滑梯吗？
    - 还有哪些有趣的滑梯？
    - 滑梯怎么搭？滑道和楼梯怎么连接？
    - 搭的滑梯可以玩吗？
  - 多样的滑道
    - 小球的滑道是什么样的？
    - 水流的滑道是什么样的？
    - 弹珠怎样玩滑梯？
    - 水彩怎样玩滑梯？
    - 比一比，哪种滑道滑得快？
    - 比一比，哪种积木滑得快？
  - 一起玩滑梯
    - 玩滑梯时要注意哪些安全问题？
    - 为什么大家要轮流玩滑梯呢？

三、具体活动

线索描述

线索一　有趣的滑梯

本线索主要围绕搭建滑梯进行，幼儿通过涂色、折纸、律动、讲故事等活动感知滑梯的外形特征，从用清水积木搭建滑梯到表现可以玩的滑梯，感受到从滑梯上“哧溜”一下滑下来的乐趣。

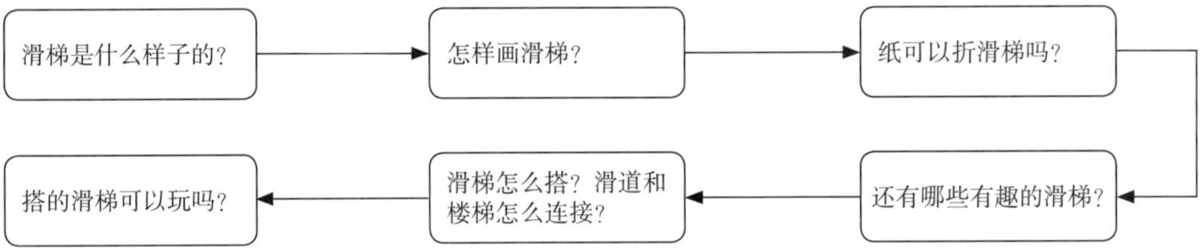

活动一　滑梯真好玩

活动背景

滑滑梯是那么有趣、好玩，哪里好玩呢？幼儿对滑梯产生了探究的兴趣，在玩的过程中，他们注意观察、体验和感受。在本活动中，幼儿主要通过交流，讲述自己的游戏体验，了解滑梯的结构特点。

材料准备

幼儿玩各种类型滑梯的照片，《我了解的滑梯》调查表。

活动描述

1. 分享自己的游戏体验。

教师出示幼儿玩滑梯的照片，提问：这张照片上你们在干什么？幼儿看到自己在玩滑梯的照片开心地笑了起来，说道：我们在玩滑梯呢！

教师：滑滑梯好玩在哪里呢？

幼儿讲述自己觉得最好玩的地方，感受滑滑梯的有趣。

2. 认识弯弯和直直的滑道。

齐齐和乐乐的照片引起了大家的关注，原来齐齐坐在小区里旋转的滑梯上，乐乐坐在大树旁边的直直滑梯上，两个滑梯是不一样的。

随后幼儿欣赏了一组有直滑道、弯曲滑道和旋转滑道的滑梯组合。通过这组照片，幼儿发现滑梯的造型不同，有多种滑道。

3. 讨论滑梯的组成部分。

教师：滑梯除了有滑道还有什么部分啊？平台、楼梯等。

4. 幼儿自由分享《我了解的滑梯》调查表。

幼儿拿出自己调查表，互相分享自己在哪里玩的滑梯，它的特别之处。

活动延伸

1. 区域游戏：语言区展示幼儿调查表《我了解的滑梯》，幼儿自主进行讲述。

2. 环境创设：把幼儿玩滑梯的照片展示到班级环境当中。

3. 家园共育：家长协助幼儿体验滑梯，观察滑梯的造型特点，帮助幼儿完成调查表。

关键经验

1. 通过欣赏各种滑梯图片，感知滑梯是有很多造型的，发现滑梯有不同的滑道。

2. 愿意在熟悉的同伴、教师面前讲述自己玩滑梯的过程，以及对滑梯外形特征的了解，讲述时口齿清晰。

3. 进一步感受滑滑梯的有趣。

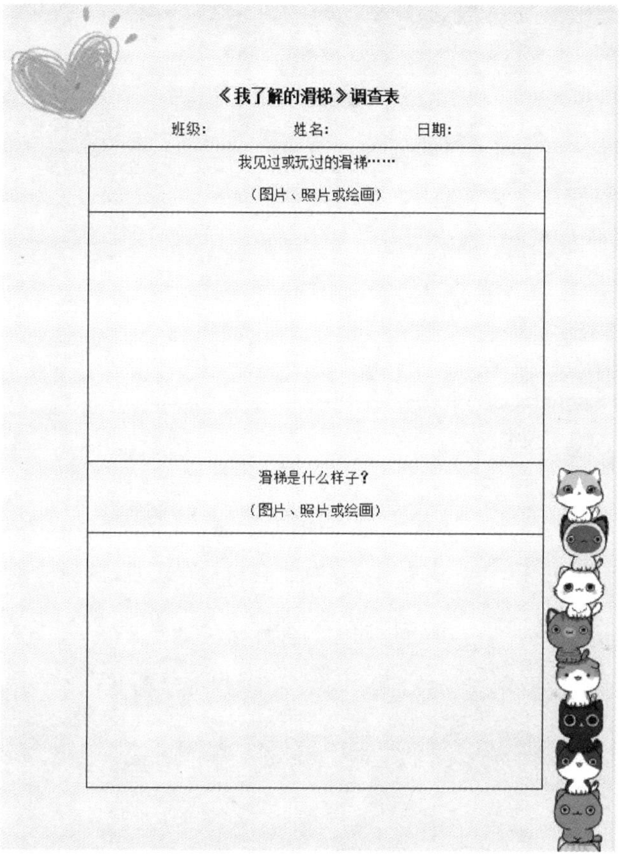
《我了解的滑梯》调查表

班级：　　姓名：　　日期：

我见过或玩过的滑梯…… （图片、照片或绘画）
滑梯是什么样子？ （图片、照片或绘画）

图 10-1　调查表

活动二　多彩的滑梯

活动背景

幼儿通过经验分享发现了滑梯是多种多样的，而且它的颜色丰富、艳丽，一下子就吸引了他们的注意。本活动中，幼儿感知冷暖色，运用对比色、相近色的搭配方法给滑梯涂色，体会涂色活动的乐趣。

材料准备

各种颜色的滑梯图片，滑梯底图，油画棒。

活动描述

1. 欣赏美丽的滑梯。

幼儿观看屏幕播放的各种颜色和图案的滑梯，当看到一张由黄色和橙色组成的滑梯时，他们指着图片说："好漂亮啊！"他们发现原来这个滑梯的颜色是间隔排列的。通过这组滑梯图片的欣赏，幼儿发现了滑梯的色彩美，虽然滑梯的颜色鲜艳，但颜色排列也有一定的规律可循。

2. 玩涂色游戏。

教师：哪种颜色给你有冷、暖的感觉？幼儿将蜡笔分成两大类（冷色、暖色）。

教师：怎样搭配颜色才能让滑梯更好看呢？

幼儿发现暖色调和冷色调相结合会让滑梯更加醒目，比如绿色和橘黄色；而暖色调和暖色调或者冷色调和冷色调相结合会让滑梯的颜色看起来更协调，比如黄色和橘黄色。

3. 给滑梯涂色。

幼儿根据自己的想法给滑梯涂色，他们发现颜色一定要涂满，这样的色彩更艳丽，滑梯更漂亮。

4. 作品展示。

幼儿互相欣赏作品，感受色彩的搭配。

活动延伸

1. 区域游戏：美工区中提供各种滑梯的底图和油画棒，幼儿可以自由创作，感受滑梯的多样性的美。

2. 游戏活动：建构游戏中可提供幼儿创作的各种滑梯图片，帮助幼儿积累认知经验。

3. 家园共育：亲子共同合作，用各种废旧纸箱、纸板等材料制作大型滑滑梯。

关键经验

1. 感知冷暖色，尝试用不同的搭配方式给滑梯涂色。

2. 会看画面，说出滑梯的颜色特点。

3. 喜欢涂涂画画，感受到装扮滑梯的乐趣。

活动三　涂鸦滑梯

活动背景

在亲子活动中，幼儿和爸爸妈妈共同建构了一个纸箱滑梯，怎样才能让滑梯变得更加好看呢？本活动中，幼儿用排笔涂鸦装饰滑梯，进一步感受用色块美化大型滑梯的快乐。

材料准备

自制纸箱滑梯，水彩颜料，大排笔。

活动描述

1. 讨论涂鸦的内容和色彩。

教师：用什么样的图案装饰我们搭建的滑梯呢？

球球觉得滑梯那么大，线条太小看不清，得用好多好多的颜色块来涂。

教师：怎样使用这些颜色呢？

幼儿发现可以迁移在纸面上涂色的经验，选用同类色或对比色等。

2. 探究排笔涂鸦的方法。

幼儿想要用颜料将纸箱滑梯装扮得更加好看。他们在美工区找到了大大的排笔，觉得那么大的滑梯一定要用大的笔才行。

排笔怎么使用呢？幼儿发现排笔的笔头很宽，可以按照从上往下的顺序一排排地画。

3. 涂鸦滑梯。

教师可帮助幼儿先在纸箱滑梯上用横、竖线分割好很多小格子，选择同类或对比色，幼儿用排笔在小格里上下涂色。他们从滑梯的这一面涂到滑梯的另一面，将每一个划分好的小格都涂满颜色再进行晾晒。

4. 欣赏

幼儿发现自制的纸箱滑梯更漂亮了，期待晒干后去玩一玩。

活动延伸

1. 晨间锻炼：幼儿一起玩装饰的纸箱滑梯，锻炼身体。

2. 环境创设：将亲子制作滑梯、幼儿上色装饰和玩滑梯的过程进行记录，布置相关环境。

关键经验

1. 迁移配色经验，尝试使用排笔上色，共同完成大型玩具的涂鸦。

2. 喜欢在自制的滑梯上涂涂画画，感受艺术创作的乐趣。

3. 在成人的提醒下，玩自制滑梯时能注意安全。

活动四　折纸滑梯

活动背景

滑梯除了画，还可以折吗？提出这样的疑问后，幼儿想尝试用纸折出滑梯。本活动中，幼儿运用正反折的方法，表现出滑梯的滑道和楼梯，感受折纸活动的有趣。

材料准备

长方形纸，滑梯折纸步骤图。

活动描述

1. 提出问题，引起幼儿兴趣。

教师：纸可以折出滑梯吗？幼儿猜测。

2. 教师变出折纸滑梯，师幼讨论折的方法。

教师以变魔术的方式出示折纸滑梯，师幼共同讨论折的方法。

幼儿对照着折纸滑梯的步骤图进行折纸，滑道部分很快就表现了出来，可是楼梯部分怎么折呢？沫沫想到了一个好办法，她觉得折纸滑梯的楼梯和之前折过的扇子很像，可以试一试正反折。果然，正反折打开之后就是楼梯的样子，他们顿时兴奋了起来。

3. 探究让滑梯立住的方法。

教师：滑梯能站立住不倒吗？折纸时要注意些什么呢？

幼儿想让自己折好的滑梯站立在桌面上，可是总倒下来，这是为什么呢？他们发现折楼梯的时候要注意正反折的方向，纸张的边和角都要对整齐。

4. 作品展示。

美工区的展示台上呈现着幼儿的各种折纸滑梯，他们忍不住用小手爬上楼梯，再滑下来，和自己的作品玩游戏。

活动延伸

1. 区域游戏：在美工区中提供彩色长方形纸张和滑梯折纸步骤图，幼儿可以根据自己的兴趣探究正反折，锻炼手部小肌肉。

2. 环境创设：展示出折纸滑梯作品，幼儿共同欣赏。

关键经验

1. 乐于用折纸的艺术方式表现出滑梯的样子。

2. 探索正反折的方法并对整齐，尝试让滑梯的折纸作品站立起来。

3. 为自己能够根据折纸步骤图折叠出滑梯而感到高兴。

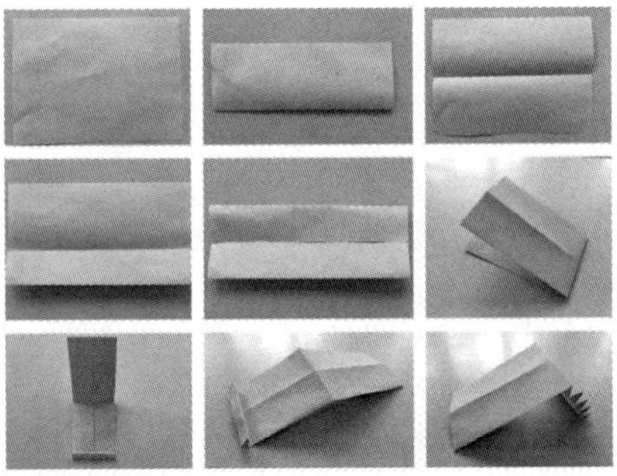

图 10-2　折纸滑梯（一）

图 10-3　折纸滑梯（二）

活动五　滑梯真好吃

活动背景

纸可以折滑梯，生活中还有哪些东西可以用来做滑梯呢？幼儿对弯弯直直的滑道产生了极大的兴趣。本活动中，幼儿通过绘本进一步感知弯曲滑道的特点，寻找生活中的滑梯。

材料准备

蚂蚁、瓢虫的图片，香蕉玩具，《滑梯真好吃》绘本。

活动描述

1. 讲述绘本故事。

屏幕上播放绘本故事《滑梯真好吃》中蚂蚁和瓢虫的图片，幼儿一下子就认出来了，他们很期待蚂蚁和瓢虫接下来会发生的事情。

2. 理解故事内容。

当看到绘本画面中绿绿的、硬硬的东西时，幼儿猜测：这像一个桥。接着，看到这个东西变成了黄色，他们开心地大叫起来：这是香蕉！他们恍然大悟，原来蚂蚁和小瓢虫把弯弯的香蕉当作滑梯，这真是太有趣啦！故事结束的时候幼儿意犹未尽，他们想了想，觉得小昆虫还可以找到更多的滑梯，比如弯弯的豆角、弯弯的茄子、弯弯的辣椒……

3. 寻找班级里的“滑梯”。

幼儿想要帮助蚂蚁和瓢虫玩到更多的“滑梯”，在班级的玩具柜、积木箱、娃娃家找了起来，洋洋找来了小弯曲积木，齐齐找来了万能工匠的软管，小艺找来了弯道玩具……这些玩具都是弯弯的！

活动延伸

区域游戏：将《滑梯真好吃》绘本置放于图书区中，鼓励幼儿自主翻阅；在建构区投放幼儿寻找到的弯曲玩具，鼓励他们尝试用桌面玩具建构滑梯。

关键经验

1. 喜欢看绘本，理解故事中小昆虫将香蕉当成滑梯的情节。
2. 仔细观察，发现香蕉、豆角、辣椒等弯曲物体的特征。
3. 乐意帮助小动物，体验寻找弯曲物体的乐趣。

附：故事

滑梯真好吃

午睡过后，小蚂蚁和小瓢虫手拉着手，在门前的小路上散步。

咦，那是什么？绿绿的、弯弯的。摸一摸，不软也不硬。

小蚂蚁和小瓢虫连忙叫来了一群好朋友，让大家一起来猜一猜。

小蚱蜢说：“准是一座弯弯的小桥！”

小瓢虫说：“也许是天上的彩虹掉下来了一块！”

“哎呀，它多像一座滑梯！”小螳螂突然惊喜地叫起来。

“真像！真像！”大家纷纷点头说。

多好玩的滑梯呀！上去好像爬小山，下来好像坐飞机！

大家开心地滑了一遍又一遍。

过了几天，螳螂发现了一件奇怪的事：绿绿的滑梯变成了黄色。闻一闻，香香的；踩一踩，软软的。

看，还有个地方裂口了。尝一尝，甜甜的！这是怎么回事呀？

小蚂蚁请来了昆虫王国里最聪明的蚂蚁奶奶。

蚂蚁奶奶一看，哈哈大笑，笑得眼泪都快流出来了：“娃娃们，这不就是一根好吃的大香蕉嘛！再不吃可就要烂了。”

于是，九百九十九只小昆虫赶来吃香蕉大餐，他们痛痛快快地吃，整整吃了三天三夜。

大家一边吃还一边快活地说：“滑梯真好吃！滑梯真好吃！”

活动六　声音滑梯

活动背景

幼儿从滑梯上滑下来的时候听到了奇特的声音，声音也有滑梯吗？本活动中，幼儿尝试用身体动作表现音乐的上行、下行、滑音以及琶音，感受玩滑梯的愉悦。

材料准备

上行和下行滑音，直道、弯曲和旋转滑梯图片各一张，《声音滑梯》音乐。

活动描述

1. 回忆玩滑梯，辨别上行音和下行音。

一说到玩滑梯，幼儿都特别开心，念起了儿歌：小滑梯，小滑梯，一头高来一头低。小朋友爬上梯，“哧溜”一声滑下地。他们争先恐后地说自己也听到“哧溜”的声音了。

这时，上行音和下行音响了起来，哪一个是从滑梯上滑下来的声音呢？幼儿一下子就分辨了出来，是后面的下行音。前面的上行音不言而喻，一定是上滑梯喽！上行音和下行音再次响起，这回幼儿用身体动作表示从滑梯上滑下来。

2. 辨别滑音和琶音。

滑音和琶音响了起来，同时屏幕上播放旋转滑梯和弯曲滑梯的图片，幼儿哈哈大笑起来，原来这些都是滑滑梯的声音呀！可哪一个是玩旋转滑梯的声音？哪一个是玩弯曲滑梯的声音呢？幼儿不由得跟随音乐做出了动作，看到小伙伴的动作他们一下子辨别出了，滑音是在玩弯曲滑梯，琶音是在玩旋转滑梯。

3. 跟随音乐《声音滑梯》进行身体律动。

《声音滑梯》的乐曲里藏着上行滑音、下行滑音以及琶音，幼儿跟随音乐自由地舞动起来。

活动延伸

区域游戏：录制上行滑音和下行滑音，在音乐区提供放置不同水位的玻璃瓶，幼儿根据上下滑音的音乐，用小棒上、下滑行敲击。

关键经验

1. 听辨乐曲中的上行滑音和下行滑音，感受音乐上下行滑音带来的愉悦感。

2. 跟随音乐做出身体动作，用动作模拟音乐当中的上行和下行。

3. 感知和发现滑道的外形是多种多样的，对不同外形的滑道感兴趣。

附：音乐

上行滑音

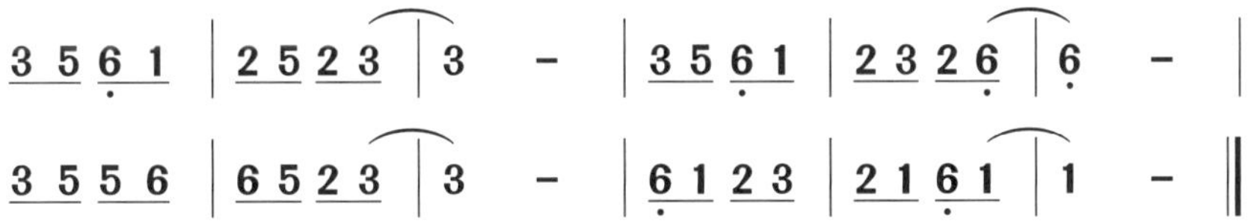

下行滑音

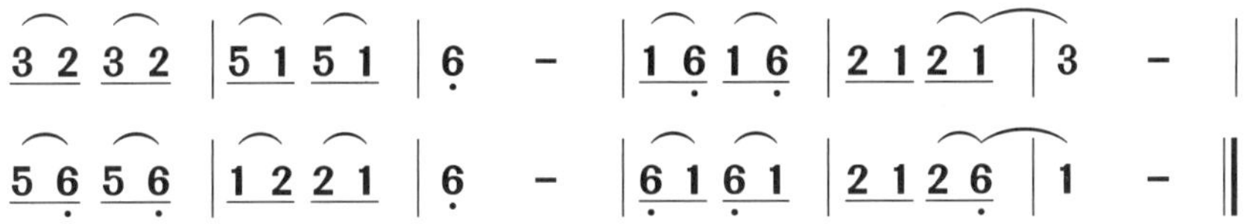

琶音

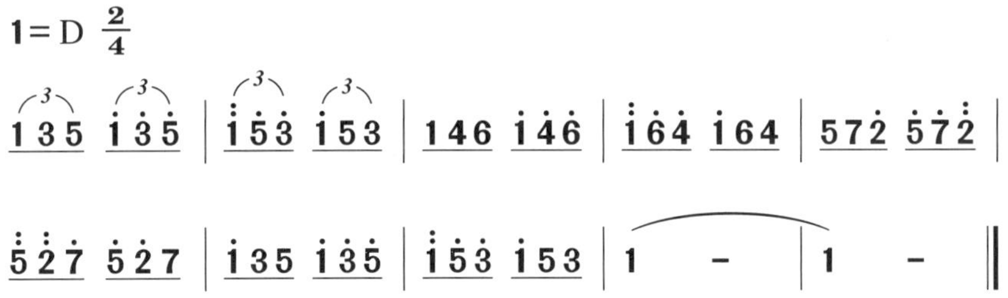

活动七　积木滑梯

活动背景

滑滑梯好玩又好看，幼儿很想搭建一个有滑道和楼梯的滑梯。滑梯怎么搭？滑道和楼梯怎么连接？本活动中，幼儿对积木之间的组合和衔接进行探究，尝试用建构的方式表现出滑梯的基本造型，感受搭建滑梯的乐趣。

材料准备

直滑道滑梯图片（包括单滑道和多滑道），清水积木，场地。

活动描述

1. 感知滑梯的结构特征。

屏幕播放直滑道滑梯（单滑道）的照片，幼儿发现这个滑梯有一条直直的滑道。再看到直滑道滑梯（多滑道）的照片，他们发现这个滑梯有两条直直的滑道。原来，不管是单滑道的滑梯，还是多滑道的滑梯，它们都是由支撑平台、滑道和楼梯组成的。

2. 探究连接滑道的方法。

滑道和楼梯怎样连接呢？乐乐发现要用和平台同样高度的大圆柱积木作为支撑，并且楼梯和平台、滑道和平台之间的积木要连接紧密，相互对齐，这样滑道或者楼梯就能和平台部分连接起来。

3. 幼儿建构滑梯。

幼儿在活动室里找到空地方开始搭建。支撑平台部分很快就搭建好了，可是滑道部分的四倍块一直往下滑，怎么办呢？齐齐想到了一个好办法，他拿来一块双倍块积木抵在滑道的底端。

4. 欣赏建构滑梯作品。

小北用架高的方法搭建的楼梯，好看又实用。诺诺的滑梯也很特别，他在滑道两侧加了扶手。幼儿分享搭建想法和出现的问题。

活动延伸

1. 区域游戏：建构区中出示滑梯的图片，幼儿可运用清水积木和桌面玩具建构滑梯。

2. 户外游戏：幼儿可自主选择大型碳化积木、万能工匠、海报筒等材料建构滑梯。

3. 环境创设：将幼儿收集到的各类滑梯的照片、桌面积塑和清水积木搭建的滑梯建构作品等相关素材制作成儿童海报。

关键经验

1. 根据滑梯的结构特征，尝试用各种建构材料表现出它的基本特征。

2. 探究连接楼梯、平台和滑道的方式。

3. 愿意用简单的语言或手势表达自己搭建滑梯的想法，感受完成作品后的满足。

图 10-4　积木滑梯（一）

图 10-5　积木滑梯（二）

图 10-6　积木滑梯（三）

图 10-7　积木滑梯（四）

活动八　大型滑梯

活动背景

幼儿已经能够用积木搭建滑梯，但是他们也想要玩一玩自己搭建的滑梯。什么材料搭建的滑梯可以玩呢？本活动中，幼儿迁移搭建运动器械的经验，选择适宜的大型户外材料，表现出可以玩的大型滑梯。

材料准备

万能工匠、碳化积木、轮胎、纸板等材料，剪刀、胶带等工具。

活动描述

1. 回顾作品，激发兴趣。

屏幕上播放幼儿之前用积木搭建的各种滑梯，分享之前的滑梯建构作品，激发幼儿建构大型滑梯的兴趣。

2. 集体制订建构大型滑梯的计划。

教师：用什么材料建构的滑梯可以真正玩起来？怎么搭建呢？

教师根据幼儿的讨论，记录下搭建的计划。

3. 建构大型滑梯。

教师带领幼儿到操场上寻找计划中的材料，找到空地方开始搭建滑梯。搭建过程中幼儿发现纸板太软了，踩在上面会塌掉，于是将轮胎堆叠成楼梯的造型摆放在旁边，用长板放在上面作为滑道。

4. 玩搭建的滑梯。

幼儿玩起了自己搭建的滑梯，开心得又蹦又跳！他们还邀请了幼儿园的哥哥姐姐和弟弟妹妹一起来玩！

活动延伸

1. 晨间锻炼：幼儿将搭建的大型滑梯摆放在操场上进行游戏。

2. 户外游戏：继续尝试用更多的大型建构材料、户外游戏材料，建构出更多造型的大型滑梯。

关键经验

1. 探索用大型户外建构材料表现出真正可玩的滑梯。

2. 愿意表达自己的想法，和同伴共同制订搭建大型滑梯的计划。

3. 建构游戏中自己能够做的事情愿意自己做，为玩到自己搭建的滑梯感到高兴。

图 10-8　大型滑梯（一）

图 10-9　大型滑梯（二）

图 10-10　大型滑梯（三）

图 10-11　大型滑梯（四）

线索描述

线索二　多样的滑道

在本线索中，幼儿主要围绕搭建多样的滑道这个核心，展开了一次又一次的实践和探究。他们用 PVC 管、竹筒、吸管等材料，搭建出小球的滑道、水的滑道……通过各种滑道的游戏，幼儿发现滑道"滑"的特点。

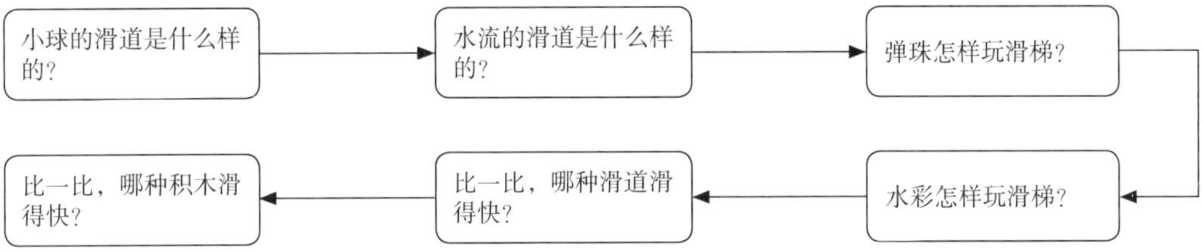

活动一　小球滑道

活动背景

幼儿在午后散步时发现了滑滑的、弯曲的 PVC 管，他们觉得 PVC 管也可以用来搭建滑道。本活动中，幼儿尝试用小球验证 PVC 管搭建滑道的可行性，发现了滑道的奇妙。

材料准备

PVC 管，小球，幼儿寻找到 PVC 管的视频。

活动描述

1. 播放幼儿寻找到新材料的视频，引发兴趣。

屏幕播放幼儿到资源库收集 PVC 管的视频，看到视频里的自己，他们开心地笑了起来。他们找到了不一样的 PVC 管零件，想要一探究竟。

2. 探究 PVC 管的零件。

幼儿来到建构区看着地上的 PVC 管零件，忍不住看一看、摸一摸，发现 PVC 管当中有直管、弯头、T 字接头等不同形状的零件。他们还试着和小伙伴一起将零件组合起来，原来弯头和梯形接头可以将直管连接在一起。

3. 搭建小球滑道。

幼儿用 PVC 管中的零件自由组合成各种各样的滑道，可是为什么有的滑道无法让小球滑下来呢？幼儿在尝试过程中，发现要不断调整滑道的方向，小球才能从上往下顺利地滑下来。

4. 展示分享作品。

幼儿逐一展示自己用 PVC 管搭建的滑道，他们将 PVC 管滑道的一端固定好，然后把小球从最高的地方放入，在小球滑下来的那一刻，幼儿都发出了欢呼的声音。

活动延伸

区域游戏：科学区里提供 PVC 管和乒乓球，幼儿自主探究 PVC 管搭建滑道，也可以利用墙面和水管类的积塑玩具拼插管道，感受滑道的多样性以及乒乓球从滑道里滑出的乐趣。

关键经验

1. 在探究 PVC 管时能提出各种问题，对 PVC 管产生好奇，尝试为小球搭建滑道。
2. 能够仔细观察，发现 PVC 管与小球滑落下来之间的关系。
3. 感受自主探索使用各种材料让小球滑落的乐趣。

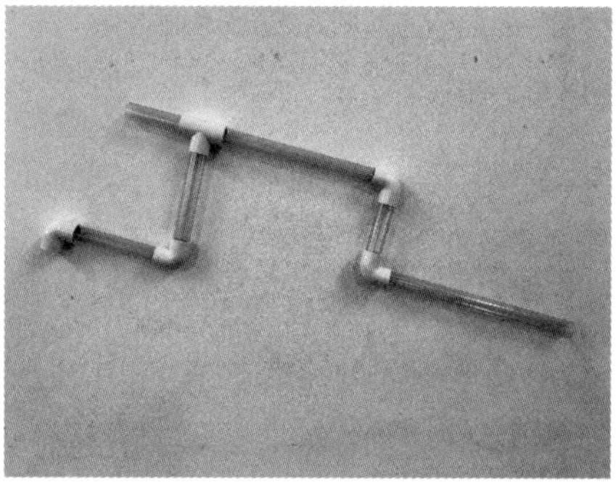

图 10-12 小球滑道（一）

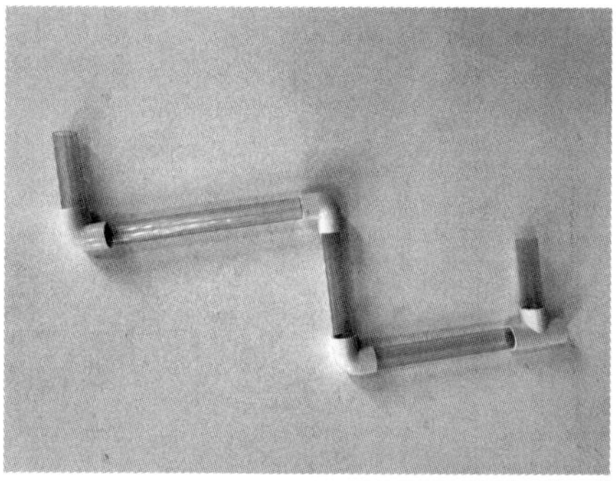

图 10-13 小球滑道（二）

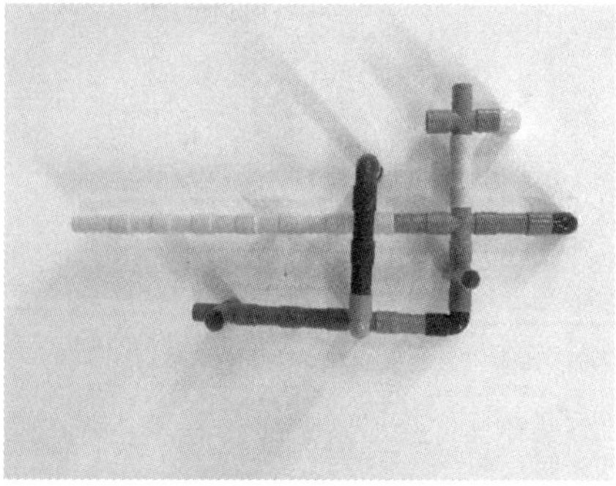

图 10-14 小球滑道（三）

图 10-15 小球滑道（四）

活动二 水流滑道

活动背景

幼儿在幼儿园里的沙水区游戏时，想要搭建让水流动的滑梯。本活动中，幼儿对水流的滑道展开探究，利用不同高度的竹筒和竹筒片让水流到很远的地方。

材料准备

竹筒，竹筒片，沙，玩沙工具，水。

活动描述

1. 探究玩沙工具的作用。

幼儿来到沙水区域，发现里面有小铲子、水盆、小锤子等工具。这些工具是用来做什么的呢？每个幼儿都找到了一种工具，他们用小铲子铲沙子，用水盆接水。在沙池中间挖坑的诺诺发现，用水盆接水来回走太累了，怎样让水自己流到沙池中间呢？

教师：水流滑道什么样子呢？幼儿迁移经验提出也需要长长的滑道。

2. 搭建水流滑道。

幼儿开始关注到沙池旁边的竹筒和竹筒片了，他们把所有的竹筒都拿来，放在沙池里一看，有的高有的矮。元宝拿起小锤子将这些竹筒叮叮咚咚地插进了沙子里，然后把竹筒片平放在两个竹筒上面。“快看！”元宝大叫道，幼儿都围了过来，“这不就像滑梯一样吗？”大家非常开心，觉得找到了好方法，纷纷行动起来。他们用竹筒片一截接一截，一直连到沙池的中间。

3. 让水流动起来。

幼儿搭好了滑道，迫不及待地打开水龙头。很大的一股水流冲了出来，水花溅得到处都是。诺诺赶紧把水龙头关掉，然后再次轻轻地拧开。看到水顺着滑道往下流动，小朋友们开心得跳起来。

活动延伸

1. 区域游戏：在建构区使用各种玩沙工具，尝试用竹筒和竹筒片表现出各种各样的滑梯造型，继续建构水流滑梯。

2. 家园共育：家长带幼儿到公园等地方的沙池，开展更多的玩水玩沙相结合的游戏，进一步丰富幼儿的游戏经验。

关键经验

1. 感知竹筒片大小、高矮、长短的不同，尝试根据它们的特点搭建水流管道。

2. 积极探究竹筒片的连接方法。

3. 喜欢接触自然中的沙、水，对水流动的自然现象产生兴趣。

图 10-16　水流滑道（一）

图 10-17　水流滑道（二）

图 10-18　水流滑道（三）

图 10-19　水流滑道（四）

活动三　弹珠滑梯

活动背景

幼儿在探究中发现了会弹射、灵活滚动的玩具——弹珠。弹珠和乒乓球不一样，它虽然小小的，碰到东西却能弹得很高、很远。本活动中，幼儿探究弹珠是怎样玩滑梯的，尝试用纸盒和颜料发现弹珠滑动的美妙路线。

材料准备

纸盒，彩纸，颜料和颜料盒，弹珠。

活动描述

1. 激发兴趣，留下滑动轨迹。

教师：水流滑梯很有趣，弹珠是怎么玩滑梯的呢？它滑下去的轨迹是什么样子的呢？教师出示纸盒、弹珠的教具。

2. 探究弹珠滑道的方法。

幼儿看到纸盒里的弹珠，觉得非常有意思，他们不停地转动纸盒，让弹珠在里面滚来滚去。弹珠是怎样玩滑梯的呢？幼儿发现弹珠可以上下来回滑，左右来回滑，四周来回滑。

教师：怎样才能把这些轨迹留下呢？幼儿提出使用颜料。

3. 留下弹珠滑动的路线。

幼儿将弹珠在颜料盘里蘸了蘸，又放到了纸盒里。随着弹珠的滑动，一条一条路线显现出来，他们惊奇地大叫，呼喊小伙伴来看自己的弹珠。球球发现自己的纸盒里有好多颜色，原来一颗弹珠玩过滑梯后要把它送回家再换一颗，这样颜色就不会混在一起啦！

4. 欣赏弹珠滑梯的作品。

幼儿将弹珠的美丽路线错落地展示在美工区当中，五彩缤纷的色彩，纵横交错的线条，一起组成美丽的画卷。幼儿根据滑动的轨迹，大胆想象弹珠去过的地方。

活动延伸

1. 区域游戏：美工区中展示幼儿滚画的作品，并提供纸盒、弹珠和颜料，幼儿在游戏时可以自主创作；科学区中提供弹珠和各种滑道，幼儿可体验弹珠在高低不同的滑道上滚动的乐趣。

2. 环境创设：用幼儿的滚画作品装扮活动室，美化环境。

关键经验

1. 运用纸盒、弹珠、颜料等工具和材料，进行滚画游戏。

2. 根据弹珠滑动的轨迹，大胆想象并用语言描述滚画作品。

3. 感受自由创作滚画的乐趣。

活动四　水彩玩滑梯

活动背景

幼儿在游戏中探究了弹珠、小球、水流的滑梯，感受物体从高处滑落的乐趣。那么水彩又是怎么玩滑梯的呢？本活动中，幼儿使用吹气的方法，感受不同力度对水彩滑动快慢和方向的影响。

材料准备

各色水彩颜料，蛋糕纸，白纸，粗细吸管，吹画视频。

活动描述

1. 出示材料，激发兴趣。

教师：水彩也想玩滑梯，它会怎么玩呢？

2. 探究水彩玩滑梯的方法。

幼儿想让水彩颜料也玩一下滑滑梯，他们从美工区找来了吸管，有粗有细，觉得只有细小的管道，才能让水彩颜料也玩到滑梯。幼儿通过观看吹画视频，发现还有一种“吹画”的方法，用吸管对准纸上的水彩用力吹，水彩就能在纸上滑动起来。

教师：水彩是怎么玩滑梯的？（吹）是怎么吹的？吹的力度大小和水彩滑动的方向会有什么变化呢？

3. 玩吹画的游戏。

幼儿把水彩倒在纸上，纸上立刻晕了一大片。原来，在挤水彩的时候要轻轻地把水彩滴在纸上，趁水彩没有干，用吸管对准颜料用力地吹，颜料宝宝就可以滑到不同的地方了。幼儿在实践中，感知吹的力度大小和水彩滑动方向的变化。

4. 作品展示和欣赏。

幼儿看着美工区展板上的作品非常开心，他们喜欢沐沐的作品，因为她用了红色和黄色，特别显眼，而且她的水彩宝宝滑到了很多地方，有的粗有的细。

活动延伸

1. 区域游戏：在美工区提供水彩颜料、蛋糕纸和吸管，让幼儿在游戏中掌握吹画的操作技能，大胆使用多种色彩吹画。也可将纸竖起，把颜料刷在纸的最上端，观察颜料是怎样自然滑落的。

2. 环境创设：展示幼儿的吹画等作品，留出空白区域供幼儿粘贴自己的作品，美化环境。

关键经验

1. 了解水彩玩滑梯的方法。

2. 大胆使用多种色彩尝试创作吹画，观察颜料的流动。

3. 喜欢创作并欣赏，初步感受吹画等作品的美。

活动五　哪种滑梯滑得快

活动背景

幼儿在玩滑梯的游戏中会和同伴比较，“我滑得快！”“我先到下面了！”这么多的滑道，球在哪种滑梯上滑得快呢？本活动中，幼儿对滑梯高度和滑行速度的关系展开探究，并进行简单的记录。

材料准备

多滑道玩具，乒乓球若干，记录单。

活动描述

1. 观察滑道的高矮。

幼儿看到桌子上的多滑道玩具，于是围了过来，他们发现这个玩具有好几个滑道，有的高，有的矮。幼儿猜测乒乓球在这些滑道上滑行速度的快慢，教师在记录单上记录下幼儿的猜测结果。

2. 幼儿实验观察乒乓球滑落的速度。

比赛开始了，沐沐和瑶瑶手里都拿着一个乒乓球，她们一前一后，分别放在了高滑道和矮滑道上。沐沐的乒乓球先滑了下来。“不对不对！”幼儿发现沐沐的乒乓球放早了，要数到“1，2，3”的“3”时才能一起放球。于是，比赛再次开始。幼儿紧紧地盯住滑道，等待着最激烈的时刻。“1，2，3”，大家一起喊了起来，还是沐沐的乒乓球先滑下来啦！

3. 分享实验结果。

激烈的比赛结束了，教师继续在记录单上记录下幼儿的实验结果。

看到几组实验结果，幼儿发现乒乓球在高的滑梯上滑得快，在矮的滑梯上滑得慢。

活动延伸

区域游戏：将多滑道玩具投放在科学区里，鼓励幼儿自主寻找玩具探究滑道高矮对速度的影响；在建构区，鼓励幼儿建构大型玩具时可参考高矮不同的滑道搭建滑梯。

关键经验

1. 仔细观察，发现滑梯的高度对滑行速度的影响。

2. 大胆猜测，师幼共同记录实验结果。

3. 喜欢摆弄各种物体，对做科学小实验感兴趣。

活动六　哪种积木滑得快

活动背景

幼儿在科学区高滑道和矮滑道的比赛中，运用了很多的玩具，玩具不同，实验的结果就不同。本次活动的重点是引导幼儿在观察和操作中，发现物体形状与其滑落快慢的关系。

材料准备

圆柱形、三角形、方形的积木，高度一样的滑道材料，玩具，记录单。

活动描述

1. 感知积木的形状特点。

幼儿拿着圆柱形的积木在桌子上面来回滚动，觉得特别好玩。他们发现圆柱形、三角形、方形的积木当中只有圆柱积木可以滚动起来。

2. 探究并记录不同积木滑落的速度。

教师：将这三种积木放在同样的高度，哪个滑得更快呢？教师在记录单上记录幼儿的猜测结果。

洋洋觉得一定是圆柱积木滑得快，因为它在桌面上滚得就很快。沐沐觉得是方形的积木滑得快，轩轩觉得是三角形的积木滑得快。积木滑滑梯比赛正式开始啦！果然，圆柱形的积木一下子就滑下来了，洋洋开心地笑了起来！

3. 分享实验结果。

经过大家的比赛游戏，幼儿发现原来圆柱形积木本身就可以滚动，它的摩擦面积小，在斜坡上更容易滑得快。师幼记录实验结果。

4. 继续寻找圆形物体进行实验。

沉浸在比赛游戏中的幼儿继续寻找班级里的玩具和材料。诺诺找到了万能工匠中的黄球和黄轮，沫沫找到了毛绒球和小纽扣……比赛一轮接一轮，真热闹呀！

活动延伸

1. 区域游戏：科学区中提供相同高度的滑梯、纸、笔，幼儿记录不同玩具在滑梯上的滑落速度。

2. 晨间谈话：幼儿互相分享自己的实验结果，讲述自己的发现。

关键经验

1. 发现物体形状与其滑落快慢的关系。

2. 能用多种感官或动作去探索，关注实验结果。

3. 乐意与同伴分享实验结果，喜欢做科学小实验。

线索描述

线索三　一起玩滑梯

在本线索中，幼儿在玩滑梯的过程中感受到滑滑梯的快乐，在玩滑梯的过程中他们也慢慢了解了一些玩滑梯的规则，如上楼梯要排队、不推也不挤等。幼儿在这一过程中初步建立了安全意识。

玩滑梯时要注意哪些安全问题？ → 为什么大家要轮流玩滑梯呢？

活动一　安安全全滑滑梯

活动背景

幼儿都有自己比较喜欢的滑梯，于是出现了拥挤的现象，和小伙伴之间也产生了矛盾。怎样能开开心心地玩滑梯？本活动中，幼儿共同讨论安全玩滑梯的方法。

材料准备

玩滑梯时头朝下和挤在攀爬架的照片。

活动描述

1. 讨论玩滑梯不开心的原因。

屏幕上播放幼儿头朝下玩滑梯的图片，幼儿发现这个小朋友因为摔疼了，所以感到不开心。继续播放幼儿挤在攀爬架的照片。有的幼儿想到自己在攀爬架上挤得鞋子都掉了；有的幼儿想到自己当时和同伴头碰在一起很疼；也有幼儿提出自己一次都没有玩过旋转滑道呢……原来拥挤也会让大家不开心。

2. 讨论安全玩滑梯的方法。

为了能开心地玩滑梯，幼儿与小伙伴开始了自由的讨论。教师根据幼儿的回答总结：在玩滑梯的时候要一个接一个地排队，大家轮流玩。注意不能头朝下玩滑梯，也不能从滑梯下面往上爬。玩攀爬架的时候要等前面的小朋友爬上去了自己再爬，不要挤在一起。

3. 幼儿实践操作。

幼儿一起来到操场上安安全全地玩滑梯。

活动延伸

1. 晨间谈话：幼儿一起交谈安全玩滑梯的方法，知道在游戏中要保护自己。

2. 环境创设：将照片贴在班级公约当中，提醒幼儿在游戏中遵守规则。

关键经验

1. 在成人的提醒下，能注意玩滑梯的安全，不做推挤、头朝下等危险的动作。

2. 愿意在集体前表达自己对于玩滑梯游戏规则的想法，听懂与同伴间的日常对话。

3. 游戏时不争抢，在与同伴发生冲突时，能听从成人的安排。

活动二　滑滑梯

活动背景

幼儿都学会了安全玩滑滑梯的方法，他们发现不做危险的动作、滑梯上不拥挤时，玩得会更开心。本活动中，幼儿通过学唱歌曲，再次感受玩滑梯的规则，注意“排好队”“不推也不挤”。

材料准备

《滑滑梯》音乐，幼儿滑滑梯的图片，相关图标等。

活动描述

1. 安安全全玩滑梯。

屏幕上播放幼儿安安全全玩滑梯的图片，幼儿看着照片里的自己，回忆起玩滑梯的经过。

2. 学唱歌曲。

教师范唱。

教师：玩滑梯时要注意什么呢？幼儿发现安安全全玩滑梯的方法：玩滑梯时如果人多，要先排好队，再一个跟着一个依次滑，不拥挤、不推拉。

教师逐步出示与歌词相匹配的图片，幼儿根据歌词的顺序排列图片，学唱歌曲。再逐步减少图片的提示，完整学唱歌曲。

3. 实践游戏。

他们一起来到操场上，一边玩滑梯一边开心地唱起歌来！“排好队啊滑滑梯，滑滑梯……”

活动延伸

1. 户外游戏：玩滑梯前和幼儿共同回忆歌曲内容，在幼儿玩滑梯的过程中提醒幼儿遵守规则。

2. 晨间谈话：和幼儿一起讨论玩滑梯时遇到的问题，商量解决问题的方法。

关键经验

1. 学唱歌曲，理解歌词的内容，跟随音乐做出相应的身体动作。

2. 在教师或同伴的提醒下，能够遵守玩滑梯的规则，知道要“排好队”“不推也不挤”。

3. 喜欢自哼自唱并乐在其中。

附：歌曲

滑滑梯

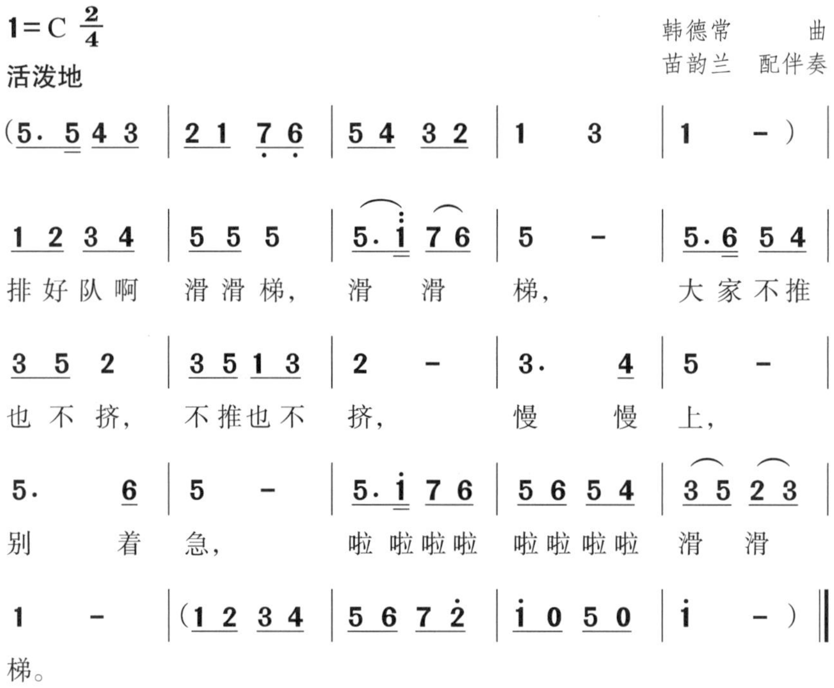

活动三 一个接一个

活动背景

幼儿已经感受到安安全全玩滑梯的快乐，但他们还是希望自己能比别人多玩一会儿。本活动中，幼儿通过阅读绘本故事，进一步了解排队轮流玩的作用，初步建立游戏的规则意识。

材料准备

绘本《排好队，一个接一个》，PPT 课件。

活动描述

1. 理解绘本内容。

看到绘本里小动物们玩滑梯的方法，幼儿一下子就理解了：大家一起玩滑梯时需要排队，一个接着一个上去，滑下来后，要到队伍的最后面继续排队。接着看到绘本里小动物玩荡秋千的情景，幼儿发现玩游戏的时候要注意一个接一个，如果没有排队，那么其他小朋友就有可能玩不到。

2. 自主阅读绘本故事。

幼儿自主阅读绘本，看到绘本中动物排队开小汽车的情景，他们发现当玩具少的时候玩游戏要不争抢，要排队。

3. 实践：一个接一个。

学会了一个接一个的方法，幼儿一起来到操场上玩滑梯。教师用相机记录下他们一个接一个排好队的场景。

4. 幼儿分享轮流玩的游戏经验。

活动延伸

1. 区域游戏：将绘本《排好队，一个接一个》投放在图书区，幼儿可以和同伴自由阅读，讲述绘本内容。

2. 晨间锻炼：玩滑梯时提醒幼儿遵守规则，排队玩滑梯，一个接一个，不推不挤。

关键经验

1. 喜欢看绘本，能根据画面中的内容说出小动物们玩游戏的规则。

2. 在教师的提醒下能够遵守玩滑梯的规则，一个一个排好队，不推也不挤。

3. 为自己在玩滑梯时遵守游戏规则的好行为而感到高兴。

四、关键经验

- 关键经验
  - 健康
    - 玩滑梯时能双脚灵活上下台阶、手脚交替地爬攀登架。
    - 分散跑时，能在追逐游戏中躲避他人的碰撞。
    - 在成人的帮助下，根据冷热增减衣物。
    - 游戏后吃饭前能主动洗手，方法正确。
    - 在成人的提醒下玩滑梯时注意安全，不做危险动作。
  - 语言
    - 用简单的语言表达自己搭建滑梯的想法。
    - 爱护图书，不乱撕乱扔。
    - 愿意在熟悉的同伴、教师面前讲述自己玩滑梯的过程以及自己对滑梯外形的了解，讲述时口齿清楚。
    - 喜欢看绘本，根据画面理解故事中的情节。
  - 社会
    - 喜欢与同伴一起玩滑梯。
    - 能根据自己的兴趣选择搭建滑梯的材料，为自己搭建出各种滑梯而感到高兴。
    - 喜欢承担一些小任务，自己的事情愿意自己做。
    - 遵守玩滑梯的规则，在与同伴发生冲突时听从成人的安排。
  - 科学
    - 仔细观察，知道滑梯的多样性和明显特征。
    - 对积木、弹珠、PVC 管等不同的材料感兴趣，发现高度和形状对滑落速度的影响，并简单记录自己的发现。
    - 区分积木、PVC 管、竹筒等材料在大小、长短、高矮、粗细等量方面的特征。
    - 感受自主探索使用各种材料做科学小实验的乐趣。
    - 探究连接楼梯、平台和滑道的方式，尝试用各种建构材料表现滑梯的各组成部分。
    - 共同制订搭建计划，探索用户外材料表现出可以真正玩的滑梯。
  - 艺术
    - 乐于用折纸的方式表现出滑梯。
    - 学习使用排笔涂刷的方式装扮滑梯，感受颜料在弹珠、吸管的作用下所创作的作品的艺术美。
    - 能听辨乐曲中的上行滑音和下行滑音并用动作姿态模拟，感受音乐上下行滑音带来的愉悦感。
    - 喜欢模仿学唱歌曲，理解歌词的内容。

幼儿建构表征作品

魔仙棒

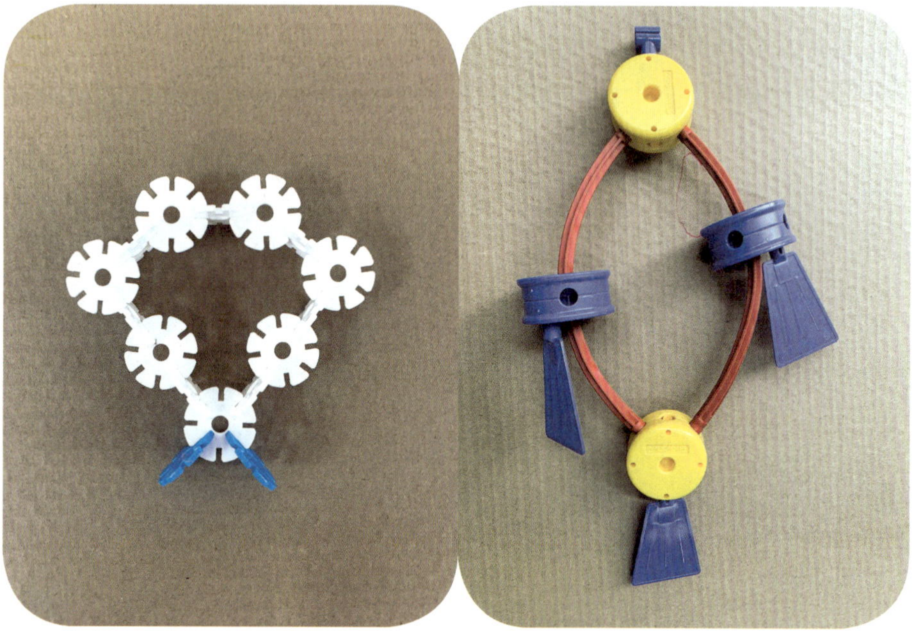

小鱼

鱼池

鱼池

蛋糕

蛋糕

冲洗水枪

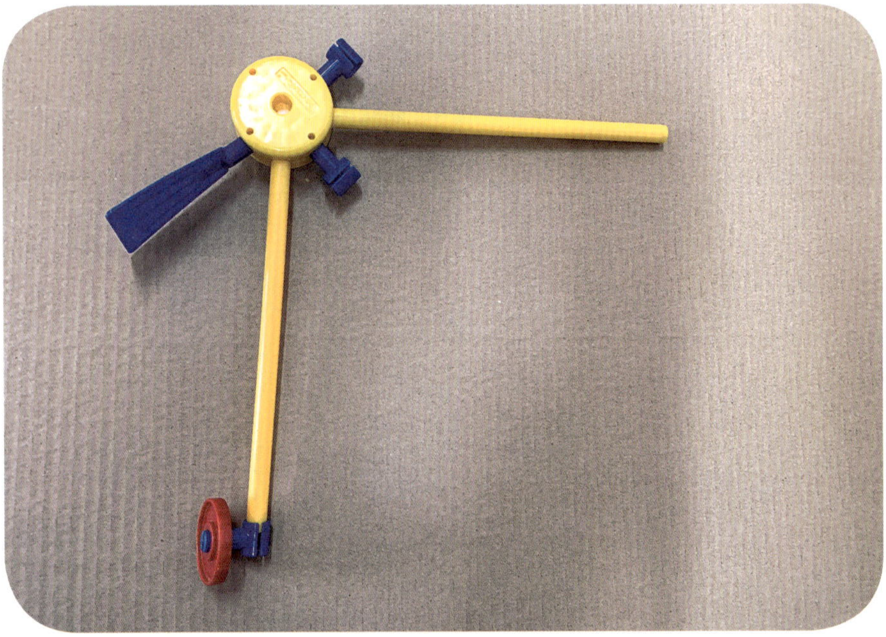

加油枪

工程车

工程车

工程车

小轿车

床

床

淋浴间

落地灯

电话

洗手池

洗手池

桌椅

桌椅

美丽的花

美丽的花

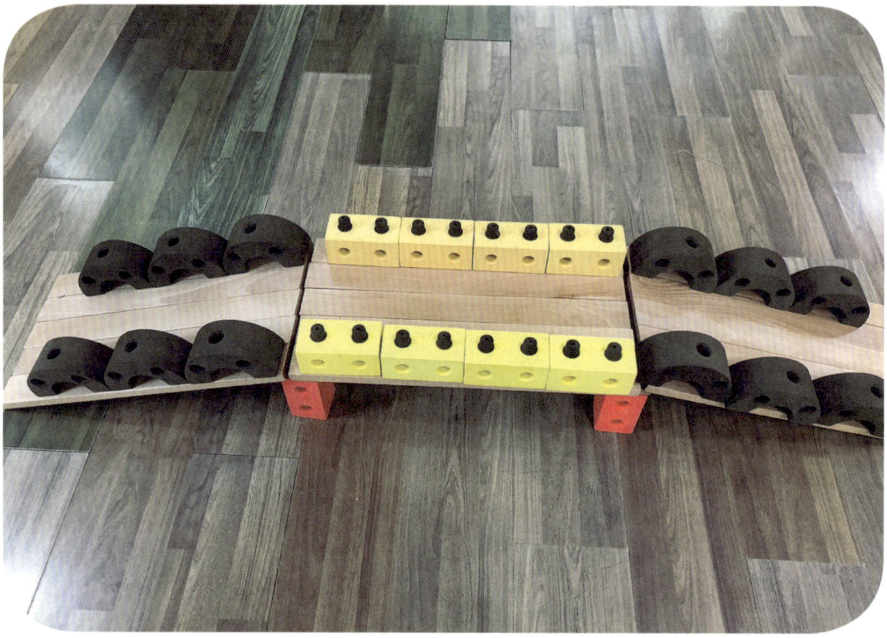

小桥

小桥

亭子

公园

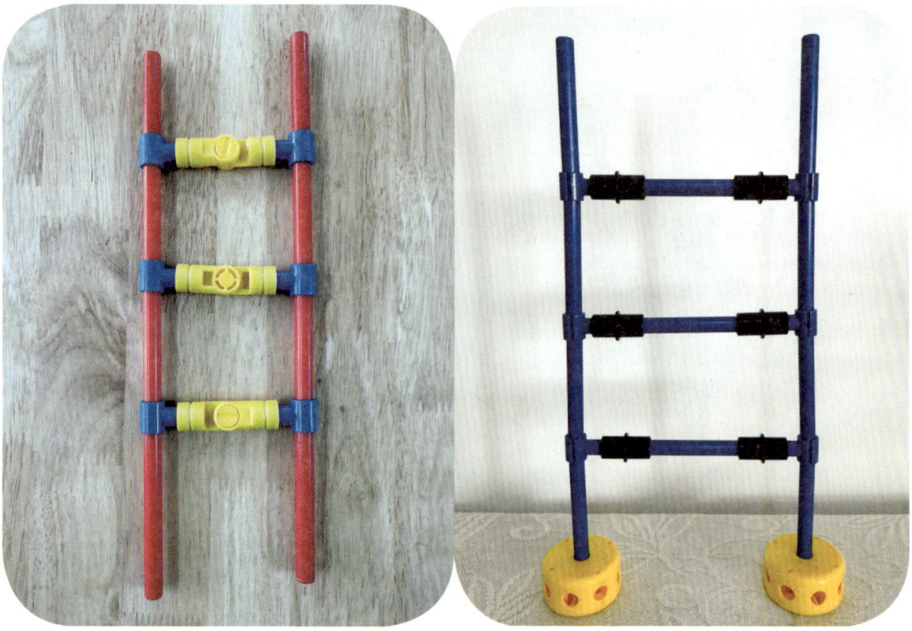

攀登架

攀登架

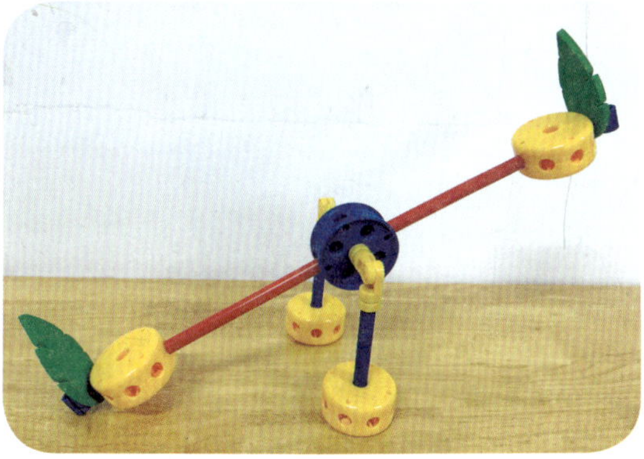

跷跷板

秋千

滑滑梯

滑滑梯

后　记

感谢各位读者对我园第一套建构领域丛书《创意拼搭——幼儿园建构游戏方案》的厚爱，该丛书自2016年出版后又进行了加印。在建构领域方面，我园不断追随和实践，研究兴趣越来越浓，探究的广度越来越宽，内容也越来越细。时隔6年，在“十三五”省级规划课题研究的基础上，我们不断分析、实践、总结，第二套建构领域丛书《幼儿园建构项目活动》又与读者见面了。这套书在建构游戏方案的基础上，站在一个完整项目的角度，用建构的方式解决生活、游戏中的实际问题，将健康、语言、科学、社会、艺术各领域知识相互融合，成为支持儿童解决问题的助手，促进他们主动深入学习，全面提高各项能力的综合发展。

为了更好地呈现幼儿园建构项目活动内容，突出建构主线，在6年实践和验证的基础上，我们从50多个项目活动中，挑选出30个项目，小、中、大班各10个，进行再次整理。在整个研究过程中，教师的课程意识明显提高，儿童观、教育观也在逐步转变，随时随地都能看到项目活动已经和儿童的生活真正联系在一起。在文字的撰写上，我们以一个个问题为导向，更加凸显建构特色。

本套书的出版凝聚了许多人的心血，得到了许多专家的鼓励和指导。在此，特别感谢毛曙阳教授专门为丛书作序，感谢姚慧、张珲娟等幼教专家的指引，一次次和我们讨论、修改、完善幼儿建构项目活动的具体内容。

亲爱的读者，虽然我们的书稿已经完成了，但我们的研究仍在继续。在此，诚挚地邀请您提出宝贵意见，也希望通过本套书给您提供参考，一起做儿童喜欢的建构游戏、喜欢的建构项目活动。

南京市六一幼儿园

2022年8月